Pella
Aigai
MAKEDONISCHER
HELM
KENTAUR
LESBOS
Pergamon
ALEXANDER
Artemision
EUBÖA
ÄGÄISCHES MEER
Chaironeia
Delphi
Chalkis
Lefkandi
PARTHENON
Sardis
Golf von Korinth
Theben
ATTIKA
Korinth
Athen
Ephesos
Olympia
Laurcion
Bassai
ÄGINA
DELOS
KYKLADEN
Sparta
Halikarnassos
Rhodos
THERA
RHODOS
ANTIKYTHERA
KRETA
Karphi

DAS KLASSISCHE GRIECHENLAND

TIME-LIFE BÜCHER

UNTERGEGANGENE KULTUREN

Series Editor: Dale M. Brown
Administrative Editor: Philip Brandt George

REDAKTIONSSTAB für
Das klassische Griechenland
Senior Art Director: Susan K. White
Art Director: Bill McKenney
Picture Editor: Marion Ferguson Briggs
Text Editors: Charles J. Hagner (verantwortlich), Rusell B. Adams Jr., Charlotte Anker, Jim Lynch
Writer: Denise Dersin
Associate Editor/Research: Constance Contreras
Assistant Editor/Research: Mary Grace Mayberry

Besondere Mitarbeiter/innen:
Anthony Allan, Douglas Botting, Ellen Galford, Michael Thomas Kerrigan, David S. Thomson (Text); Tom DiGiovanni, Eugenia S. Scharf, Lauren V. Scharf, Ylann Schemm (Dokumentation); Roy Nanovic (Register)

Korrespondentinnen:
Elisabeth Kraemer-Singh (Bonn), Christine Hinze (London), Christina Lieberman (New York), Maria Vincenza Aloisi (Paris), Ann Natanson (Rom)
Wertvolle Unterstützung leisteten darüber hinaus: Mehmet Ali Kislali (Ankara), Maria Chadou, Gregory Maniatis, Claire Milonas (Athen), Gevene Hertz (Kopenhagen), Judy Aspinall (London), Elizabeth Brown (New York), Alex Efty (Nikosia), Ann Wise (Rom), Theodor Troev (Sophia), Mary Johnson (Stockholm), Traudl Lessing (Wien)

DEUTSCHE AUSGABE:
Leitung: Marianne Tölle
Textredaktion: Gertraud Bellon
Computersatz: Barbara Rechmann

Aus dem Englischen übertragen von
Giovanni Bandini, Ditte König

Titel der Originalausgabe:
Greece: Temples, Tombs & Treasures

Berater:
Sir John Boardman, eine weltberühmte Kapazität auf dem Gebiet der altgriechischen Kultur, ist Lincoln-Professor für Klassische Archäologie und Kunst an der Oxford University und Professor für Alte Geschichte an der Royal Academy of the Arts.

Robert Lindley Vann ist Professor für Architektur an der University of Maryland; sein Spezialgebiet ist die Geschichte der griechischen und römischen Architektur. Dr. Vann leitet außerdem die von seiner Universität finanzierte Erforschung antiker Hafenstädte in der Türkei.

Barbara A. Barletta, Außerordentliche Professorin für Kunstgeschichte an der University of Florida, hat mehrere Jahre lang in Griechenland und Italien die Architektur griechischer Kolonien untersucht und arbeitet gegenwärtig an einem Buch über ihre Forschungsergebnisse.

ISBN 90-5390-524-3

Dieser Band gehört zu einer Reihe, die sich mit der Kultur und Geschichte alter Völker befaßt und anhand archäologischer Funde anschaulich rekonstruiert, wie sich das Leben in längst vergangenen Welten abgespielt hat.

Einband: Starr blicken die Augen aus dem symmetrischen Gesicht dieses Kuros (einer nackten männlichen Statue), der – vermutlich auf der Kykladeninsel Anaphe (Anafi) – im frühen 5. Jahrhundert v. Chr. entstanden ist. Plastiken wie diese wurden oft auf Friedhöfen zum Andenken an Verstorbene oder an den heiligen Stätten als Opfergabe an die Götter aufgestellt. Im Hintergrund ist das dorische Schatzhaus von Delphi zu sehen, wo die Votivgeschenke an Apollon aufbewahrt wurden.

Vorsatzblätter: Griechische Bauwerke und Artefakte aus den Jahrhunderten zwischen dem Untergang der mykenischen Kultur und dem Ende des Hellenismus markieren wichtige Zentren der altgriechischen Welt. Illustration von Paul Breeden, der auch die Vignetten zur Zeittafel auf den Seiten 158 – 159 anfertigte.

Farbreproduktion: The Lanman Companies, Washington D.C., USA
Satz: Utesch Satztechnik GmbH, Hamburg
Druck und Einband: Arnoldo Mondadori, Verona, Italien

30 29 28 27 26 25 24 23 22 21 20 19 18 17 16 15 14 13 12 11 10 9 8 7 6 5 4 3 2 1

UNTERGEGANGENE KULTUREN

DAS KLASSISCHE GRIECHENLAND

Von der Redaktion der Time-Life Bücher

TIME-LIFE BÜCHER, AMSTERDAM

INHALT

EINS
DIE WIEDERENTDECKUNG EINES GROSSEN KULTURERBES
7

ESSAY: Zum Leben erweckte Vergangenheit 33

ZWEI
EIN DUNKLES ZEITALTER IN NEUEM LICHT
43

ESSAY: Gemeinwesen und Privatleben 69

DREI
ATHEN: DAS ACHTE WELTWUNDER DER ANTIKE
83

ESSAY: Schätze aus der Tiefe 111

VIER
DAS HELLENISCHE GROSSREICH – EIN TRAUM UND SEINE ERFÜLLUNG
121

ESSAY: Ein wohlverdienter Fund 149

Zeittafel 158
Danksagung 160
Quellennachweis 160
Bibliographie 161
Register 165

DIE WIEDER-ENTDECKUNG EINES GROSSEN KULTURERBES

Die paar Scherben griechischer Keramik mögen auf ihre Entdecker wie ein recht bescheidener Fund gewirkt haben, und doch bescherten sie, als man sie wieder zusammengesetzt hatte, der Archäologie einen ihrer bewegendsten Momente. Die Scherben waren von einem deutschen Team zutage gefördert worden, das auf der Ebene von Olympia grub, dem Schauplatz der antiken Olympischen Spiele und der einstigen Stätte eines prächtigen Tempels, der 460 v. Chr. dem Gott Zeus geweiht worden war. Die Archäologen hatten bereits fünf Kampagnen, von 1954 bis 1958, damit zugebracht, nach der Werkstatt zu suchen, in der Phidias, der athenische Bildhauer, sein – in jeder Hinsicht – größtes Werk geschaffen hatte: eine Goldelfenbeinstatue des Gottes, die einst die Cella des Tempels schmückte.

Die anmutig fließende Bewegung dieses Marmortorsos aus dem 5. Jahrhundert v. Chr., der vom Westgiebel des Parthenons in Athen stammt, beweist das meisterliche Können seines Schöpfers: Dieser stellte nicht nur das Gewand realistisch dar, sondern auch den darunter verborgenen Körper.

Von dieser Kolossalstatue ist nur wenig erhalten, aber die Fragmente von Phidias' Skulpturen für den Parthenon *(gegenüber)* reichten aus, um seinen Ruf als größter Bildhauer der Antike zu bestätigen. Keinem Künstler vor ihm war es gelungen, Menschen so göttlich und Götter so menschlich erscheinen zu lassen. Im Altertum hieß es, allein Phidias habe das wahre Antlitz der Götter geschaut und durch seine Werke der Menschheit offenbart.

Phidias stellte Zeus auf einem Thron sitzend dar, die Füße auf einen mit Löwenreliefs verzierten Schemel gestützt. Das Haupt des Gottes war mit Ölbaumzweigen bekränzt, seine ausgestreckte Rechte hielt eine Nike (Siegesgöttin) und seine Linke ein Zepter, auf dem ein Adler saß. Das Werk – es wurde, nachdem man es im 4. Jahrhundert n. Chr.

nach Konstantinopel gebracht hatte, 462 n. Chr. durch einen Brand zerstört – machte auf den Betrachter einen so überwältigenden Eindruck, daß antike Autoren es zu den Sieben Weltwundern zählten. Die Statue maß über zwölf Meter, und der Kopf befand sich so dicht unter der Decke, daß entlang der Innenwände des Tempels erhöhte Plattformen gebaut werden mußten, damit die Besucher – wie der Geograph Strabo, der im 1. nachchristlichen Jahrhundert nach Olympia reiste – die Möglichkeit hatten, die vollendeten Proportionen des Gottes richtig zu würdigen. „Wir haben den Eindruck", schrieb der Grieche, „daß Zeus, erhöbe er sich, die Decke des Tempels sprengen würde."

Es war offensichtlich, daß eine Statue von solchen Dimensionen an Ort und Stelle zusammengesetzt worden sein mußte, aber wo genau ihre Einzelteile entstanden waren, hatte man bis dahin nicht feststellen können. Als das deutsche Team in der Umgebung einer westlich vom Tempel gelegenen byzantinischen Kirche zu graben begann, fand es eine Grube für den Bronzeguß, mehrere Klumpen Modelliergips, Fragmente von bearbeitetem Elfenbein, Blei, Bronze und Obsidian sowie zahlreiche ausrangierte Grabstichel, Meißel und Spachtel – alles Zeugnisse künstlerischen Schaffens. Noch aufschlußreicher war eine Reihe von faltenwurfartigen Terrakottaformen, auf denen wohl die Goldfolien für das Gewand der Zeus-Statue zurechtgehämmert worden waren.

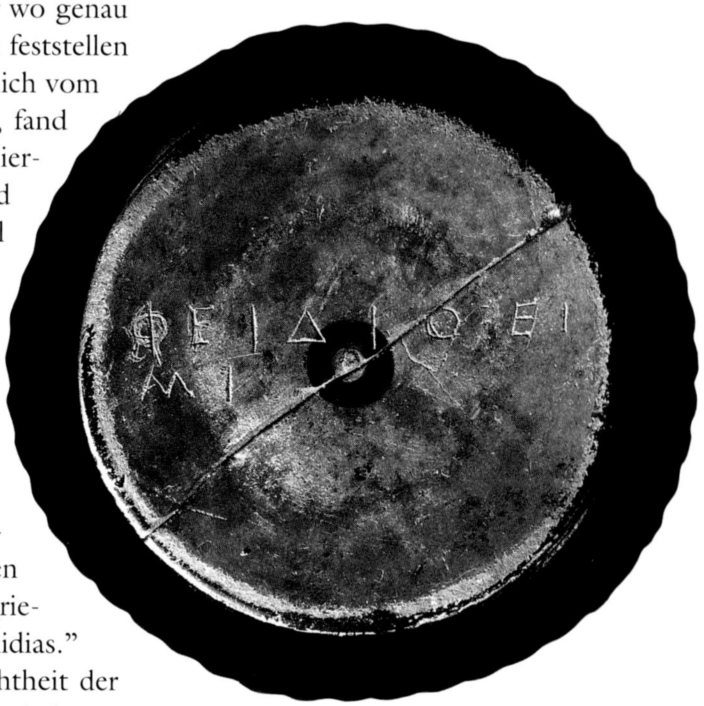

Die Deutschen wußten also, daß sie eine Bildhauerwerkstatt gefunden hatten – aber war es die des Phidias? Dann tauchten die Scherben auf. Zusammengesetzt ergaben sie einen gewöhnlichen, schwarzgrundigen athenischen Becher, auf dessen Unterseite eine – dem Stil der Buchstaben nach zu urteilen – im 5. Jahrhundert v. Chr. entstandene griechische Inschrift zu lesen war. Sie lautete: „Ich gehöre Phidias."

Eine mikroskopische Untersuchung bestätigte die Echtheit der Schriftzeichen auf dem Becherboden, womit die Möglichkeit, sie könnten von einem modernen Witzbold in den Ton eingeritzt worden sein, ausgeschlossen werden konnte. Die Archäologen hatten also allen Grund zum Feiern: Nach Jahren sorgfältiger Quellenforschung und geduldiger, methodischer Grabungsarbeit hielten sie ein Gefäß in Händen, aus dem Phidias getrunken, ja, das er möglicherweise eigenhändig als sein Eigentum gekennzeichnet hatte. Die Erregung des Augenblicks schien die verflossenen 2400 Jahre auszulöschen.

Das eben ist die Zauberkraft der Archäologie: Sie kann Tote, die längst zu Staub zerfallen sind, in die Gegenwart holen, sie sozusagen zu neuem Leben erwecken. Dank fortschrittlicher Grabungsmethoden und der Anwendung hochentwickelter Technologien an zahlreichen Stätten der altgriechischen Welt weiß man mehr über diese faszinierende Kultur

Diese bronzenen Bildhauerwerkzeuge, die einst von Phidias selbst benutzt worden sein könnten, fand man – ebenso wie den Becher, dessen hier sichtbare Unterseite den Namen des großen Bildhauers trägt – in einem antiken Abfallhaufen der Ausgrabungsstätte in Olympia an der Stelle einer Werkstatt aus klassischer Zeit. Die mikroskopische Untersuchung der eingeritzten Schrift hat bewiesen, daß diese älter ist als die Bruchkante und so keine neuzeitliche Fälschung sein kann.

als jemals zuvor und fördert immer wieder Funde zutage, die neue Erkenntnisse gewähren und die Forscher zwingen, überkommene Ansichten zu revidieren. So haben beispielsweise auf der Ägäisinsel Euböa Archäologen Beweise dafür gefunden, daß die Menschen, die vor drei Jahrtausenden dort lebten und die man bislang für unzivilisiert und primitiv gehalten hatte, in Wirklichkeit ein verfeinertes und kultiviertes Leben führten. Sie trieben Handel mit so fernen Ländern wie Zypern und Phönikien und gelangten dadurch zu großem Wohlstand.

Das Erstaunlichste ist, daß es überhaupt noch etwas gibt, was man über ein scheinbar so gut untersuchtes Volk wie die alten Griechen entdecken kann. Doch im Laufe der Jahrhunderte waren viele Mythen und Halbwahrheiten um dieses Volk entstanden. Die Archäologie ist gegenwärtig dabei, einige von ihnen zu widerlegen oder zu korrigieren. Es gab eine Zeit, da die Griechen fast völlig vergessen waren, da die Länder, die sie ihre Heimat nannten, hinter einem Vorhang verschwanden, der ebenso undurchdringlich war wie derjenige, der das moderne Europa während des kalten Krieges zweigeteilt hatte. Erst als das Interesse an klassischer Gelehrsamkeit eine Renaissance erlebte, fanden die Griechen wieder Eingang in das allgemeine Bewußtsein.

Die Leidenschaft für Griechenland und alles Griechische löste eine gewaltige Schatzsuche aus. Reisende, die Hellas besuchten, bemühten sich oft, das eine oder andere Andenken an dessen klassische Vergangenheit mit nach Hause zu nehmen. Sie waren allerdings keineswegs die ersten, die solche Gelüste verspürten. Die Römer, die das Land im 2. Jahrhundert v. Chr. eroberten, betrachteten griechische Kunstwerke, wenigstens anfangs, als legitime Kriegsbeute. Als etwa der General Lucius Aemilius Paulus 168 v. Chr. von einem siegreichen Feldzug zurückkehrte, brachte er nicht weniger als 250 Wagenladungen Statuen, Gemälde und Metallvasen mit. Im Lauf der Zeit entwickelte sich ein blühender Exporthandel, und mit Kunstschätzen beladene Schiffe segelten von Griechenland nach Italien, wo einheimische Metallgießer komplizierte Gußtechniken ersannen, um Kopien griechischer Werke herzustellen. Bis in unser Jahrhundert, als die ersten antiken Schiffswracks mit griechischen Bronzen *(S. 111 – 119)* gefunden wurden, war ein Großteil der griechischen Plastiken nur durch römische Nachbildungen bekannt.

Roms Liebe zu solchen Bildwerken war bezeichnend für die Bewunderung, die es der Kultur vieler von ihm unterworfener Länder entgegenbrachte. Der römische Dichter Horaz schrieb, „die liebliche Gefangene Hellas" habe „ihren grimmigen Überwinder in Fesseln gelegt". Griechisches Denken bestimmte bald das römische Geistesleben. Unter griechischem Einfluß entstand auch der literarische Reiseführer.

Ein solches Werk war die Beschreibung Griechenlands durch Pausanias, einen griechischen Geographen und Schriftsteller, der im

Auf der um 1900 entstandenen Photographie der ausgegrabenen Ruinen von Olympia sind im Vordergrund die Säulen der Palästra oder Ringerschule und im Hintergrund die des Heratempels zu sehen. Offenbar durch ein Erdbeben zerstört und später durch Überschwemmungen und Erdrutsche mit Schlamm, Sand und Kies bedeckt, hat sich Olympia für die Deutschen, die hier seit 1875 Ausgrabungen durchführen, als eine besonders ergiebige archäologische Stätte erwiesen.

2. Jahrhundert n. Chr. lebte. Obwohl es eigentlich für die Reisenden gedacht gewesen war, die zur Blütezeit des römischen Kaiserreichs nach Griechenland strömten, erwies sich sein Buch auch für Touristen späterer Epochen als unschätzbares Hilfsmittel. „Wenn man Griechenland bereist", verriet ein Minister 15 Jahrhunderte später dem französischen König Ludwig XIV., „sollte man den Pausanias zur Hand haben, um die Sehenswürdigkeiten wiederzufinden, die er sah, als er diese Reise vor langer Zeit und mit der gleichen Neugier unternahm."

Weniger als ein Jahrhundert nach Pausanias' Tod plünderten barbarische Horden Athen, und 395 n. Chr. wurde das Imperium Romanum in ein West- und ein Ostreich geteilt. Griechenland fiel dem östlichen oder byzantinischen Teil zu, und damit nahm die über 1400jährige Periode ihren Anfang, in der das Land von Konstantinopel aus beherrscht wurde. Mittlerweile war die uralte Kultur – vom sich rasch ausbreitenden Christentum überrollt – fast völlig untergegangen. Als der neue Glaube zur Staatsreligion erhoben wurde, verboten die Kaiser die Verehrung aller heidnischen, also auch der griechischen, Götter. Selbst die dem Zeus geweihten Olympischen Spiele wurden abgeschafft – und erst 1600 Jahre später wiederbelebt.

Und so versank Griechenland in einen langen Schlaf. Obwohl das Byzantinische Reich weitgehend von den Verwüstungen verschont blieb, die die Barbaren im Westreich anrichteten, litt das Land dennoch in nicht unbeträchtlichem Maße und war bald nicht mehr als eine bedeutungslose Provinz, deren noch erhaltene Denkmäler rasch verfielen. Die gebildete Schicht von Byzanz studierte und bewunderte noch immer die Werke der griechischen Autoren, aber in Europa gerieten diese Schriftsteller fast völlig in Vergessenheit. Die wenigen europäischen Reisenden, die ihren Weg nach Hellas fanden, kamen mit haarsträubenden Geschichten zurück – das steinerne Gorgonenhaupt auf der Athener Akropolis habe beispielsweise die Kraft, herannahende Schiffe zu versenken, oder die Tochter des großen Arztes Hippokrates schweife in Form eines Drachen umher und flehe die Männer an, sie zu küssen, damit sie ihre menschliche Gestalt zurückerhalten könne.

Wenn Europäer in Scharen kamen, dann nicht als Forschungsreisende oder Gelehrte, sondern als Eroberer. Im Jahre 1204 endete der 4. Kreuzzug damit, daß die christlichen Heere, die ins Heilige Land hätten ziehen sollen, um die Ungläubigen zu bekämpfen, das christliche Konstantinopel eroberten und plünderten und damit den Zerfall des Byzantinischen Reiches einleiteten. Der Peloponnes und Athen, damals

In dieser im Jahre 1883 entstandenen, ziemlich phantasievollen Rekonstruktion thront die nicht mehr erhaltene Zeusstatue des Phidias im prachtvollen Tempel des Gottes in Olympia. Die Pariser Académie des Beaux Arts erklärte seinerzeit, der französische Künstler habe „eine Ansicht der Wirklichkeit eingefangen, die, wenn sie nicht die Wirklichkeit selbst ist, ihr doch zumindest sehr nahe kommt".

ein Herzogtum, gerieten unter fränkische Herrschaft, während die Ionischen und Ägäischen Inseln, Rhodos, Kreta und einige kleinere Gebiete auf dem kleinasiatischen Festland in die Hand der Venezianer fielen. Zwar konnten die Byzantiner ein halbes Jahrhundert später Konstantinopel zurückerobern, doch Griechenland und seine ehemaligen Territorien blieben schwach und, meist unter fremden Herrschern, aufgeteilt.

Als endlich mit dem Heraufdämmern der Renaissance das Interesse an der Kultur der klassischen Antike wiedererwachte, war Griechenland nicht mehr als ein Schatten seiner selbst – mit einer verarmten Bevölkerung, gefährlichen Banditen und umherschweifenden Ziegenherden, die das Land kahlfraßen. Die großen Tempel und öffentlichen Bauten der Vergangenheit waren nur mehr Ruinen.

Das neu entfachte Interesse an Griechenland konzentrierte sich allerdings auf dessen klassische Kultur und keineswegs auf das Land

HELLENISTISCHE PLASTIKEN UND DIE SCHWIERIGE KUNST, SIE ZU RESTAURIEREN

Die Kraft und die Energie des hellenistischen Zeitalters finden besonders lebhaften Ausdruck in seinen Skulpturen. Zu den dynamischsten unter ihnen gehört die 1506 bei Rom aufgefundene Laokoongruppe. Dieses dramatische Werk stellt den trojanischen Priester Laokoon dar, der zusammen mit seinen Söhnen dafür bestraft wird, daß er seine Mitbürger vor dem von den Griechen zurückgelassenen hölzernen Pferd warnte. Wie man heute annimmt, handelt es sich dabei um eine im 1. Jahrhundert n. Chr. von den griechischen Bildhauern Agesandros, Polydoros und Athenadoros angefertigte Marmorkopie einer griechischen Bronze des 2. Jahrhunderts v. Chr. Als das Werk entdeckt wurde, fehlten etliche Teile, darunter der rechte Arm des Priesters, und die Skulptur wurde in der Folge wiederholt restauriert *(ganz rechts)*. Bei der letzten Restaurierung wurde 1960 der erst 1905 entdeckte Arm wieder angesetzt *(rechts)*.

Ein viel schwierigeres Problem ergab sich, als in den fünfziger und sechziger Jahren insgesamt 20 000 Fragmente weiterer Kopien hellenistischer Werke derselben drei Künstler, die den Laokoon geschaffen hatten, aufgefunden wurden. Man entdeckte die Stücke nahe der tyrrhenischen Küste in einer Höhle, die im 1. Jahrhundert n. Chr. Kaiser Tiberius als Refugium gedient hatte. Mit der Arbeit, die Fragmente zu sortieren und die Statuen wieder zusammenzusetzen, wurde der Altertumskundler und Bildhauer Vittorio Moriello betraut. Aus einem drei Meter langen Bein, einer riesigen Hand und zwei fast lebensgroßen Torsi war er imstande, die rechts abgebildete Darstellung der Blendung des einäugigen Kyklopen Polyphem durch Odysseus zu rekonstruieren. Er fertigte zu diesem Zweck Fiberglas-Abgüsse der Fragmente an und plazierte sie so, wie es ihm seine Kenntnisse der menschlichen Anatomie richtig erscheinen ließen. Anschließend modellierte er passend zu den erhaltenen Fragmenten die fehlenden Körperteile aus Gips nach.

Winzig im Vergleich zu dem liegenden Polyphem nimmt sich Vittorio Moriello auf dem Körper des Kyklopen aus. Dieser ist Teil einer aus Fiberglas und Gips nachgebildeten Skulpturengruppe, die einst das Grabmal des römischen Kaisers Tiberius schmückte. Die Figur links von Moriello wird als Odysseus gedeutet, der Polyphem das einzige Auge ausstach.

Links ist der Laokoon so abgebildet, wie er im 16. Jahrhundert rekonstruiert wurde – mit erhobenem, von den Schlangen umwickeltem rechtem Arm. Ganz links ist dasselbe Werk in seinem Zustand seit der Restaurierung von 1960 zu sehen, bei der der ausgestreckte Arm durch das antike Original ersetzt wurde. Da die frühere Restaurierung erfordert hatte, daß ein Teil der Schulter entfernt wurde, mußte nun Marmor zugesetzt werden, damit der originale Arm wieder im richtigen Winkel daran befestigt werden konnte. Die Gestalt rechts im Bild gehörte möglicherweise nicht zum griechischen Original, sondern ist ein Zugeständnis der Kopie an die römische Version der Geschichte, in der beide Söhne Laokoons sterben.

selbst. Gelehrte aus Konstantinopel fanden in Venedig, Florenz und Rom leicht Anstellung als Griechischlehrer. Die Erfindung der Druckkunst lieferte ein effektives Mittel zur Ausbreitung von Wissen, und überall in Europa begannen Ausgaben der großen Werke aus dem Goldenen Zeitalter Griechenlands zu erscheinen.

Mit der Zeit rief dann die Vertrautheit mit der altgriechischen Kultur auch das Interesse an dem Land selbst wach, und furchtlose Reisende wollten herausfinden, welche Zeugnisse der Antike noch erhalten waren. Keiner von ihnen war unermüdlicher als Ciriaco de' Pizzicolli, der als Cyriacus von Ancona in die Geschichte einging. 1391 in dieser Hafenstadt an der italienischen Adria geboren, unternahm der Kaufmann und Humanist ausgedehnte Handels- und Studienreisen. „Ich war vom glühenden Wunsch getrieben, die Welt zu sehen", schrieb er, „jene im ganzen Universum verstreuten Denkmäler der Antike in Augenschein zu nehmen, die seit so langer Zeit Gegenstand meiner Studien gewesen waren." Seine gelehrte Suche nach der verlorenen Zeit dokumentierte Cyriacus in sechs Heften, die er mit Kopien von Inschriften und mit Skizzen von Tempeln, Monumenten und anderen Artefakten füllte. Diese Aufzeichnungen wurden 1514 (vermutlich bei einem Brand) vernichtet; nur wenige eigenhändige Notizen und Abschriften des Werkes sind erhalten. Doch selbst das wenige genügt, um Cyriacus – der zu einer Zeit, als sich die meisten Humanisten ausschließlich mit der antiken Literatur beschäftigten, den Wert architektonischer und plastischer Zeugnisse des Altertums erkannte – als den Vater der griechischen Archäologie auszuweisen.

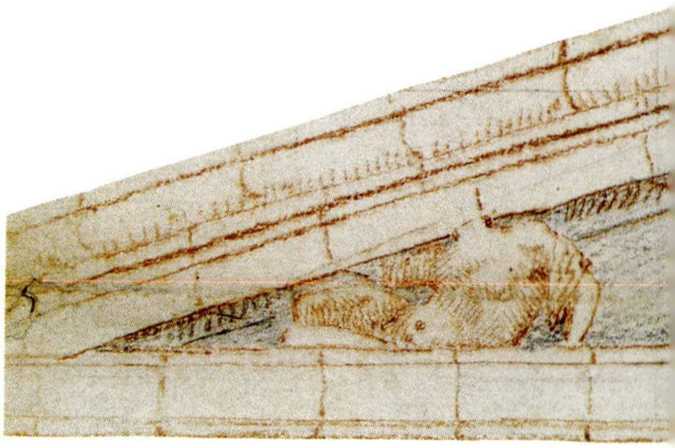

Sein letzter historischer Auftritt war nicht frei von einer gewissen Ironie. Im Jahre 1453 eroberten die osmanischen Türken Konstantinopel und machten damit dem 1000jährigen Byzantinischen Reich ein Ende. Ein zeitgenössischer Bericht schildert, wie der stets diplomatische Cyriacus kurz vor dem entscheidenden Angriff dem osmanischen Sultan Muhammad II. aus den griechischen und römischen Klassikern vorlas.

Ohne es zu wissen, wohnte Cyriacus dem Untergang einer Epoche bei, denn trotz Muhammads Interesse an klassischer Gelehrsamkeit wurde Griechenland durch den Sieg der Türken erneut vom Abendland abgeschnitten. Kurz nach der Einnahme Konstantinopels fielen auch die fränkischen Gebiete auf dem griechischen Festland in die Hände der Türken. Zu den verlorenen Territorien gehörte auch Athen, wo die muslimischen Herren 1460 dem Parthenon ein Minarett hinzufügten und den einstigen Tempel der Athene in eine Moschee verwandelten. Die Bestrebungen der Osmanen, ihre Herrschaft auch auf die von Venedig besetzten griechischen Inseln auszudehnen, führte zu einer Reihe von Kriegen zwischen den beiden Mächten, die insgesamt zwei Jahrhunderte andauerten. Die Türken trugen den Sieg davon, und für die

Diese Skizze, die eine Hälfte des Westgiebels des Parthenons zeigt – sie gehört zu einer Serie von Zeichnungen, die der französische Künstler Jacques Carrey im 17. Jahrhundert anfertigte –, vermittelt einen guten Eindruck von dem damaligen Zustand des plastischen Bilderschmucks. Kurze Zeit später, während der Belagerung Athens durch die Venezianer im Jahre 1687 und bei deren anschließendem Versuch, die Statuen zu entfernen, wurde der Tempel schwer beschädigt. Die Szene stellt den Kampf zwischen Athene und Poseidon um den Besitz Attikas dar.

nächsten 150 Jahre blieben die eroberten Gebiete für Abendländer verschlossen. Es wurde so schwierig, etwas über die Verhältnisse in Griechenland zu erfahren, daß sich der Tübinger Professor Martin Kraus Mitte des 16. Jahrhunderts um Korrespondenten in Konstantinopel und Griechenland bemühte, um zu erfahren, ob Athen noch existierte.

Die Schließung der Grenzen nach Griechenland minderte das begeisterte Interesse des Abendlandes an der klassischen Kultur allerdings in keiner Weise. Antike Kunst war mehr denn je die große Mode, und die Reichen und Mächtigen wetteiferten darum, die schönste Sammlung zusammenzutragen. Binnen kurzem wollte jeder Herrscher auf dem Kontinent, der sich einen verfeinerten Geschmack zusprach, wenigstens einige antike Statuen besitzen. Wenn keine Originale erhältlich waren, mußten sich die Monarchen mit Kopien begnügen.

Im Laufe des 17. Jahrhunderts verbesserten sich die Beziehungen zwischen dem Osmanischen Reich und dem Abendland so weit, daß zumindest einzelne europäische Reisende Griechenland besuchen konnten. Die meisten von ihnen wollten, wie der Engländer William Petty, Kunstschätze ausfindig machen. Petty beschaffte für den Earl von Arundel (einen berühmten Kenner römischer und griechischer Plastik) über 200 Objekte – aber erst nachdem er eine beträchtliche Anzahl Marmorstatuen bei einem Schiffbruch verloren und eine Zeitlang als vermeintlicher Spion in einem türkischen Gefängnis gesessen hatte.

Keine derartigen Probleme hatte der Marquis de Nointel, der als französischer Botschafter für bessere Beziehungen zwischen seinem Land und den Osmanen sorgen sollte. Aufgrund seines offiziellen Status erhielten er und ein Künstler namens Jacques Carrey 1674 die Erlaubnis, Athen und die Akropolis zu besichtigen. Wie sich bald zeigte, war der Zeitpunkt ihrer Reise glücklich gewählt, denn schon 13 Jahre später flammten die Feindseligkeiten zwischen dem Osmanischen Reich und Venedig wieder auf. Im Verlauf der Kampfhandlungen wurde der Parthenon, den die Türken als Munitionslager verwendeten, von einer Granate getroffen, und viele von Phidias' Skulpturen wurden durch die gewaltige Explosion zerstört. Carreys Bleistiftstudien sind alles, was uns heute einen Eindruck von den verlorenen Kunstwerken vermitteln kann.

Im selben Jahr, da Carrey und Nointel den Parthenon besichtigten, brach ein anderer Franzose zu einer ausgedehnten Reise auf, die das Material zur detailliertesten Beschreibung der klassischen Denkmäler Griechenlands seit Pausanias lieferte. Jacques Spon, ein Arzt aus Lyon, durchstreifte länger als ein halbes Jahr Griechenland. Er kampierte tagelang in menschenleeren Gegenden und ernährte sich mitunter von nichts als wilden Kräutern und den Hasen, die er und sein englischer Reisegefährte erlegen konnten. Das Essen war ein ständiges Problem. „Man sollte annehmen, daß der Verzehr großer Mengen von rohen Gurken, und dazu noch in Verbindung mit Sauermilch, ausreicht, um ein Pferd umzubringen", murrte Spon. „Jeder, der in der Levante gewesen ist, weiß indes, daß dies dem Türken als eine der erlesensten Delikatessen gilt." Er meinte zweifellos den uns heute wohlbekannten Tsatsiki.

Es spricht allerdings für Spon, daß er sich weder von solchen kulinarischen Widrigkeiten noch von der ständig drohenden Gefahr, für einen Spion gehalten zu werden, von seiner Aufgabe ablenken ließ. Im Verlaufe seiner Reise kopierte er über 2000 antike Inschriften und konnte mit ihrer Hilfe zahlreiche alte Stätten identifizieren, deren ursprünglicher Name inzwischen in Vergessenheit geraten war. Die Schilderung seiner Bemühungen, betitelt *Die Reise nach Italien, Dalmatien, Griechenland und der Levante,* wurde in mehrere Sprachen übersetzt und erfreute sich bei den immer zahlreicheren Reisenden, die während des 18. Jahrhunderts seinen Spuren folgten, bald größter Beliebtheit.

Unter dem Einfluß der Aufklärung begann zu jener Zeit die religiöse Intoleranz nachzulassen, und die politische und kulturelle Kluft, die das christliche Europa vom islamischen Osmanenreich trennte, entfachte längst keine so erbitterten weltanschaulichen Differenzen mehr. Dies war auch die hohe Zeit der *grand tour,* der ausgedehnten Bildungsreise, die – nicht nur in England – als unverzichtbarer Abschluß der Erziehung junger Männer von Stand galt. Gewöhnlich führte die Route nur zu den kulturellen und politischen Hauptstädten Westeuropas, doch die abenteuerlustigeren unter diesen Jünglingen schlossen auch die Welt der klassischen Antike in ihre Studien ein.

In England wurde das Interesse an Griechenland durch die in den dreißiger Jahren des 18. Jahrhunderts erfolgte Gründung der „Society of Dilettanti" noch weiter verstärkt, eines kleinen Zirkels wohlhabender Freunde der schönen Künste. Die Gelehrten machten sich über die neue Organisation dieser bekanntermaßen gern und oft zechenden Kunstliebhaber lustig. Im Jahre 1749 aber fanden die Gentlemen endlich ein Projekt, das ihrer edleren Leidenschaften würdig war: die Erstellung einer exakten Dokumentation der antiken Bauwerke Athens durch den Maler James Stuart und den Architekten Nicholas Revett.

Auf Kosten der Gesellschaft verbrachten die beiden Männer fast zwei Jahre damit, das alte Athen zu studieren – und aufzuräumen. „Wir haben jedes hier abgebildete Bauwerk sorgfältig bis hinunter zum Fundament untersucht", schrieben sie in *The Antiquities of Athens,* dem dreibändigen Bericht über ihre Arbeit. „Allerdings war es zu diesem Behufe im allgemeinen erforderlich, große Mengen von Erdreich und Schutt abtragen zu lassen; eine Unternehmung, die sich bisweilen als recht kostspielig erwies." Stuart und Revett gingen sogar so weit, ein Haus zu kaufen und abreißen zu lassen, weil es ihnen den Blick auf die Reliefs am berühmten Turm der Winde versperrte, einem im 1. Jahrhundert v. Chr. entstandenen, zwölf Meter hohen, achteckigen Bauwerk mit einer Wasseruhr. An der Stelle des abgerissenen Gebäudes errichteten sie ein neues mit einem eigens so angebrachten Fenster, daß künftige Besucher eine gute Aussicht auf die Reliefs haben würden.

Auch wenn die *Antiquities of Athens* nur in einer kleinen Auflage erschienen, übten sie einen beträchtlichen Einfluß aus. Seit der Renaissance hatten angehende Architekten immer wieder danach gestrebt, klassische Bauwerke nachzuahmen, doch hatten sie sich dabei größtenteils auf römische Vorbilder gestützt. Jetzt kam griechisch inspirierte Architektur in Mode. Miniaturversionen griechischer Tempel – manche von Revett und Stuart selbst nach ihrer Rückkehr nach England entworfen – entstanden in den Gärten herrschaftlicher Häuser; Kirchen und öffentliche Gebäude mit dem Parthenon nachgebildeten Portiken zierten zahlreiche europäische Städte. Diese neue Stilrichtung griff sogar auf Amerika über; die Landschaft des Nordostens der USA war übersät mit „neogriechischen" Kirchen und Häusern, die durch ihre Säulenhallen und Giebel die Antike beschworen.

Der Klassizismus – oder Neoklassizismus, wie diese Stilstufe der abendländischen Kunst auch genannt wurde – erhielt seine theoretische Untermauerung von einem deutschen Gelehrten, der etwa zur selben Zeit wie Stuart und Revett wirkte. Doch während die Engländer die Überreste des antiken Griechenlands studierten, begnügte sich Johann Joachim Winckelmann damit, das griechische Erbe in Rom und den erst kurz zuvor entdeckten Ruinenstädten Pompeji und Herculaneum zu untersuchen. Was er dort sah, ermöglichte es ihm, einzelne griechische Werke zum erstenmal verschiedenen Epochen und Schulen zuzuordnen, und überzeugte ihn davon, daß die altrömische Plastik im besten Fall eine gelungene Kopie und im schlimmsten Fall eine geistlose Imitation griechischer Originale war. Diese Anschauung löste eine radikale Neubewertung der zwei antiken Kulturen aus. „Der einzige Weg für uns, groß, ja, wenn es möglich ist, unnachahmlich zu werden", schrieb Winckelmann, „ist die Nachahmung der Alten (...) sonderlich der Griechen", womit er dem Klassizismus – und der deutschen Klassik – den Weg wies.

Winckelmanns Werke sowie die Arbeiten Stuarts, Revetts und ihrer Nachfolger ließen um die Wende zum 19. Jahrhundert die Begeisterung für Griechenland und seine Kultur gewaltig anwachsen. Doch jede Reise in das Land Homers blieb ein abenteuerliches Unterfangen, und seine historische Geographie war in zahlreichen Punkten noch unklar. Dreieinhalb Jahrhunderte nach den Pionierreisen des Cyriacus von Ancona ließen sich viele der von den antiken Autoren erwähnten Stätten nicht mehr sicher lokalisieren.

Glücklicherweise traf 1804 der britische Oberst William Martin Leake in Griechenland ein. England und Frankreich führten gegeneinander Krieg. Von Napoleon bedroht, wandten sich die Osmanen an England um Hilfe. Leakes Mission bestand darin, mit den verantwortlichen türkischen Stellen Maßnahmen zur Abwehr einer möglichen französischen Invasion Griechenlands abzusprechen. In diesem Zusammenhang sollte er auch eine militärische Einschätzung des Landes vornehmen und eine Studie seiner „allgemeinen Geographie" erstellen. Im Laufe der nächsten fünf Jahre erforschte er gewissenhaft das ganze griechische Festland und nahm allein auf dem Peloponnes (oder der Morea, wie die Halbinsel damals genannt wurde) über 1500 Vermessungen vor. Dabei entwickelte er sich zu einem ernstzunehmenden Archäologen und Gelehrten und veröffentlichte einen achtbändigen Forschungsbericht, *Travels in Northern Greece and the Morea,* sowie verschiedene Einzelstudien über die Topographie Athens und seiner Umgebung.

Dank Leakes Werken wurde es nun möglich, zahlreiche bis dahin nicht identifizierte klassische Stätten aufzufinden. Reisende der verschiedensten Nationalitäten, vor allem Briten, strömten ins Land: Maler der neuen romantischen Richtung durchstreiften es auf der Suche nach pittoresken, ruinenbestandenen Landschaften; Sammler reisten an, um alte Münzen, Vasen und Statuen zu kaufen; Gelehrte kamen mit ihrem Homer, Hesiod und Pindar in der Hand, um die Dichter in ihrer mediterranen Heimat zu genießen. Ja, das Wort Griechenland wurde gleichsam zum Synonym für „künstlerische Inspiration".

Die Nation mußte allerdings ihre neue Popularität teuer bezahlen, denn die Rivalitäten, die die europäischen Mächte aufs Schlachtfeld trieben, lösten zwischen ihnen auch einen erbitterten Konkurrenzkampf um den Besitz antiker Kunst aus. Jedes größere Land gründete ein Museum und fing hastig an, Antiquitäten zusammenzukaufen. Noch immer von den Osmanen beherrscht, mußten die Griechen hilflos zusehen, wie Deutsche, Franzosen, Briten und andere Mitteleuropäer im Bewußtsein, das antike Erbe vor dem weiteren Verfall zu retten, die Zeugnisse ihrer Vergangenheit aus dem Lande schafften.

Und so kam es, daß sich der britische Gesandte am osmanischen Hof, Thomas Bruce, siebter Earl of Elgin, für den athenischen Parthenon, diesen Inbegriff klassischer griechischer Kultur, zu interessieren begann. Der Architekt Thomas Harrison hatte ihn auf die Idee gebracht, Abgüsse von den Skulpturen des Tempels anfertigen zu lassen, die dann zu pädagogischen Zwecken in England ausgestellt werden sollten. Mit diesem Ziel vor Augen machte sich Elgin auf die Suche nach einem fachkundigen Aufseher für die Abgußarbeiten und wandte sich unter anderem auch an den berühmten Maler J. M. W. Turner, der allerdings ein zu hohes Honorar verlangte. Schließlich ging der Auftrag an den italienischen Maler Giovanni Battista Lusieri.

Als er mit einer internationalen Gruppe von Assistenten in Athen ankam – Elgin war mittlerweile nach Konstantinopel weitergereist, wohin ihn offizielle Pflichten riefen –, fand Lusieri die noch erhaltenen Statuen in einem sehr schlechten Zustand vor. Manche waren von der auf der Akropolis stationierten türkischen Garnison verunstaltet oder gar zerschlagen und zu Kalk gebrannt worden. Der Parthenon selbst – trotz der Explosion von 1687 weitgehend intakt und den Türken als „alter Götzentempel" bekannt – war der Eisenklammern beraubt worden, von denen die Steintrommeln seiner Säulen zusammengehalten wurden, denn diese Klammern waren mit dem begehrten Blei eingefaßt. „Ich bin sicher", schrieb Lusieri an Elgin, „daß in einem halben Jahrhundert dort kein Stein mehr auf dem anderen stehen wird."

In dem Bewußtsein, daß er dazu beitrug, ein unersetzliches Kulturerbe der Menschheit vor dem Untergang zu bewahren, verschaffte sich Elgin durch seinen Einfluß am Hof ein Dokument – einen sogenannten „Ferman" –, das seinen Beauftragten nicht nur erlaubte, Kopien von den Plastiken anzufertigen, sondern auch „jeden mit alten Inschriften oder Figuren versehenen Stein mitzunehmen". Ob diese – einer mehrdeutigen italienischen Übersetzung des längst verschollenen türkischen Originals entnommenen – Worte tatsächlich die folgenden Ereignisse rechtfertigten, war über 100 Jahre lang

Die lässige Pose des jungen Lords Elgin verrät das Selbstvertrauen, das es ihm ermöglichte, einige der bedeutendsten Schätze Griechenlands – Skulpturen vom Parthenon und anderen Bauwerken der Akropolis – zu beanspruchen und mit nach England zu nehmen. Ein Geschwür, wahrscheinlich durch eine Quecksilberbehandlung gegen Syphilis verursacht, zerstörte später einen Teil seiner Nase.

Gegenstand erbitterter Kontroversen. Fest steht allerdings, daß der Großwesir in Athen keine Einwände gegen die – vom Leiter des Projekts, Elgins Kaplan Philip Hunt, vertretene – freizügige Auslegung des Fermans erhob. Nachdem man ihn mit kostbaren Kristallwaren und Feuerwaffen beschenkt hatte, drückte der Würdenträger beide Augen zu, als Hunts Team damit begann, eine große Anzahl Statuen vom Parthenon zu entfernen.

Edward Dodwell, ein englischer Reisender und Augenzeuge, der „mit unaussprechlicher Bestürzung" beobachtete, wie die Arbeiter die Metopen und Triglyphen – miteinander abwechselnde skulptierte Felder des Frieses – vom Tempelgebälk lösten. „Ich sah sie mehrere Metopen am südöstlichen Teil des Tempels herunterholen", schrieb der Engländer. „Sie waren zwischen den Triglyphen wie in eine Nut eingelassen; und um sie herauszuheben, war es nötig, das herrliche Gesims zu Boden zu werfen, das sie oben abschloß. Die Südostecke des Giebels erlitt das gleiche Schicksal." Hunts Männer lösten 56 Relieffelder vom Gebälk und stemmten ein rundes Dutzend Statuen aus den zwei Giebeln. Sie nahmen auch die verstreuten Reliefs und Friese des kleinen Tempels der Athena Nike mit, der bis 1687, als er abgerissen wurde, um einer türkischen Bastion Platz zu machen, den Eingang zur Akropolis geschmückt hatte. Sie entfernten sogar eine der sechs Mädchenstatuen (Koren), die das Gebälk der sogenannten Korenhalle des Erechtheions (des asymmetrischen, vierkammerigen Tempels nördlich des Parthenons) trugen, und ersetzten sie durch einen Backsteinpfeiler.

Zweiundzwanzig Schiffe schafften die Marmorskulpturen nach England. Eines von ihnen sank unterwegs; die Bergung seiner Ladung nahm drei Jahre in Anspruch. Elgins Heimreise verlief nicht minder ereignisreich. Er hatte eine Unterbrechung der Kampfhandlungen der Napoleonischen Kriege dazu nutzen wollen, um den Weg über Frankreich zu nehmen, als der Waffenstillstand plötzlich endete und er als Angehöriger einer feindlichen Nation drei Jahre lang festgehalten wurde, während seine Schätze in Lagerhallen verstaubten. Als er endlich London erreichte, sorgte Elgin sofort dafür, daß die Werke ausgestellt wurden. Die Reaktion der Öffentlichkeit war indes nicht ausschließlich positiv. Ein Kritiker, ein einflußreiches Mitglied der Society of Dilettanti, tat die Statuen als bloße römische Kopien ab. „Es war verlorene Liebesmüh', Mylord", schrieb er. „Eure Plastiken werden überbewertet. Es sind keine griechischen. Es sind römische, aus hadrianischer Zeit."

Künstler hatten da ein besseres Auge. Der große italienische Bildhauer Antonio Canova, den Elgin gebeten hatte, beschädigte Statuen zu restaurieren, lehnte mit der Begründung ab, daß es ein Sakrileg wäre, Hand an sie zu legen. Noch bemerkenswerter war die Reaktion des englischen Malers Benjamin Robert Haydon, eines Freundes des

Auf diesem Gemälde von 1818 sind einige der Objekte, die Lord Elgin von der Akropolis mitnahm – Metopen des Parthenons (oben) und eine Karyatide oder Kore des Erechtheions (rechts) –, sowie der Fries des Apollontempels in Bassai zu sehen, den das Xeneion-Mitglied Charles Cockerell entdeckte. Der Künstler idealisierte die provisorische Umgebung, in der das Britische Museum die kurz zuvor erworbenen Werke ausstellte.

Dichters John Keats. „Ich habe täglich zehn, vierzehn, fünfzehn Stunden lang vor den Plastiken gestanden und gezeichnet", schrieb er in sein Tagebuch. „Ich stand mit der Sonne auf und sah ihr Licht nur, um mir mein hohes Streben ins Bewußtsein zurückzurufen; ich sprang aus dem Bett, kleidete mich an wie ein Rasender und verbrachte den Tag und die Nacht im selben Traumzustand entrückter Begeisterung."

Einige Künstler äußerten sich empört über die Mittel, mit denen Elgin die Skulpturen beschafft hatte. Der Dichter Lord Byron, der in den zwanziger Jahren des 19. Jahrhunderts wie tausend andere Freiwillige aus ganz Europa nach Hellas eilen sollte, um sich dem achtjährigen, zuletzt erfolgreichen Unabhängigkeitskampf des Landes anzuschließen, verdammte den „seelenlosen Plünderer", der „einem blutenden Land das letzte dürftige Gut" geraubt habe, und verglich den Earl sogar mit Alarich, dem westgotischen Eroberer Roms, der seine Beute wenigstens im Kampf gewonnen habe.

Durch solche Kritik beunruhigt, weigerte sich die britische Regierung, der Elgin die Skulpturen von Anfang an zugedacht hatte, den dafür verlangten Preis zu bezahlen. Es vergingen mehrere Jahre, ehe sich das Parlament zu einem Angebot von 35 000 Pfund entschloß, das Elgin ohne große Begeisterung akzeptierte. Er behauptete, die Beschaffung der Kunstwerke habe ihn einschließlich der Zinsen für das aufgewendete Kapital 72 000 Pfund gekostet. Die sogenannten Elgin Marbles wurden ins Britische Museum geschafft, wo sie, aller griechischen Proteste zum Trotz, bis zum heutigen Tag verblieben sind. Das Museum argumentiert dahin gehend, daß durch die Rückgabe der Skulpturen ein Präzedenzfall geschaffen würde, der das Ende von zahllosen Antikensammlungen überall auf der Welt bedeuten könnte.

Ein Grund dafür, daß die britische Regierung damals ihre Haltung änderte, war die positive Reaktion der Öffentlichkeit auf die Teile eines weiteren Gebälkfrieses, die in der Zwischenzeit in England eingetroffen waren. Diese entstammten dem Innenraum des Apollontempels in Bassai, einer abgelegenen Stätte auf dem Peloponnes, rund 30 Kilometer südöstlich von Olympia. Das Werk war vom „Xeneion" entdeckt worden, der ersten internationalen Gruppe von Architekten und Literaten, die sich der Bergung griechischer Altertümer verschrieben hatte. Der – Deutsche, Engländer und Dänen umfassende – Zirkel stellte eine einzige Bedingung an seine Mitglieder – eine „begeisterte Liebe zu Griechenland, der antiken Literatur und den schönen Künsten".

Mit dem Xeneion kam die griechische Archäologie endgültig in Gang, denn dessen Mitglieder gehörten zu den ersten Forschern, die nach antiken Artefakten gruben. Frühere Besucher hatten es im großen und ganzen vermieden zu graben – teils, weil es schon über der Erde soviel zu entdecken gab, teils, um die einheimische Bevölkerung nicht auf die Idee zu bringen, es seien dort Schätze zu finden.

In Bassai und dann auch auf Ägina – einer südwestlich von Athen im Saronischen Golf gelegenen Insel, wo sie im April 1811 die Ruinen des Tempels der Aphaia, einer der Artemis wesensverwandten Fruchtbarkeitsgöttin, ausgruben – konnten die Xeneion-Mitglieder durch Freundlichkeit und ihre zahlenmäßige Stärke solche Probleme vermeiden. Dem englischen Architekten Charles Cockerell zufolge herrschte bei den Grabungen – abgesehen von der Gefahr möglicher

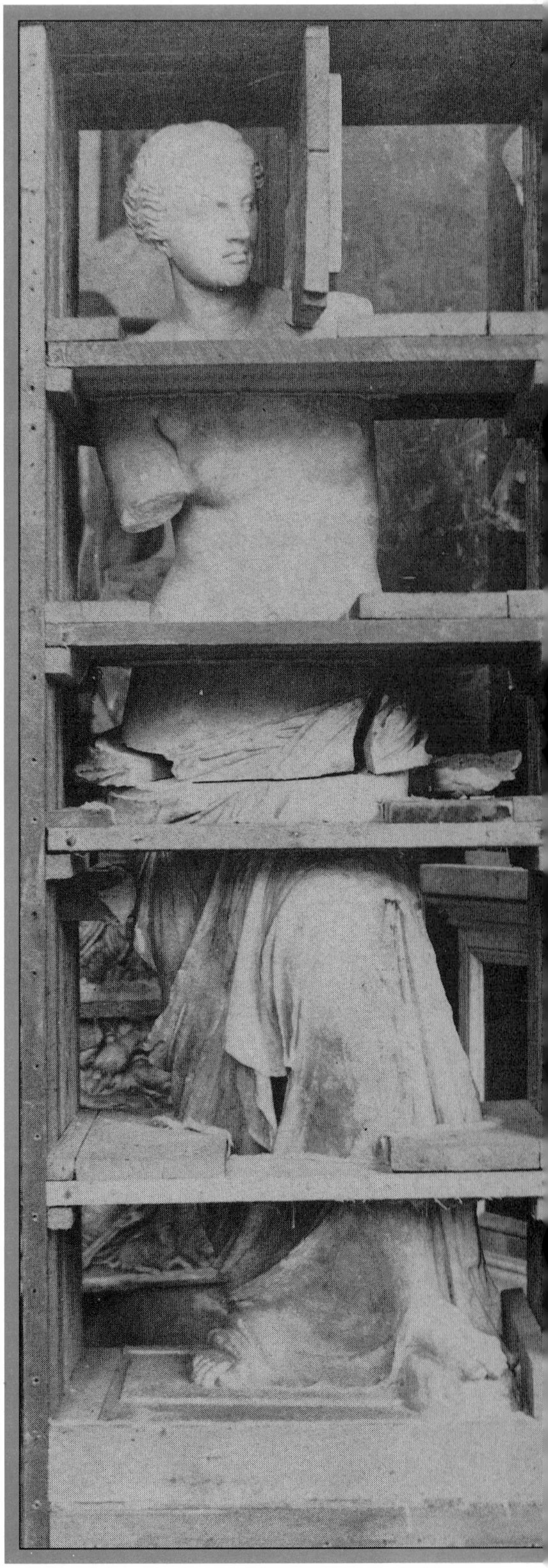

Die Aphrodite von Melos (Venus von Milo), die wohl berühmteste Statue der Welt, ist hier während der 1871 durchgeführten Restaurierungsarbeiten zu sehen. Das im 2. Jahrhundert v. Chr. entstandene Werk wurde 1820 in zwei großen Bruchstücken und mehreren kleineren Fragmenten von einem Bauern auf der griechischen Insel Melos gefunden. Ein damals anwesender Franzose, der den Wert der Skulptur erkannte, versuchte sie zu kaufen, doch alle seine Bemühungen schlugen fehl, und es sah so aus, als würde die Aphrodite in den Besitz eines reichen Griechen übergehen. Doch aggressive Verhandlungen, denen die Anwesenheit eines französischen Kriegsschiffes Nachdruck verlieh, führten in letzter Minute dazu, daß die Statue nach Frankreich kam.

Überfälle durch Piraten – eine bukolische Atmosphäre. „Wir besorgten uns Proviant und Arbeitskräfte aus dem Städtchen, unser Brennmaterial war wilder Thymian, Rebhühner gab es im Überfluß, und wir kauften den Hirten Zicklein ab; und war des Tages Arbeit abgeschlossen, wurde über einem offenen Feuer gebraten und zur Begleitung von einheimischer Musik, Gesang und Tanz geschmaust."

Beide Kampagnen waren außerordentlich erfolgreich. „Am zweiten Tag", schrieb Cockerell über die Entdeckungen auf Ägina, „stieß einer der Ausgräber, der im inneren Portikus arbeitete, auf ein Stück parischen Marmors, das, da das Bauwerk selbst aus Stein besteht, seine Aufmerksamkeit erregte. Wie sich herausstellte, handelte es sich dabei um den behelmten Kopf eines Kriegers, von vorzüglicher Arbeit. Er lag mit dem Gesicht nach oben, und als seine Züge allmählich sichtbar wurden, ergriff uns eine unbeschreibliche Freudigkeit und Erregung. Hier war etwas gänzlich Neues, das uns dazu anspornte, mit frischer Kraft gezielt weiterzusuchen." Schon bald wurde ein zweiter Kopf zutage gefördert, dann ein Bein und ein Fuß, bis schließlich, wie Cockerell berichtet, unter den herabgestürzten Teilen des Ost- und des Westgiebels „nicht weniger als sechzehn Statuen und dreizehn Köpfe, Arme, Beine usw." zum Vorschein kamen. Nachdem die Behörden auf der Insel eine angemessene Entschädigungssumme erhalten hatten, wurden die Marmorskulpturen „unverzüglich" nach Piräus, dem Seehafen Athens, geschafft und von dort nachts – „um keine lästige Aufmerksamkeit zu erregen" – in die Hauptstadt weitertransportiert.

Nicht weniger Glück sollte Cockerell in Bassai haben. Als er an einem Spätsommertag im Schutt herumstocherte, der die Stätte bedeckte, bemerkte der Architekt einen Fuchs, der aus einem Loch unter einem großen Steinblock hervorschoß. Bei näherer Untersuchung des Baues entdeckte er ein Relief, das sich als Teil eines rund 30 Meter langen, fortlaufenden Gebälkfrieses entpuppte, der unter anderem den Sieg des sagenhaften, angeblich von Apollon abstammenden Volkes der Lapithen über die halb mensch- und halb pferdegestaltigen Kentauren darstellte. Für die Griechen des 5. Jahrhunderts v. Chr. symbolisierte diese Schlacht den Triumph der Zivilisation über die Barbarei.

Der türkische Gouverneur des Peloponnes, den die schönen Skulpturen nicht beeindruckten, da er auf Artefakte aus Silber oder Gold gehofft hatte, trat seinen 50prozentigen Anteil an den Grabungsfunden für 400 Pfund an die Xeneion-Gruppe ab. Der Fries wurde schließlich vom britischen Prinzregenten für eine erheblich größere Summe ersteigert: 15 000 Pfund (in heutiger Währung rund eine Million DM). Die Giebelskulpturen aus Ägina (die sogenannten Ägineten) erwarb – für eine niedrigere, aber immer noch beachtliche Summe – Kronprinz Ludwig von Bayern. Sie befinden sich heute in der Münchner Glyptothek.

Dank der Großzügigkeit solcher Sammler nahm die Passion für die archäologische Schatzsuche bald fieberhafte Züge an. Auf den Spuren von Jacques Spon und anderen wandten sich abenteuerlustige Forschungsreisende jetzt auch den reichen und kulturell hochentwickelten Königreichen zu, die einst auf der türkischen Seite der Ägäis geblüht hatten. Zu diesen Stätten gehörte zum Beispiel die kleine Küstenstadt Bodrum (das einstige Halikarnassos), die von einer im 15. Jahrhundert von den Johannitern errichteten Festung beherrscht wird.

Im 4. Jahrhundert v. Chr. wurde das schon sehr alte Halikarnassos die Residenz des Mausolos, des persischen Satrapen und Königs von Karien. Nach seinem Tod im Jahre 353 v. Chr. bestattete man Mausolos in einem prächtigen Grabmal, das so gewaltige Ausmaße hatte – es soll schon von hoher See aus sichtbar gewesen sein – und so herrliche Verzierungen aufwies, daß es im Altertum zu den Sieben Weltwundern gerechnet wurde. Nach Aussage des römischen Schriftstellers Plinius des Älteren bestand das von einem Stufenunterbau getragene – nach seinem Erbauer Mausoleum genannte – Denkmal aus drei unterschiedlichen, mit reichem plastischem Bilderschmuck versehenen Etagen. Das sehr hohe, rechteckige Podium war an seiner oberen Kante mit einem Relieffries umgeben. Auf diesem wuchtigen Sockel ruhte die von 36 Säulen umgebene Grabcella, über der sich ein pyramidenförmig gestuftes, von einem marmornen Viergespann mit Statuen bekröntes Dach erhob.

Noch im 13. Jahrhundert war das Mausoleum vollständig intakt. Nicht lange danach wurde es, wohl durch Erdbeben, zerstört. Als die Johanniter 1494 beschlossen, die Befestigungsanlagen ihres Kastells auszubauen, beuteten sie zu diesem Zweck die Ruinen des Grabmals aus. Im Jahre 1522 war vom Monument fast nichts mehr zu sehen. Viele seiner Marmorstatuen hatte man zertrümmert und zu Kalk gebrannt, während einige seiner Reliefs zur Verzierung in die Mauern der Burg eingegliedert worden waren. Der grüne, vulkanische Stein seines Kerns hatte zur Errichtung eines Walls gedient, und die Grabcella war geplündert worden. Später fiel das Kastell in türkische Hand und blieb viele Jahre lang Abendländern verschlossen. Ein französischer Altertumskundler erhielt zwar einen Ferman, der ihm den Zutritt gestattete, doch zog er es vor, auf das Privileg zu verzichten, als der Festungskommandant bemerkte, das Dokument sage nichts darüber aus, daß der Franzose die Burg auch wieder verlassen dürfe.

Spätere Forscher, darunter Richard Dalton, ein englischer Reisender aus dem 18. Jahrhundert, hatten mehr Glück. Dalton erhielt nicht nur die Erlaubnis, die Festung zu betreten, sondern veröffentlichte anschließend auch mehrere Zeichnungen von erhaltenen Teilen eines Frieses mit der Darstellung einer Schlacht zwischen Griechen und Amazonen sowie Skizzen weiterer Fragmente. Ein Jahrhundert später erregten die Reliefs die Aufmerksamkeit des britischen Gesandten in Konstantinopel, Viscount Stratford de Redcliffe, dem 1846 gestattet wurde, alles mitzunehmen, was vom Amazonenfries erhalten war.

Als die Skulpturen als Geschenk des Sultans an England im Britischen Museum eintrafen, erregten sie die Aufmerksamkeit des zweiten Kurators, Charles Newton. Dieser beschloß, seine ganze Energie der Auffindung und Rekonstruktion des Mausoleums zu widmen. Obwohl keine sichtbaren Überreste erhalten waren, die die ursprüngliche Lage des Grabmals angezeigt hätten, identifizierte Newton die richtige Stelle im Stadtgebiet von Bodrum anhand der Beschreibung des Vitruv, eines römischen Ingenieurs und Architekten des 1. Jahrhunderts v. Chr. Unglücklicherweise war der größte Teil der Stätte mit Häusern bebaut. Newton mußte diese aufkaufen, bevor er die Grabung beginnen konnte, und verlor viel Zeit mit dem Aushandeln der verschiedenen Entschädigungssummen. Als die Arbeiten im Jahre 1857 endlich in Gang kamen, fand Newton zwar Hunderte von Skulpturfragmenten, erlebte aber dennoch eine Enttäuschung. Die meisten Marmorplastiken waren, so schrieb er, „offensichtlich von den Plünderern der Grabkammer aus dem Weg gerollt und hinausgeworfen worden", was es unmöglich machte festzustellen, wo genau auf dem Mausoleum sich die Stücke ursprünglich befunden hatten. Seine Bemühungen schienen umsonst gewesen zu sein.

Alles, was vom Mausoleum von Halikarnassos am Ort verblieben ist, sind diese Ruinen, die in jüngerer Zeit von dem dänischen Archäologen Kristian Jeppesen und seinem Team erforscht wurden. Links im Vordergrund liegt der große Stein, der einstmals die Grabkammer versperrte. Trotz dieses Hindernisses drangen Grabräuber ein und plünderten die Kammer; nur einige wenige Fragmente von Goldschmuck blieben im Staub zurück. Vor dem Stein fand Jeppesen die Spuren eines großen Tieropfers, bei dem Kälber, Schafe, Ochsen, Hühner, Tauben und eine Gans geschlachtet wurden.

Dann aber lachte ihm endlich das Glück. Nachdem er sich entschlossen hatte, den Hang einer Erhebung zu öffnen, an der die dekkende Erdschicht stärker war als auf dem Rest der Stätte, stieß er auf eine größere Ansammlung von Skulpturen. Auf einer Fläche von rund 18 mal 6 Metern fand er 66 Statuen oder Bruchstücke von Plastiken, darunter umfangreiche Fragmente von Pferden des Viergespanns, das einst das Denkmal bekrönt hatte; mehrere steinerne Löwen, die den in der Festung befindlichen ähnelten, aber besser erhalten waren; sowie zwei Kolossalfiguren, die Newton, vielleicht etwas zu voreilig, als die Porträtstatuen von Mausolos und seiner Gattin Artemisia identifizierte.

Die Skulpturen, die wie vorgesehen ins Britische Museum gelangten, waren nur deswegen erhalten geblieben, weil sie beim Einsturz des Mausoleums über die Umfassungsmauer des Gebäudes gestürzt und so der Aufmerksamkeit der Johanniter entgangen waren. Diese Funde gestatteten es Newton, Rückschlüsse auf die Beschaffenheit der Kolonnade und des Mausoleumdachs zu ziehen, die letztlich zur Grundlage moderner Rekonstruktionen dieses Grabmals wurden und dazu beitrugen, Mausolos' Wunsch, für alle Zeiten im Gedächtnis der Menschen zu bleiben, wenigstens teilweise zu erfüllen.

Im folgenden Jahrzehnt sollte Newton auch eine Rolle bei der Erforschung eines weiteren der Sieben Weltwunder spielen – des riesigen Artemisions von Ephesos, einer antiken Stadt an der Ägäisküste, 60 Kilometer südlich des heutigen Izmir. Mitte des 6. Jahrhunderts v. Chr. hatte Kroisos, der sagenhaft reiche Herrscher von Lydien, den Bau begonnen. Im Laufe seiner langen Geschichte lockte das Heiligtum unzählige Pilger an, bis es im 3. Jahrhundert n. Chr. von plündernden Goten zerstört wurde. Dann trat der Kaystros, an dessen Mündung Ephesos erbaut war, über die Ufer und füllte die Ruinen und den Hafen mit Schlick, bis schließlich die ganze antike Stadt unter einer Schlammschicht verschwand. Im 19. Jahrhundert war keine Spur mehr von dem berühmten Tempel zu sehen, der Kultstätte der in der Bibel erwähnten „Diana der Epheser" (Diana war die der Artemis entsprechende römische Göttin). Auf Newtons Betreiben hin finanzierte das Britische Museum ein archäologisches Projekt mit dem Ziel, den Tempel zu finden.

Zum Leiter dieses Projektes wurde John Turtle Wood bestimmt, ein englischer Ingenieur, der in der Türkei an der Konstruktion von Eisenbahnlinien arbeitete. Wie vor ihm Newton in Halikarnassos, hatte Wood bei Vitruv, Strabo, Plinius, Pausanias, Herodot und anderen antiken Schriftstellern erste brauchbare Hinweise auf die Lage des Tempels gefunden. Soviel stand nach deren Auskunft fest, daß das Artemision außerhalb der Stadtmauern erbaut worden war und daß vom sogenannten Magnesischen Tor eine Straße zu ihm geführt hatte. Eine von einem reichen Römer gestiftete, 180 Meter lange Stoa (eine langgestreckte, offene Säulenhalle mit geschlossener Rückwand) hatte einen Teil dieser Straße gesäumt, die am Grabmal des Androklos, des sagenhaften Gründers von Ephesos, vorbeigeführt hatte.

Im Frühjar 1863 nahm Wood seine Arbeit auf. Da die Überschwemmungen nicht nur zur allmählichen Verlandung des antiken Hafens geführt, sondern auch bereits im Altertum das ehemalige Stadtgebiet in einen Sumpf verwandelt hatten, brauchte er über vier Jahre, um allein die Reste des Magnesischen Tores zu lokalisieren. Dann fing er an, die von dem Tor aus der Stadt führende Straße auszugraben, mußte aber feststellen, daß sie sich bereits nach einer kurzen Strecke gabelte. Er

FRAGMENTE EINES VERSCHOLLENEN WUNDERS

Begraben, aber gewiß nicht vergessen, hat das hellenistische Mausoleum von Halikarnassos (heute das türkische Bodrum), eines der Sieben Weltwunder des Altertums, die Menschen lange Zeit fasziniert. Wie mochte es ausgesehen haben, um eine solche Bezeichnung zu verdienen?

Die Beschreibungen antiker Autoren vermittelten ein ungefähres Bild des Bauwerks, und auf deren Grundlage entstanden im Laufe der Zeit verschiedene Rekonstruktionen. Doch erst nach gründlicher Analyse der bei Ausgrabungen im 19. und 20. Jahrhundert gesammelten Daten und sorgfältiger Untersuchung der erhaltenen Fragmente war es möglich, die wahre Herrlichkeit des Denkmals – zumindest auf dem Papier – wiederaufleben zu lassen. Eine solche moderne Rekonstruktion (sie stammt von dem britischen Archäologen Geoffrey Waywell) dient hier als Hintergrund und zeigt, wie die Skulpturen auf den verschiedenen Ebenen des Bauwerks möglicherweise angeordnet waren. Die antiken Angaben über die Höhe des Grabmals schwankten zwischen 42 und 54 Metern; Waywell ging von 42 Metern aus.

Das mit weißem Marmor sowie blauem Kalkstein verkleidete Mausoleum muß den Betrachter schier geblendet haben – und das um so mehr, als seine Skulpturen und architektonischen Elemente leuchtend bunt bemalt waren: In den 1850er Jahren und später ausgegrabene Fragmente wiesen Spuren von Rot, Blau, Violett, Braun und Gelb auf.

Das riesige Pferd, zu dem dieses Fragment gehörte – es dürfte etwa 3,5 Meter hoch und mehr als 4 Meter lang gewesen sein –, war Teil des Viergespanns, das einst das Mausoleum krönte. Der Wagenlenker hatte wahrscheinlich eine Höhe von 5 Metern. Die Gruppe auf das Dach des Denkmals zu hieven dürfte sicher keine einfache Aufgabe gewesen sein.

Diese zwei Statuen – von den Figuren, die die Kolonnade um die Grabcella geschmückt haben dürften, die am besten erhaltenen – wurden bei ihrer Entdeckung im Jahre 1857 Mausolos und Artemisia getauft. Heute sieht man in den beiden Statuen allerdings nicht die Erbauer des Monuments, sondern eher zwei Ahnen des königlichen Ehe- und Geschwisterpaares, die diesem ihre Ehrerbietung erweisen.

war gezwungen, beide Straßen freizulegen, bis er, nach einem knappen halben Kilometer, an der einen Strecke auf Spuren einer römischen Stoa stieß. Nun wußte Wood, welcher Straße er weiter folgen mußte, aber seine Schwierigkeiten nahmen deswegen nicht ab. Er wurde von Anfällen von Malaria heimgesucht, und er hatte mit erheblichen finanziellen Problemen zu kämpfen, bis das Britische Museum, wohl auf Newtons Betreiben, zu Hilfe kam und ihm weitere Mittel beschaffte.

Auf diesem in den neunziger Jahren des 19. Jahrhunderts aufgenommenen Photo klammern sich noch immer Häuser an den Hang des Parnaß, während die Ausgrabung des antiken Delphi das Dorf Kastri allmählich verdrängt. Im Vordergrund sind die freigelegten Ruinen der Nordost-Terrasse des Apollontempels zu sehen. Ungefähr 1000 Gebäude mußten aufgekauft und eingerissen werden, um den Archäologen Platz zu schaffen.

Im darauffolgenden Jahr entdeckte Wood Überreste von Androklos' Grabmal, stieß aber auf neue Schwierigkeiten, als die Straße, die er ausgrub, in ein Gerstenfeld führte. Das Getreide war fast reif, und er konnte es sich nicht leisten, die gesamte Ernte aufzukaufen. So mußten die Arbeiten wieder unterbrochen werden, bis die Bauern das Korn eingefahren hatten. Als die Felder endlich abgeerntet waren, lief der Ferman ab, der die Grabungsarbeiten gestattete. Doch nun ging es mit einem Mal wieder bergauf. Nicht nur wurde der Ferman verlängert, sondern Woods Team legte fast unmittelbar nach Wiederaufnahme der Arbeit die Ruinen einer wuchtigen Steinmauer frei – ein Erfolg, der dem Archäologen weitere finanzielle Unterstützung aus England verschaffte. Kurz darauf förderte Wood zwei große Inschriftentafeln zutage, eine griechische und eine römische. Aus ihnen ging hervor, daß der römische Kaiser Augustus im Jahre 6 v. Chr. die Mauer als Umfassung des Artemistempels hatte errichten lassen. Wood war endlich am Ziel.

Das Britische Museum kaufte 1869 die gesamte archäologische Stätte auf, und Wood machte sich daran, den Tempel auszugraben. Als erstes legte er einen Mosaikfußboden frei, dann sechs kannelierte Säulentrommeln sowie eine Säulenbasis und ein Kapitell – eine außerordentliche Entdeckung, die zahlreiche prominente Besucher nach Ephesos lockte. Unter ihnen war auch der deutsche Archäologe Heinrich Schliemann, der im Dezember 1870 eintraf. Schliemann hatte gerade seine erste Kampagne in Troja (rund 200 Kilometer nordwestlich von Ephesos) abgeschlossen und stand im Begriff, die Ruinen der Stadt freizulegen, die Homer in der *Ilias* beschrieb. Schliemann beglückwünschte Wood, wie dieser bemerkte, „mit liebenswürdigem Enthusiasmus".

Im Laufe der folgenden drei Jahre ließ Wood 100 000 Kubikmeter Erdreich abtragen und schickte allein im Frühjahr 1873 mehr als 60 Tonnen Fragmente von Plastiken und architektonischen Elementen an das Britische Museum. Eines der versandten Objekte – ein riesiges

Die Ausgräber scharen sich am 30. Mai 1894 in Delphi um den oberen Teil eines gerade aus einer neuzeitlichen Mauer befreiten Kuros – wie die stehenden, unbekleideten Jünglingsgestalten aus der archaischen Periode bezeichnet werden.

Stück eines Frieses mit der Darstellung des Kampfes zwischen Griechen und Amazonen – wog allein schon zehn Tonnen. Als die Arbeiter versuchten, es von der Stätte abzutransportieren, gab die Straße nach.

Der gewaltige Umfang der Ausbeute konnte allerdings kaum die archäologischen Sünden wettmachen, die Wood während seiner Suche nach dem Tempel begangen hatte. Da ihm beispielsweise die Bauern oft die Erlaubnis verweigerten, ihre Felder aufzugraben, ließ er völlig unsystematisch und planlos Löcher ausheben, bisweilen mit tragischen Folgen. Als einer seiner Gräben einstürzte, weil er ungenügend abgestützt war, kam ein Arbeiter ums Leben. Außerdem veröffentlichte Wood keinen exakten Grabungsbericht, der es künftigen Forschern erlaubt hätte, seine Vorgehensweise im einzelnen nachzuvollziehen und auf seiner Arbeit aufzubauen.

Glücklicherweise sollte die Archäologie durch ein deutsches Team, das 1875 eine gründliche Erforschung von Olympia begonnen hatte, schon bald auf ein neues und zuverlässigeres Fundament gestellt werden. Im Laufe von sechs Kampagnen legten die Deutschen den gesamten heiligen Bezirk um den Zeustempel frei, wodurch sie die Grundlage für die rund 80 Jahre später erfolgende Entdeckung von Phidias' Werkstatt schufen, und fanden Hunderte von Inschriften, Terrakotten, Bronzeobjekten und Marmorskulpturen. Zu letzteren gehörte auch eine Statue des jugendlichen Gottes Hermes mit dem Dionysosknaben im Arm, die man für eine Kopie eines Werkes des großen Bildhauers Praxiteles hält.

Allerdings durften die Deutschen die herrlichen Plastiken oder sonst einen ihrer Funde nicht mitnehmen, denn die Grabung war Gegenstand eines internationalen Abkommens – des ersten dieser Art, das je zwischen zwei souveränen Staaten abgeschlossen wurde. Im April 1874 unterzeichnet, räumte die sogenannte Olympia-Konvention den Deutschen das Recht ein, jeden Aspekt der – unter griechischer Oberaufsicht durchzuführenden – Arbeiten zu kontrollieren sowie Kopien und Abgüsse der Funde anzufertigen, vorausgesetzt, daß sie die Kosten des Projekts trugen und daß alle Originale in Griechenland verblieben.

Die folgende Grabung setzte, was Sorgfalt und Genauigkeit anging, neue Maßstäbe. Die Deutschen, die nicht lediglich beabsichtigten, ein einzelnes Bauwerk freizulegen, sondern Anlage und Geschichte eines ganzen Monumentalkomplexes zu ermitteln, hielten täglich den aktuellen Stand der Arbeiten fest und listeten exakt sämtliche Begleitumstände jedes einzelnen Fundes auf. Künstler zeichneten alle Skulpturen unmittelbar nach ihrer Entdeckung, oft sogar noch bevor sie vollständig ausgegraben waren. Und anders als Wood erstellten die deutschen Archäologen detaillierte Grabungsberichte für die internationale Fachwelt, die in regelmäßigen Abständen veröffentlicht wurden.

Diesen neuen, respektvollen Ansatz nahmen sich in den folgenden Jahren alle archäologischen Institute, die die Westmächte in Athen gründeten, zum Vorbild für ihre eigene Arbeit. Das erste dieser Institute, die École Française d'Athènes, hatte Frankreich bereits 1846 eröffnet, neun Jahre nach der Gründung der Griechischen Archäologischen Gesellschaft und knapp 17 Jahre nach der Befreiung Griechenlands von der türkischen Herrschaft. Jetzt folgten die Deutschen, die Amerikaner und die Briten, und in den nächsten Jahrzehnten schlossen sich ihnen auch die Österreicher und die Italiener an.

Aber dennoch blieb das Graben eine komplizierte und kostspielige Angelegenheit – wie die Franzosen erfahren mußten, als sie die Bedingungen für die Erforschung Delphis aushandelten, der ungefähr 130 Kilometer nordwestlich von Athen gelegenen Stadt mit dem berühmtesten Orakel Griechenlands. Im Altertum wallfahrteten zahllose Ratsuchende zum Apollontempel, der, eindrucksvoll eingerahmt von steilen, 250 Meter hohen Felsen, auf einem Hang des Parnassosmassivs im Zentrum der Stadt stand. Nach einem rituellen Bad in der Kastalischen Quelle opferten die Pilger dem Gott ein Schaf, eine Ziege oder einen Stier und betraten dann den heiligen Bezirk und den Tempel.

Dort wurden sie zu einer steinernen Kammer geleitet, von wo aus eine Treppe in ein unterirdisches Gewölbe hinabführte. Hier saß die Pythia, die Priesterin des Orakels, über einer Felsspalte, der übelriechende Dämpfe entströmten. In – wie man glaubte – vom Gott selbst bewirkter seherischer Verzückung gab die Prophetin ihre Antwort, die dann von den Priestern des Tempels in Verse übertragen wurde. Solche Orakelsprüche waren stets dunkel und mehrdeutig. Als beispielsweise Philipp II. von Makedonien im 4. Jahrhundert v. Chr. das Orakel fragte, ob er Persien angreifen sollte, erhielt er die Antwort: „Der Stier ist bekränzt. Alles ist getan. Der Opferer ist bereit." In der Annahme, die Pythia habe mit diesen Worten den bevorstehenden Tod des Perserkönigs geweissagt, bereitete Philipp den Angriff vor – fiel aber einem Mordanschlag zum Opfer, ehe der Feldzug beginnen konnte.

Schaulustige drängen sich an der Ausgrabungsstätte, als 1896 der bronzene Wagenlenker von Delphi (rechts) entdeckt wird. Die aufgeregten Zuschauer zertrampelten die Fundstelle und vernichteten alle Spuren, die Auskunft hätten geben können, wann genau die Figur umgeworfen und begraben worden war.

Die Ausgrabung des Apollontempels war natürlich ein höchst verlockendes Projekt für jeden Archäologen, und die griechische Regierung beschloß, aus dem Interesse der ausländischen Wissenschaftler den größtmöglichen Vorteil zu schlagen. Als Gegenleistung für das Recht, in Delphi zu graben, wurde Frankreich ersucht, den Einfuhrzoll für griechische Korinthen herabzusetzen. Da diese Forderung einer Erpressung gleichkam, lehnten die Franzosen ab und mußten mit ansehen, wie die heißbegehrte archäologische Stätte den Deutschen angeboten wurde. Als auch mit diesen keine Einigung erzielt wurde, gelang es den Franzosen, annehmbare Bedingungen auszuhandeln. Dann aber erfuhren sie, daß die Einwohner des Dorfes Kastri, das an der Stelle des antiken Delphi entstanden war, heftig gegen die Grabung opponierten, denn sie mußten ihre Häuser aufgeben und in eine neuerbaute Siedlung ziehen. Die Verlegung des Dorfes nahm mehrere Jahre in Anspruch und erregte viel böses Blut unter den Einheimischen. Als die Franzosen 1892 endlich anfingen, die Stätte freizuräumen, mußten sie unter dem Schutz bewaffneter Wachen arbeiten.

Doch wie sich zeigte, waren die archäologischen Schätze Delphis eine mehr als ausreichende Entschädigung für all die Mühen und Schwierigkeiten. Die – noch heute fortdauernden – Grabungen haben bislang die Überreste von rund 235 Gebäuden und Monumenten ergeben. Zusätzlich enthält das vor Ort entstandene Museum über 7000 Objekte. Das vielleicht kostbarste von ihnen ist eine herrliche, lebensgroße Bronzestatue, bekannt als der „Wagenlenker von Delphi", die Ende April bis Anfang Mai 1896 in Fragmenten ausgegraben wurde.

Die untere Hälfte der Statue kam als erstes zum Vorschein, während Arbeiter unter Leitung von Théophile Homolle, dem Direktor der École Française d'Athènes, eine alte Wasserleitung auf der Stätte eines zerstörten Hauses abtrugen. Die Figur war barfuß und mit einer knöchellangen Tunika bekleidet, deren Falten, so die Ausgräber, „mit der Regelmäßigkeit der Kanneluren einer ionischen Säule" fielen. Drei Tage später fand man den rechten Unterarm, dessen Hand noch immer Fragmente von Zügeln umfaßten, sowie den Oberkörper und den Kopf.

Die Figur gehörte zu einer großen Bronzegruppe, die einen Wagen und vier Pferde einschloß. Ein Steinblock, den man an derselben Stelle fand, war mit einigen Versen beschriftet, aus denen hervorging, daß Polyzalos, der Herrscher von Gela, einer alten griechischen Kolonie in Sizilien, das Werk in Auftrag gegeben hatte, um an seinen Sieg im Wagenrennen bei den in Delphi abgehaltenen Pythischen Spielen von 478 oder 474 v. Chr. zu erinnern. Der heute im Museum von Delphi ausgestellte Wagenlenker ist eines der kostbarsten und berühmtesten Kunstwerke der Welt. Betrachtet man sein junges, selbstsicheres Gesicht, schrieb ein griechischer Archäologe, „fühlt man sich in den triumphalen Augenblick zurückversetzt, da der siegreiche Wagenlenker, stolz und beherrscht zugleich, den Jubel der Menge entgegennimmt wie einen zweiten Lorbeerkranz".

Die Entdeckung der Statue ist ein gutes Beispiel für die Vorgehensweise moderner Archäologen, die grundsätzlich nicht danach streben, den Ruhm eines adligen Gönners zu mehren oder die Sammlung eines bestimmten Museums zu vergrößern, sondern neue Erkenntnisse über das antike Griechenland nur um ihrer selbst willen zu gewinnen. In dieser Hinsicht hat sich die Ausgrabungsstätte Delphi als eine wahre Fundgrube erwiesen, denn hier wurden Dutzende von Inschriften und Weihegeschenken gefunden, die die verschiedenen griechischen Stadtstaaten zum Gedenken an Siege in der Schlacht oder bei Wettkämpfen wie den Pythischen Spielen zu stiften pflegten.

Darüber hinaus hat Delphi aber auch dazu beigetragen, etwas mehr Licht auf die prähistorische Zeit Griechenlands zu werfen – jene wenig erforschten Jahrhunderte, in denen sich die kulturellen und politischen Merkmale der klassischen Zeit herauszubilden begannen –, denn hier sind Spuren einer Siedlung aufgefunden worden, die vor mehr als 3300 Jahren ihre Blütezeit erlebte und erst gegen Ende der mykenischen Periode zerstört wurde. Ihre letzten Bewohner waren schon seit Jahrhunderten tot, als der Apollonkult anfing, in der Gegend Wurzeln zu schlagen. Die Erforschung der Periode zwischen dem Untergang der prähistorischen Siedlung und der Zeit, da die ersten Pilger aus den Stadtstaaten nach Delphi zogen, stellt die vielleicht größte Herausforderung an die heutige klassische Archäologie dar.

ZUM LEBEN ERWECKTE VERGANGENHEIT

In einer mondklaren Sommernacht des Jahres 1867 schlich sich ein abenteuerlustiger Amerikaner von Bord seines im Hafen von Piräus in Quarantäne liegenden Schiffes. Ohne sich von den zahlreichen Polizeiposten erwischen zu lassen, marschierte er die zehn Kilometer nach Athen und verschaffte sich dann Zutritt zur Akropolis, indem er ein paar Wächter bestach. Vollkommen bezaubert von den mondbeschienenen Ruinen, ließ er die Umgebung auf sich einwirken: „In Reihen aufgestellt, in Haufen aufgetürmt, breit über die weite Fläche der Akropolis verstreut, befanden sich Hunderte von verstümmelten Statuen aller Größen und in der vortrefflichsten Ausführung." Der nächtliche Eindringling war niemand anderes als der Schriftsteller Mark Twain, der über diese Eskapade in seinem Buch *Die Arglosen im Ausland* berichtete.

Twains ehrerbietige Wallfahrt war typisch für die im vorigen Jahrhundert herrschende Begeisterung über alles Griechische, und sie offenbart zugleich den inneren Zwiespalt der viktorianischen Ära. Die Errungenschaften der Technik (wie das Dampfschiff, das Twain nach Europa gebracht hatte) trieben die Welt in rasendem Tempo in ein neues, industrialisiertes Zeitalter – aber viele Dichter, Schriftsteller und Philosophen der Epoche zogen es vor, geistig in der Vergangenheit zu weilen und ihre Inspirationen aus der Welt der klassischen Antike zu beziehen.

Daß die Wissenschaften – und namentlich die Archäologie – ihre Aufmerksamkeit auf das kurz zuvor von fast 400jähriger türkischer Herrschaft befreite Griechenland richteten, war nur natürlich. Hinzu kam, daß eine der folgenreichsten Erfindungen des 19. Jahrhunderts, die Photographie, jetzt Gelehrten wie Möchtegern-Globetrottern die Möglichkeit gab, sich einen realistischen, unverfälschten Einblick in ferne Länder zu verschaffen.

Die Pioniere dieser neuen Technik, wie der Amerikaner William J. Stillman, schufen mit ihren unhandlichen Kameras und zerbrechlichen Platten eine unschätzbare Dokumentation archäologischer Stätten – so auch der Akropolis, der dieser Bildessay gewidmet ist. Aber insbesondere Stillman komponierte seine Photographien darüber hinaus nach künstlerischen Gesichtspunkten, wie zum Beispiel seine Aufnahme eines umgestürzten zerbrochenen Reliefs aus der Balustrade des Niketempels *(oben)* zeigt.

Dieses Photo von 1865 stellt eine frühe Phase der archäologischen Erforschung der Akropolis dar. Die meisten dieser Statuen wurden 480 v. Chr. von den Persern entweiht und dann von den Athenern vergraben. Zu ihnen zählen der berühmte „Kalbträger" und die Knabenstatue des Kritios (rechts).

Stillmans 1869 entstandenes, stimmungsvolles Porträt des Parthenons zeigt die Akropolis nach Abriß eines Teils der türkischen Bauten, die die antiken Monumente eingeengt hatten. Die Restaurierung der Tempel und die systematische Ausgrabung des Geländes haben noch nicht begonnen.

Viktorianische Touristen besichtigen 1859 die Umgebung des Erechtheions. Der 2300 Jahre alte Tempel hatte einige seiner schwersten Schäden erst drei Jahrzehnte zuvor davongetragen, als während des griechischen Unabhängigkeitskrieges türkisches Schießpulver, das unter dem nördlichen Portikus (links) lagerte, explodierte.

Zwei Photos aus den sechziger Jahren des 19. Jahrhunderts veranschaulichen, vor welcher gewaltigen Aufgabe die ersten Erforscher der Akropolis standen, als sie sich anschickten, Ordnung in das chaotische Durcheinander von Trümmern und nachklassischen Gebäuden zu bringen. Ausgegrabene Statuenköpfe (oben), die oberhalb der Propyläen-Treppen provisorisch aufgereiht sind, scheinen nach ihren Körpern Ausschau zu halten. Das Fundament des kleinen ionischen Tempels der Athena Nike an der oberen rechten Ecke der Propyläen (rechts) war erst 1835 wieder zum Vorschein gekommen, als eine türkische Bastion abgetragen wurde. Der mittelalterliche viereckige Turm hinter dem Niketempel wurde 1875 im Rahmen eines – auch heute noch fortgeführten – Projektes mit dem Ziel, die antike Akropolis möglichst genau wiederherzustellen, eingerissen.

Auf dieser 1865 entstandenen Photographie der Akropolis sind deutlich die hohen Schutthalden zu sehen, die durch den Abriß der türkischen Gebäude auf dem Akropolishügel entstanden. Links im Bild erkennt man die Propyläen und den noch intakten mittelalterlichen Turm.

EIN DUNKLES ZEITALTER IN NEUEM LICHT

Dieser Kentaur aus Terrakotta – er wurde in der Nähe des Dorfes Lefkandi auf der griechischen Insel Euböa ausgegraben – datiert aus dem 10. Jahrhundert v. Chr., zeigt aber auch Einflüsse der wesentlich älteren mykenischen Kultur.

Den Sommer über kreisen Raubvögel gemächlich vor den steilen Klippen, die sich 900 Meter hoch über Chalkis auf der großen Ägäisinsel Euböa erheben. Vom griechischen Festland nur durch den 35 Meter breiten Euripos getrennt, ist die Insel bequem über eine Brücke zu erreichen. Neben dieser Brücke stehen Touristen und schauen fasziniert zu, wie die Strömung ihre Richtung von Nord-Süd in Süd-Nord und wieder zurück ändert – ein Phänomen, das wenigstens sechsmal am Tag zu beobachten ist. Aber der Ort hat noch mehr Interessantes zu bieten. Unmittelbar südlich von hier, in der Bucht von Aulis, versammelten sich Homers *Ilias* zufolge die griechischen Schiffe, bevor sie gen Troja segelten; hier soll Agamemnon, der König von Mykene, seine Tochter Iphigenie geopfert haben, um dadurch günstige Winde zu erlangen.

Es ist also durchaus passend, daß eine so traditionsreiche Insel den Archäologen neue Einblicke in eine noch weitgehend rätselhafte Epoche gewährte. Der Durchbruch kam 1981 durch die Untersuchung des Tumba-Hügels, nahe dem Dorf Lefkandi. Erste Grabungen, in den sechziger Jahren von der British School of Archaeology in Athen durchgeführt, hatten einen Friedhof freigelegt, aber erst ein Jahrzehnt später gab der Hügel seine aufregendsten Geheimnisse preis.

Die Umstände der Entdeckung waren bemerkenswert: Im Jahre 1980 beantragte ein Einheimischer, dem der Gipfel des Tumba gehörte, eine Baugenehmigung für das Grundstück. Der Antrag wurde an den Griechischen Archäologischen Dienst weitergeleitet, der Probegrabungen durchführte, um die archäologische Bedeutung der Stätte beurteilen zu können. Dabei stieß man auf das steinerne Fundament eines großen Gebäudes mit wuchtigen Mauern, das ins 10. Jahrhundert v. Chr. datiert werden konnte, und die Verantwortlichen entschieden sich, es vollständig freizulegen und zu untersuchen.

Bevor die Grabung allerdings beginnen konnte, beschloß der Eigentümer, die Angelegenheit selbst in die Hand zu nehmen. Im August 1980, am Tag des Panayia-Festes, einem von allen Griechen – auch den Mitarbeitern des Archäologischen Dienstes – begangenen Feiertag, kam eine Planierraupe den Tumba-Hügel heraufgerattert. Oben begann sie, das Baugelände einzuebnen, wobei sie eine über zweieinhalb Meter dicke Schicht Erdreich und Schutt abtrug. Der Bulldozer setzte seine Arbeit fort, bis er ein Drittel des erst kurz zuvor identifizierten antiken Gebäudes zerstört hatte. Um zu retten, was noch zu retten war, beschlossen der Griechische Archäologische Dienst und die British School of Archaeology in Athen, ab dem Frühjahr des nächsten Jahres eine systematische, vollständige Ausgrabung der Stätte durchzuführen.

Als die Kampagne des Jahres 1981 begann, wußten die Archäologen von früheren Grabungen her, daß sie nicht lediglich ein riesiges Gebäude untersuchten, sondern ein Gelände, das Teil einer großen, wohlhabenden Siedlung gewesen war. Diese Siedlung hatte von der frühen Bronzezeit bis um das Jahr 700 v. Chr. bestanden, also während der ganzen Periode, die als das „Dunkle Zeitalter" bezeichnet wird.

Besonders aufschlußreich waren fünf Friedhöfe, von denen einer sich als besonders reich an Grabbeigaben erwies. Die Herkunft einiger dieser Objekte versetzte die Forscher in Erstaunen. Man hatte angenommen, daß die Euböer der fraglichen Epoche ein rückständiges, isoliertes Volk gewesen waren – und doch enthielt eines der Gräber Vasen aus Attika, Bronzeräder aus Zypern und einen Ring mit einer Gemme, die Amun darstellte, den widderköpfigen Gott aus Ägypten. Noch überraschender war aber die Entdeckung zweier ägyptischer Bronzevasen in zwei weiteren Gräbern, die den Schluß zuließen, daß die Euböer des 10. Jahrhunderts v. Chr. Handel mit dem Nilreich getrieben hatten.

In den anderthalb Jahrtausenden, die den Tumba-Bestattungen vorausgingen, gab es in dem vom Meer umfangenen Gebiet, das sich zum klassischen Griechenland entwickeln würde, drei hochstehende bronzezeitliche Kulturen. Auf den Kykladen, südöstlich des griechischen Festlands, entstand in der frühen Bronzezeit, zwischen 3500 und 2000 v. Chr., die nach diesen Inseln benannte Kultur; ihr folgte die vor allem auf Kreta heimische minoische Kultur (2000 bis 1470 v. Chr.). Die Minoer schufen nicht nur herrliche Kunstwerke, sondern auch öffentliche Einrichtungen, die ein angenehmes, verfeinertes Leben ermöglichten. Zu den Errungenschaften dieser Kultur gehörte ein Schriftsystem, das

Dieses Skelett – möglicherweise die Überreste einer bei der Bestattung ihres Gemahls geopferten Kriegergattin – wurde in einem Grab bei Lefkandi entdeckt. Der Leichnam war mit einer zierlichen goldenen Halskette mit Anhänger, vergoldeten Haarornamenten und den zwei eindrucksvollen goldenen Pektoralen geschmückt, die auf dem Brustkorb liegen.

heute Linear A genannt wird und noch nicht entziffert werden konnte.

Gerade als sich die minoische Gesellschaft der Zeit ihrer höchsten Blüte näherte, begann sich auf dem Festland eine weitere spätbronzezeitliche Kultur zu entwickeln und bedeutende städtische Zentren zu gründen – so Athen, Tiryns, Pylos und Mykene. Nach der letzteren Stadt wird diese Kultur die „mykenische" genannt. Die Mykener übernahmen viel von den Minoern, die sie als führende Macht im ägäischen Raum ablösten, entwickelten aber durchaus einen eigenständigen Lebensstil. Daß sie eine Art archaisches Griechisch sprachen, stellte sich 1952 heraus, als ihre Schrift, das sogenannte Linear B, entziffert wurde.

Typisch für die minoische wie die mykenische Kultur waren ihre Paläste: große, steinerne Gebäudekomplexe, deren Bewohner – vermutlich Könige und ihr Hofstaat – nicht nur die politischen Geschicke, sondern auch die Ökonomie und das religiöse Leben des Staates bestimmten. Die Mykener errichteten ihre burgähnlichen Paläste, die Akropolen (griechisch für „Oberstadt"), auf steilen, felsigen Hügeln.

Nachdem sie eine Zeitlang immer mächtiger geworden waren, erlebten die Mykener zwischen 1250 und 1190 v. Chr. einen katastrophalen Niedergang, der wahrscheinlich durch mehrere Faktoren bedingt wurde. Als mögliche Ursachen vermuten die Archäologen unter anderem Bürgerkrieg, Volksaufstand und Invasionen. Hinzu kamen höchstwahrscheinlich ökonomische Probleme wie Mißernten und Hungersnot. Das mykenische Gesellschaftssystem verschwand, die meisten Palastzentren wurden zerstört oder verlassen, und viele der Überlebenden flüchteten sich in die Küstenregionen und auf die Inseln. Die Mykener hörten auf, als eine eigenständige Kultur zu existieren, und in Griechenland brach das Dunkle Zeitalter an, das rund 300 Jahre währte. In das so entstandene Machtvakuum drangen weniger zivilisierte Stämme ein – die sagenumwobenen Dorier, die viele Forscher für ein griechisch sprechendes Volk aus dem gebirgigen Norden der Halbinsel halten.

Über diese Periode ist nur wenig bekannt. Das – ausschließlich von Hofschreibern verwendete – Linear B war mit dem Zusammenbruch der Palastkultur in Vergessenheit geraten. Die Künste verfielen und hinterließen nur spärliche bildhafte Zeugnisse, die es heute gestatten, die sehr lückenhaften archäologischen Befunde zu ergänzen. Die Wissenschaftler haben sich bemüht, ein wenigstens ungefähres Porträt dieser Zeit zu erstellen: Keramikfunde vom griechischen Festland und den Inseln sprechen für einen drastischen Rückgang der Bevölkerungsdichte. Die gleiche Tendenz zeigt eine 1964 durchgeführte Zählung bewohnter Siedlungen, die 320 Stätten für das 13. vorchristliche Jahrhundert, 130 Stätten für das 12. und bloße 40 für das 11. Jahrhundert v. Chr. ergab. Spätestens um 1000 v. Chr. waren vier Fünftel aller mykenischen Zentren verlassen worden, und viele Landstriche und Inseln waren völlig entvölkert. Für das auf den Zusammenbruch der mykenischen Kultur folgende Jahrhundert haben die Archäologen an keiner außergriechischen Stätte irgendwelche griechischen Artefakte und an keiner griechischen ausländische Artefakte gefunden.

Eine weitverbreitete Armut läßt sich aus der geringen Zahl und der minderen Qualität der aufgefundenen Gegenstände des täglichen Lebens erschließen. Überall in Griechenland finden sich als Grabbeigaben Pfeilspitzen aus Obsidian statt aus Metall. Ringe aus Knochen, Schmuckperlen aus Keramik, Schleudergeschosse aus Stein statt aus Blei, das alles spricht für eine Verarmung der Gesellschaft und einen allgemeinen Mangel an Rohstoffen sowie an den einfachsten Geräten.

Aus dieser Einöde erwuchs allmählich eine neue, erst eigentlich „griechische" Kultur, die eine erlesene Kunst, Philosophie und Literatur hervorbrachte. Mit der Zeit breitete sie sich über einen großen Teil der Gebiete rings um das Mittelmeer aus und sollte schließlich zum geistigen Erbe des gesamten Abendlandes werden. Anhand der archäologischen Funde lassen sich in der griechischen Kunst ab dem 11. Jahrhundert v. Chr. mehrere aufeinanderfolgende Stilstufen bestimmen: Grob gesagt dauerte die Periode der sogenannten protogeometrischen Kunst von 1050 bis 900, die der geometrischen Kunst von 900 bis 750 und die der orientalisierenden Kunst von 750 bis 600 v. Chr.

Auf dem Weg zu neuen Gipfeln kultureller Entwicklung und wirtschaftlicher Macht reisten die Griechen über Land und Meer, trieben Handel und gründeten Kolonien. Sie übernahmen alles, was ihnen

WECHSELNDE STILE DER VASENMALEREI

Die alten Griechen versahen ihre Kunstwerke und Gebäude selten mit eindeutigen Jahresangaben, wohl aber hinterließen sie verschiedene Indizien, anhand derer Datierungen vorgenommen werden können. Die vielleicht wichtigsten Anhaltspunkte für den Archäologen sind die verschiedenen Stile der Vasenmalerei, die sich auf eine so eindeutige Weise entwikkelten, daß ein Fachmann das Alter einer Besiedlungsschicht anhand der dort aufgefundenen Tonscherben ziemlich genau bestimmen kann.

Unten ist aus jeder der vier wichtigsten Stilperioden jeweils ein typisches Beispiel abgebildet. Der älteste Stil, der geometrische, gehört in die Periode vom 10. bis zum 8. Jahrhundert v. Chr. Kennzeichnend sind gerade Linien und sich wiederholende ornamentale Formen wie Kreis, Quadrat, Mäander und Dreieck.

Gegen Ende des 8. Jahrhunderts

GEOMETRISCH

ORIENTALISIEREND

SCHWARZFIGURIG

begannen Tierdarstellungen die geometrischen Muster zu verdrängen und setzten sich bald als bevorzugte Dekoration durch. Da einige dieser Tiere orientalischen Ursprungs sind, bezeichnet man die Kunst dieser Epoche als orientalisierend.

Ungefähr ein Jahrhundert später fingen die Tiermotive an, Darstellungen von Menschen zu weichen. Diese wurden im sogenannten schwarzfigurigen Stil ausgeführt – das heißt als schwarze Silhouetten gemalt, in die der Künstler dann die Binnenzeichnung mit einem Stichel einritzte, während er für wichtige Details weiße oder rote Deckfarbe nahm. Der wohl bedeutendste Meister war Exekias, ein attischer Vasenmaler der zweiten Hälfte des 6. Jahrhunderts, von dem die Szene unten links stammt: Achilleus und Aias beim Brettspiel.

Ende des 6. Jahrhunderts entstand wiederum ein neuer – der rotfigurige – Stil der Vasenmalerei. Wie bei der Nike *(unten)* zu sehen, malten die Künstler dieser Epoche den Hintergrund schwarz und sparten die Figuren aus, die in der roten Farbe des gebrannten Tons erschienen.

ROTFIGURIG

in anderen Ländern begegnete und ihnen zusagte, assimilierten es und machten so das Erworbene zu etwas spezifisch Hellenischem. Gleichzeitig trugen diese Kaufleute und Kolonisten wesentliche Elemente ihrer Heimat in die Fremde – die Weise, wie sie die politische Keimzelle ihrer Kultur, die Polis (Stadtstaat), organisierten und verwalteten, ebenso wie ihre Sprache, Religion, Literatur, Philosophie und Wissenschaft.

Selbst während des langen, düsteren Interregnums zwischen dem Untergang der mykenischen und dem Aufstieg einer neuen griechischen Kultur gab es in Griechenland Anzeichen einer allmählichen Verbesserung der Lebensqualität. Ein wichtiger technologischer Fortschritt – die Verdrängung der Bronze durch das Eisen – fiel in etwa mit dem Beginn des Dunklen Zeitalters zusammen. Nach und nach wurde das Eisen zum wichtigsten Metall in der griechischen Welt. Und es gab „ökologische Nischen", in denen die andernorts untergegangene Zivilisation überdauern konnte. Athen hielt von Anfang an dem allgemeinen Zusammenbruch stand, wie anscheinend auch einige größere Inseln der Ägäis.

Die Entdeckung in Lefkandi sprach eindeutig dafür, daß Euböa schon in dieser frühen Epoche wohlhabend gewesen war. Das teilweise von der Planierraupe zerstörte Gebäude erwies sich – mit einer Seitenlänge von 40 mal 10 Metern – als das größte und architektonisch anspruchsvollste Bauwerk, das man bislang aus dieser Periode ausgegraben hatte. In seinem zentralen Raum fanden die Archäologen einen aus dem Fels gemeißelten, in sich unterteilten Schacht. Auf der einen Seite lagen die Skelette von vier Pferden. Sie waren offenbar geopfert und mit dem Kopf zuerst hineingeworfen worden. Im anderen Teil befanden sich die eingeäscherten Überreste eines Mannes und das Skelett einer Frau.

Die Frau könnte die Gemahlin des Mannes gewesen und anläßlich seiner Bestattung geopfert worden sein, denn neben ihrem Kopf lag ein Eisenmesser mit Elfenbeingriff. Der Mann war offenbar auf einem Scheiterhaufen verbrannt worden. Neben der Bronzeurne mit seiner Asche lagen sein Schwert und sein Speer, beide aus Eisen, sowie sein Wetzstein. Die Asche war in ein Tuch gehüllt, und zum Erstaunen der Archäologen hatten zumindest Teile des Gewebes – eines knöchellangen Leinengewandes – die fast 3000 Jahre gut überstanden.

Wie die Archäologen in ihrem Grabungsbericht erklärten, machte der Fund deutlich, „daß das Gebäude kein Tempel für den Kult olympischer Götter gewesen war, sondern ein Heroon zu Ehren des Kriegers", also ein der Verehrung eines Helden *(heros)* geweihtes Heiligtum. In diesem Fall war der Held, der eingeäscherte Mann, wahrscheinlich ein verstorbener Krieger aus vermutlich königlichem Geblüt gewesen; die Archäologen tauften ihn den „Heros von Lefkandi". Sein

Diese Pferde – man fand sie in einem Grab aus dem 8. Jahrhundert v. Chr. in Salamis (Zypern) – wurden geopfert und samt dem dazugehörigen Wagen mit dem Leichnam bestattet: ein Zeichen für den hohen Status des Verstorbenen. Obwohl die Pferde wahrscheinlich von zyprischen Handwerkern angefertigt wurden, verraten ihre Bronze- und Eisenzierate ägyptische und orientalische Einflüsse.

Grab war, wie sich herausstellte, das älteste bis dahin aufgefundene dieser Art. Es widerlegte einige Annahmen über das vorarchaische Griechenland und ermöglichte eine Fülle neuer archäologischer Erkenntnisse.

Die euböischen Funde wurden mit einigen Gräbern in Verbindung gebracht, die man zwei Jahrzehnte zuvor auf einer anderen großen Insel – Zypern – entdeckt hatte und von denen man annahm, daß sie die sterblichen Überreste lokaler Fürsten enthielten. Zypern hatte gegen Ende der Bronzezeit mykenische Einwanderer angezogen. Um das Jahr 1075 v. Chr. wurde – wahrscheinlich von diesen zugewanderten Griechen – Salamis gegründet, eine auf einem Plateau über dem Meer thronende Hafenstadt etwa zehn Kilometer nördlich des heutigen Famagusta. Seit 1956 durchgeführte Grabungen haben die Existenz einer blühenden Kupfer- und Eisenindustrie nachgewiesen.

Auf Zypern schien also – ebenso wie auf Euböa – auch während der ganzen Dauer des Dunklen Zeitalters ein hoher Lebensstandard geherrscht zu haben. Auch wenn die königlichen Bestattungen von Salamis, die um 750 v. Chr. einsetzten, fast 200 Jahre jünger als die euböischen sind, spiegeln sie doch bestimmte bronzezeitliche Sitten und Praktiken wider, die für ein Fortdauern älterer Traditionen sprechen. Sie zeigen zum Beispiel, daß das politische System Zyperns weiterhin ein erbliches Stadtkönigtum war. Während normale Sterbliche in schmucklosen Felsengräbern bestattet wurden, besaß die Oberschicht in einem der Herrscherfamilie und der Aristokratie vorbehaltenen Teil der Nekropole den mykenischen Gräbern vergleichbare prunkvolle Grabmäler.

Die Beigaben zyprischer Bestattungen waren noch ebenso reich und mannigfaltig, wie sie es in mykenischer Zeit gewesen waren. Die aufgefundenen Artefakte kamen aus Ägypten, Phönikien, Syrien, Kleinasien und Griechenland, namentlich aus Athen, sowie aus Zypern selbst. Weit davon entfernt, in Isolation und Bedeutungslosigkeit dahinzudämmern, lag Zypern während dieser trostlosen Epoche offenbar im Zentrum eines ausgedehnten Netzes von Handels- und Kulturbeziehungen.

Das prächtigste unter den Gräbern von Salamis ist Grab 79, eine aus zwei riesigen Steinblöcken gebildete, mit einem Giebeldach und einem monumentalen Zugang versehene rechteckige Konstruktion. Als das Grabmal geöffnet wurde, fanden die Archäologen unter anderem Mobiliar drei Throne und ein kunstvoll mit Elfenbeinplättchen verziertes, hölzernes Bett. Ein Thron und der dazugehörige Fußschemel waren mit dünnem Silberblech überzogen und mit Silbernägeln beschlagen, was die Forscher sofort an den in der etwa zeitgenössischen *Ilias* (Mitte 8. Jahrhundert v. Chr.) beschriebenen „silbergebuckelten" Thron denken ließ. Ein anderer war in einem Stil verziert, der an Penelopes Sessel erinnerte, so wie er in der *Odyssee* und auf verschiedenen in mykenischen Palästen aufgefundenen Linear-B-Tafeln geschildert wird.

Bei allen königlichen Bestattungen von Salamis waren paarweise zusammengeschirrte Pferde geopfert worden, was abermals an die *Ilias* erinnert, in der Achilleus zu Ehren seines gefallenen Freundes Patroklos „vier hochhalsige Rosse" auf den Scheiterhaufen wirft. Wie die Archäologen feststellten, war Grab 79 zweimal verwendet worden – zunächst gegen Ende des 8. Jahrhunderts v. Chr. und nicht lange danach abermals; in beiden Fällen waren die Verstorbenen offenbar Männer königlichen Geblüts gewesen. Den Leichnamen hatte man je ein Viergespann Pferde und einen Wagen mitgegeben. Diese Grabbeigaben sprachen für den hohen Status der Bestatteten. Auch ein Menschenopfer war vorgenommen worden, wie ein ebenfalls aufgefundenes Skelett mit gefesselten Händen bewies. Andere Gräber in Salamis zeigten, daß man eine Reihe von Verstorbenen nach festlandgriechischer Sitte verbrannt hatte,

Diesen Elfenbeinthron, dessen Holzrahmen auseinandergebrochen war (oben), fand man an derselben Stätte wie die gegenüber abgebildeten Pferdeskelette und Wagen. Restauriert läßt der Thron mit seiner Vergoldung und den dekorativen, ägyptisch anmutenden Plaketten – einer Sphinx und einer Lotosblüte – die Prachtentfaltung des alten Salamis erahnen.

eine auf Zypern eher unübliche Form der Bestattung, die aber dem in der *Ilias* geschilderten Brauch bei der Bestattung von Heroen ähnelte. Eine zusätzliche Parallele stellten die mit Öl gefüllten Opferkrüge dar, die man in den Gräbern fand, sowie vereinzelte Stücke von Leichentüchern, in die in manchen Urnen die Asche gehüllt war.

Die Bestattungen von Salamis, den euböischen ähnlich, aber rund 20 Jahre früher als diese entdeckt, gaben der Fachwelt einige Rätsel auf. Die Forscher fragten sich, ob sie wohl durch die *Ilias* oder vergleichbare zeitgenössische epische Dichtungen anderer Verfasser beeinflußt worden sein konnten – oder ob es sich umgekehrt verhielt: daß nämlich Homer die zu seiner Zeit vorherrschende, älteren Traditionen entsprechende Form der Bestattung beschrieben hatte. Erst die Entdekkung des Heroons auf Euböa bestätigte die Richtigkeit der zweiten Hypothese. Das euböische Grab bewies, daß die Idee der Feuerbestattung unmöglich auf die *Ilias* zurückgehen konnte, war es doch rund zwei Jahrhunderte älter als das um 750 v. Chr. entstandene homerische Epos.

Wenn sich Euböa und Zypern so rasch von der nachmykenischen Depression zu erholen vermochten, konnte Kreta, das die ganze Bronzezeit hindurch den ägäischen Raum beherrscht hatte, unmöglich allzuweit zurückgeblieben sein. Und so verhielt es sich in der Tat. Auf einem 300 Meter hohen, schwer zugänglichen Gipfel im zentralöstlichen Teil der Insel, weitab von den unruhigen Ebenen und Küsten, fanden die Menschen der minoisch-mykenischen Mischbevölkerung Kretas gegen Ende des 12. Jahrhunderts v. Chr. eine Zufluchtsstätte. Möglicherweise wurden sie von Invasoren aus ihrer angestammten Heimat vertrieben. Hier, auf diesem abgelegenen Hang, gründeten sie eine Stadt, die heute unter dem Namen Karphi bekannt ist.

Die Ruinen wurden kurz vor dem Zweiten Weltkrieg von britischen Archäologen freigelegt. Wie sich herausstellte, war Karphi eine recht große Siedlung mit etwa 3500 Einwohnern gewesen. Die eingeschossigen Häuser bestanden aus roh zugehauenen, ohne Mörtel geschichteten Kalksteinblöcken und wiesen keinerlei Fundament auf. Die Dächer waren flach, und als Schornsteine dienten zerbrochene Krüge. Gewisse Spuren einer ehemals hochstehenden Zivilisation ließen sich allerdings noch ausmachen. Das Straßennetz zeugte von wohlüberlegter Planung, und in dem am besten zu verteidigenden Teil der Stadt erhob sich ein Gebäudekomplex, den die Archäologen das Große Haus nennen: die Residenz des Königs von Karphi, komplett mit Megaron (Thronsaal), einem Relikt aus mykenischer Zeit. An der höchsten Stelle der Stadt befand sich eine Kultstätte mit einem Altar und einer Bank, auf der einst die dort gefundenen Keramikgöttinnen aufgestellt waren.

ZEUGNISSE EINER ALTEN KULTSTÄTTE

Während er eines Tages im Jahre 1929 auf einem kircheneigenen Feld grub, fand der Dorfpriester von Ajia Irini, an der Nordwestküste Zyperns, einige merkwürdige Statuetten aus Terrakotta. Er legte diese Objekte Angestellten des staatlichen Museums vor, und bald darauf wurden einige schwedische Archäologen, die schon seit 1927 auf der Insel arbeiteten, beauftragt, die Fundstätte näher zu untersuchen.

Die Grabung ergab mehr als 2000 Terrakotta-Figuren unterschiedlicher Größe, die alle nach einem auf einem Altar ruhenden glatten, ovalen Stein ausgerichtet waren. Zum Zeitpunkt ihrer Entdeckung waren die Plastiken etwas in Unordnung geraten *(rechts oben)*; sie ließen aber dennoch erkennen, daß man sie ursprünglich in Halbkreisen nach der Größe aufgestellt hatte, und zwar die kleinsten vorn und die größten hinten – so wie die Hälfte von ihnen später in einem Stockholmer Museum zu sehen war *(rechts unten)*.

Der Priester hatte ein Kultzentrum gefunden, das aus der Zeit um 1200 v. Chr. datierte, aber seine höchste Blüte zwischen 650 und 500 v. Chr. erlebte. Danach versank die Stätte fast völlig unter den Schlammablagerungen von Überschwemmungen. Die Statuetten waren vermutlich von Gläubigen als ihre Stellvertreter zurückgelassen worden – als „ewige Verehrer" der dort ansässigen Fruchtbarkeitsgöttin, deren Name aber ein Geheimnis bleibt.

Mehr als anderthalb Jahrhunderte lang kämpfte diese isolierte Flüchtlingssiedlung ums Überleben. Um das 10. Jahrhundert v. Chr. verbesserten sich dann die Bedingungen auf Kreta offenbar so weit, daß sich die Bewohner von Karphi wieder ins Tiefland wagen konnten. Wie Grabbeigaben beweisen, unterhielt Kreta gegen Ende des 10. Jahrhunderts wieder Kontakte mit der Außenwelt. Dieser kulturelle und wirtschaftliche Aufschwung war Teil großer Umwälzungen in der ganzen griechischen Welt. Allmählich kehrten die Menschen wieder in die Städte und auf die Inseln zurück, die sie verlassen hatten.

Die verstreuten Dörfer, die während der großen Depression entstanden waren, begannen im Rahmen eines Prozesses, den die Griechen *synoikismos* nannten, zu größeren Siedlungen zusammenzuwachsen oder sich unter einer Hauptstadt zu vereinigen. In Sparta und Korinth hoben bislang selbständige Ortschaften, durch gemeinsame Interessen motiviert, ihre Grenzen untereinander auf und verschmolzen jeweils zu einer einzigen Stadt. In Attika willigten die Dörfer ein, zu Satelliten von Athen, ihrem wichtigsten Zentrum, zu werden. Dies war der erste Schritt in Richtung auf das, was die charakteristische politische Einheit Griechenlands werden würde: der Stadtstaat oder die Polis (Mehrzahl Poleis), bestehend aus einer Stadt, die sich selbst und ihre umliegenden Gebiete ohne irgendwelche formellen Beziehungen zu irgendeiner äußeren politischen Struktur regierte.

Zwischen 850 und 750 v. Chr. schossen Stadtstaaten wie Pilze aus dem Boden. Nach manchen Schätzungen soll es nicht weniger als 700 gegeben haben. Antike Schriftsteller aus späterer Zeit, wie Herodot, Strabo und Diodor, haben beschrieben, wie diese Poleis organisiert waren, wobei sie sich wahrscheinlich auf ältere mündliche Überlieferungen stützten, von denen einige in der Zwischenzeit durch die archäologische Auswertung von Grabfunden bestätigt werden konnten. Mehrere Stadtstaaten wurden von Monarchen regiert, doch im Kampf gegen einen stetig erstarkenden Adel nahm ihre Macht immer mehr ab, und an die Stelle des Königtums trat allmählich eine oligarchische Regierungsform, bei der die Staatsgewalt in den Händen einer Gruppe von Vertretern aristokratischer, in Stammesverbänden organisierter Familien lag.

Kurz vor 850 v. Chr. begannen einzelne Kaufleute, überseeische Handelsposten oder Emporien einzurichten. Im Inland wuchs der Bedarf an Metall und anderen Rohstoffen sowie an Nahrungsmitteln kontinuierlich. Diese Produkte konnten im Austausch gegen die Erzeugnisse griechischer Handwerker beschafft werden. Bald richteten viele Griechen ihre Aufmerksamkeit aufs Ausland, wo sie Emporien gründeten, die sich in kurzer Zeit zu reichen und mächtigen Kolonien entwickelten. Bis zum Beginn des 8. Jahrhunderts v. Chr. siedelten sich hellenische Kolonisten auf vielen Ägäisinseln und entlang der Küste Kleinasiens an, dann stießen sie weiter ins nördliche Syrien vor, nach Phönikien und Palästina. Grabungen haben überall in diesen Regionen Spuren griechischer Niederlassungen zutage gefördert.

Handel und Kolonisation scheinen in der Regel von Privatpersonen und nicht von den Regierungen der Stadtstaaten initiiert worden zu sein. Motiviert war dieses weitverbreitete Streben nach Übersee in erster Linie durch wirtschaftliche Interessen, doch lag ihm auch ein gewisser politischer Impetus zugrunde. Kolonien wurden oft durch Oikisten (von *oikistes*, griechisch „Ort-Erbauer") gegründet, zumeist ehrgeizigen Stammesfürsten, die über die nötigen Mittel und die persönliche Autorität verfügten, um eine solche Unternehmung auszurüsten und zu organisieren. Im 8. Jahrhundert v. Chr. mußten nämlich solche Herrscher erkennen, daß ihre ererbte Macht zunehmend durch den Aufstieg von sogenannten Tyrannen – unumschränkten, nicht durch Volkswillen und Gesetze sanktionierten (allerdings auch nicht unbedingt „tyrannischen") Alleinherrschern untergraben wurde. Manchen Oligarchen blieb nichts anderes übrig, als die Heimat zu verlassen, um sich in einem neuen Land und einer neuen Stadt wieder Macht und Ansehen zu verschaffen.

Nicht alle Kolonisten zogen indes aus freien Stücken in die Fremde: Eine Reihe von Einwohnern der vulkanischen Ägäisinsel Thera (heute Santorin) wurde nach Libyen verschifft, weil in der Heimat eine Dürre herrschte. Man wählte sie durch das Los aus und vertrieb sie mit einem Steinhagel, als sie zurückzukehren versuchten. In Afrika gründeten sie die Stadt Kyrene und gelangten zu großem Wohlstand. Einige Spartaner wurden gegen ihren Willen fortgeschickt, um Taras (das heutige süditalienische Tarent) zu gründen; sie hatten – da unehelich geboren – in ihrer Heimatstadt keine Bürgerrechte und waren zu Aufrührern geworden. Ein Zehntel der Bürger von Chalkis auf Euböa mußte wegen einer Hungersnot die Insel verlassen und gründete Rhegion (heute Reggio di Calabria) an der Spitze des italienischen Stiefels.

Die teilweise freigelegten Ruinen von Karphi, einer gegen Ende des 12. Jahrhunderts v. Chr. im zentralöstlichen Teil von Kreta gegründeten Stadt, sind in der gebirgigen Einöde deutlich zu erkennen. Wer genau hier lebte und warum, kann niemand mit Sicherheit sagen; die einstige Einwohnerzahl wird auf 3500 geschätzt. Noch mehr Rätsel gibt die Tatsache auf, daß die Leute von Karphi nur 150 Jahre lang an diesem einsamen Ort blieben und dann fortzogen, wobei sie die Abbilder ihrer Göttinnen zurückließen.

Vermutlich als das Angebot an Nahrungsmitteln und anderen natürlichen Ressourcen die Bedürfnisse der stetig wachsenden Bevölkerung im Heimatland nicht mehr decken konnte, schwoll der Strom griechischer Auswanderer zu einer Flut an, die sich von der Nordküste des Schwarzen Meeres bis nach Afrika und von den Grenzen Mesopotamiens bis nach Frankreich und Spanien ausbreitete. Von 750 v. Chr. bis weit in das 6. vorchristliche Jahrhundert hinein sandten viele dieser griechischen Kolonien selbst Expeditionen aus mit dem Auftrag, weitere neue Städte zu gründen. Im Westen war das erste Ziel Italien mit einer von Euböern eingerichteten Handelsniederlassung auf der fruchtbaren, kleinen Insel Pithekusa (das heutige Ischia). Seit 1952 sind dort mehr als 1300 Gräber entdeckt worden; aus ihnen ging hervor, daß die Mehrzahl der Neuankömmlinge relativ einfache Menschen aus dem Volk waren.

Lichtstrahlen fallen seitlich in die Höhle der Sibylle, die von den Bewohnern der griechischen Kolonie Kyme (Cumae, Süditalien) in den Fels gehauen wurde. Der 131 Meter lange unterirdische Gang entstand im 6./5. Jahrhundert v. Chr. als Orakelstätte einer Seherin des Gottes Apollon. Die abwechselnd dunklen und hellen Abschnitte der Höhle ließen jeden, der sie durchschritt, scheinbar verschwinden und wieder auftauchen, was die geheimnisvolle Atmosphäre sicher steigerte.

Gegen Ende des 8. Jahrhunderts fühlten sich die euböischen Siedler stark genug, um auf das italienische Festland überzusetzen, und bereits 725 v. Chr. war Kyme, wie die dort gegründete neue Handelsniederlassung hieß, eine selbständige Kolonie geworden. Anfang des 20. Jahrhunderts legten Archäologen dort ein Grab aus der Zeit der euböischen Ansiedlung frei, das sich auffallend von allen auf Pithekusa entdeckten unterschied. In ihm fanden die Forscher Urnen mit den verbrannten Gebeinen von Männern und Frauen sowie kostbare Beigaben: Silberornamente, Eisenwaffen und Bronzegefäße. In ziemlich kurzer Zeit hatte sich offenbar unter den einfachen Kolonisten eine adlige Kriegerkaste herausgebildet, deren Angehörige gemäß den in der Heimat üblichen Bestattungsbräuchen zur letzten Ruhe gebettet wurden.

Wie wir von griechischen und römischen Autoren wissen, war Kyme – das spätere Cumae – eine berühmte Orakelstätte. Die Weissagungen wurden dort von einer Sibylle verkündet, einer ehrfurchtgebietenden Seherin, deren Worte man für direkte Äußerungen des Gottes Apollon hielt. In den zwanziger Jahren unseres Jahrhunderts gruben Archäologen eine Höhle aus, die traditionell mit der kumäischen Sibylle in Verbindung gebracht wurde. Sie fanden gewölbte Kammern und lange Gänge, die knapp unter dem Gipfel der Steilküste aus dem Fels gehauen worden waren. Die Wohnung der Sibylle lag nach Auskunft Strabos in einer Siedlung von Kupferbergwerksarbeitern, die in unterirdischen, durch Tunnel miteinander verbundenen Behausungen lebten. Die Archäologen identifizierten die Höhle als die berühmte Grotte der Sibylle.

Nach bescheidenen Anfängen breiteten sich griechische Kolonien rasch über ganz Süditalien aus. Die vom Meer her ankommenden Hellenen besetzten meist einen Streifen Küste, errichteten Wohnhäuser und Tempel und umgaben ihre Siedlung mit einer Stadtmauer. Sie teilten das Land unter sich auf, bestellten den Boden, betrieben Handel und Gewerbe. Im Zuge ihrer Ausbreitung war es unvermeidlich, daß es gelegentlich zu Interessenskonflikten zwischen verschiedenen Kolonien kam, die auch zu bewaffneten Auseinandersetzungen führten. Manche Kolonien siegten, andere wurden zerstört. So zahlreich waren schließlich die griechischen Siedlungen an der kalabrischen und apulischen Küste, daß dieser Teil Italiens später von den Römern Magna Graecia (Großes Griechenland) genannt wurde. Viele dieser Orte – Poseidonia (heute Paestum), Kroton (Crotone) und Sybaris, ebenso wie Gela, Akragas (Agrigent) und Syrakusai (Syrakus) auf dem benachbarten Sizilien – entwickelten sich mit der Zeit zu bedeutenden Städten.

Namentlich Sybaris, im heutigen Kalabrien am Golf von Tarent gelegen, war wegen seines Reichtums berühmt; noch heute bedeutet „sybaritisch" soviel wie „genußsüchtig", „einer üppigen Lebensweise frönend". Die Stadt war um 720 v. Chr. von peloponnesischen Kolonisten zwischen zwei Flüssen gegründet worden – dem Sybaris (heute Coscile) und dem Krathis (Crati) – in einem tiefgelegenen, fruchtbaren Gebiet, das noch heute Ebene von Sibari heißt. Je reicher und mächtiger die neue Kolonie wurde, desto weiter dehnte sie ihren Einflußbereich aus, bis sie schließlich über vier Stämme und 25 Städte in Süditalien herrschte und bei Bedarf ein Heer von 300 000 Mann aus ihren verschiedenen Territorien rekrutieren konnte.

Sybaris wurde für die Fruchtbarkeit seiner Weizenfelder und die Vorzüglichkeit seines Weines bekannt; Historiker wie Strabo und Diodor, die lange nach der Zerstörung der Stadt schrieben, schilderten die Üppigkeit, Extravaganz und luxuriöse Lebensweise ihrer Bewohner. Um stets Wein zur Verfügung zu haben, legten die Sybariten angeblich Rohrleitungen an, die ihre Kellereien am Hafen mit der etwas im Landesinneren gelegenen Stadt verbanden, und ließen sich den Wein über die Ebene hinweg bis in ihre Häuser pumpen. Um nicht naß zu werden, wenn es regnete, versahen sie ihre Straßen mit Dächern. Als überzeugte Langschläfer verbannten sie alle Hähne aus der Stadt, um nicht bei Morgengrauen durch deren Krähen geweckt zu werden. Wer einem „lauten Beruf" nachging – wie zum Beispiel ein Schmied –, mußte seine Werkstatt aus dem gleichen Grund fernab von den Wohngebieten einrichten.

Das sybaritische Leben fand 510 v. Chr. ein abruptes Ende, als die Stadt im Rahmen einer der kolonialen Auseinandersetzungen von der krotonischen Armee angegriffen und zerstört wurde. Einer antiken Überlieferung zufolge war zumindest ein wichtiger Grund für den Untergang die Extravaganz ihrer Bewohner. Die Pferde der sybaritischen Reiterei waren darauf dressiert, zu bestimmten Melodien zu tanzen, und die Krotoner wußten das. Sie schickten Spione nach Sybaris, damit sie die „Tanzstücke" auswendig lernten. Als sich dann das krotonische Heer der Stadt näherte, stimmten die Armeemusikanten diese Melodien an, woraufhin die Reiterschwadronen, von ihren tanzenden Rossen entführt, unfreiwillig das Schlachtfeld räumten und das nun schutzlose Sybaris den Feinden überließen. Strabo berichtet, die Krotoner hätten die Stadt geplündert und sie anschließend durch einen umgeleiteten Fluß überflutet.

Italienische Archäologen bemühten sich zwischen den siebziger Jahren des letzten und den dreißiger Jahren unseres Jahrhunderts wiederholt, die Ruinen von Sybaris ausfindig zu machen, doch ohne Erfolg. Das Gebiet, das es zu sondieren galt, umfaßte fast 1200 Quadratkilometer. Der größte Teil davon war regelmäßig von Hochwasser führenden Flüssen überschwemmtes Sumpfland, in dem jeder Versuch zu graben zum Scheitern verurteilt war. Schließlich erwies sich das ganze Vorhaben als – mit den damaligen Mitteln – technisch schlechthin nicht durchführbar.

Es war erst die Technologie des Raumfahrtzeitalters, die zum Durchbruch führte. Im Jahre 1960 nahm ein Team unter Leitung des italienischen Archäologen Carlo Lerici die Suche wieder auf. Gestützt auf relativ neue geologische Techniken, begann die Gruppe das Gelände mit Hilfe elektronischer Schallsensoren zu sondieren. Ähnlich wie bei der Echolotung auf See werden bei diesem Verfahren niederfrequente Radarwellen in den Boden gestrahlt und die zurückkommenden Echofrequenzen gemessen. Anhand der so gewonnenen Werte kann ermittelt werden, wie stark die von den elektromagnetischen Impulsen durchdrungene Schicht ist und ob sie aus Fels,

DER GESUNDHEITSZUSTAND IN METAPONT

Die geschäftige griechische Kolonie Metapont, am Golf von Tarent gelegen, war berühmt für ihren Reichtum und das Können ihrer Ärzte. Als deshalb Wissenschaftler darangingen, an

vielen der Hunderte von Skeletten, die man 1982 dort entdeckt hatte, detaillierte paläomedizinische Untersuchungen vorzunehmen, hatten sie die Erwartung, daß die Einwohner von Metapont gesund und langlebig gewesen waren – doch im Gegenteil: Die Skelettanalysen ergaben Zeichen vielfältiger Leiden, darunter Malaria,

Untererernährung und unbehandelte Verletzungen.

Unter der Leitung des Archäologen Joseph C. Carter von der University of Texas in Austin bargen und untersuchten die Anthropologen Maciej und Renata Henneberg von der südafrikanischen Witwatersrand-Universität die Überreste von 272 Menschen, die zwischen 600 und 250 v. Chr. im wohlhabenden Metapont gelebt hatten. Wie sie herausfanden, betrug zu dieser Zeit die durchschnittliche Lebenserwartung für Frauen 39 und für Männer 42 Jahre. Ringförmige Streifen anomal dünnen Zahnschmelzes zeigten, daß über 75 Prozent der Bevölkerung während der Kindheit schwer unterernährt gewesen waren oder unter verschiedenen Krankheiten gelitten hatten. Karies und andere Zahnerkrankungen waren weit verbreitet, woraus die Forscher schlossen, daß Zahnhygiene den Metapontern unbekannt gewesen sein muß.

Das besterhaltene Skelett gehörte einem 40- bis 45jährigen Mann, der wegen der bei seinem linken Knie aufgefundenen Lyra aus einem Schildkrötenpanzer *(links)* „der Musiker" getauft wurde. Er war für die damalige Zeit ungewöhnlich groß – ungefähr 1,78 Meter –, und bestimmte Abartigkeiten seines Knochenwachstums sprachen für eine Überaktivität der Hirnanhangdrüse. Seine Zähne wiesen ebenfalls Anzeichen von Krankheit und Unterernährung während der Kindheit auf.

Der anschaulichste Fall einer unbehandelten Verletzung war der stark verkrümmte Oberschenkelknochen *(oben)* eines Mannes in den Fünfzigern. Der Knochen war an zwei Stellen gebrochen, aber dann so weit geheilt, daß der Mann wieder gehen konnte – das beschädigte Bein dürfte allerdings rund zehn Zentimeter kürzer gewesen sein als das andere.

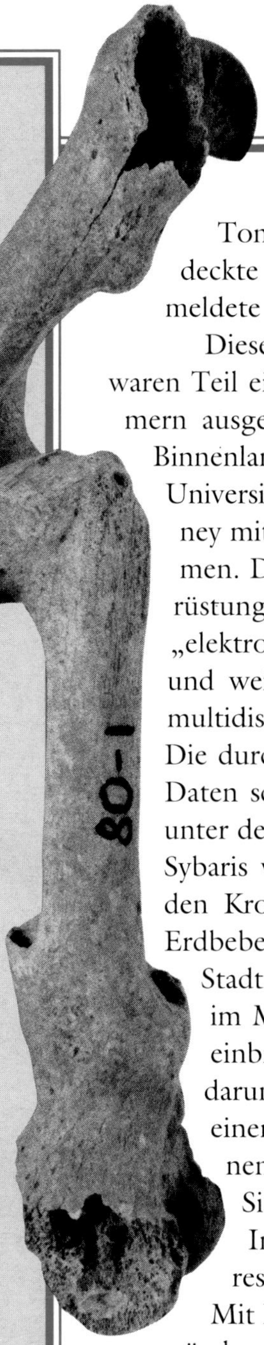

Ton oder Sand besteht. Während der ersten Kampagne entdeckte Lericis Team eine Mauer von rund 90 Meter Länge und meldete sofort die Entdeckung einer großen Stadt.

Diese Ruinen gehörten allerdings nicht zu Sybaris, sondern waren Teil eines von den Griechen errichteten und später von den Römern ausgebauten Deiches, der die langsam vordringende See vom Binnenland abhalten sollte. 1961 schloß sich dann ein Team von der University of Pennsylvania unter der Leitung von Froelich G. Rainey mit der Lerici-Stiftung zu einem Gemeinschaftsprojekt zusammen. Die Amerikaner brachten eine umfangreiche technische Ausrüstung mit. Ihr hauptsächliches Ziel war nach Raineys Worten, „elektronische Geräte für die archäologische Forschung zu testen und weiterzuentwickeln". Außerdem schickte die Expedition ein multidisziplinäres Wissenschaftlerteam ins Feld.

Die durch geologisch-hydrologische Untersuchungen gewonnenen Daten schienen dafür zu sprechen, daß Sybaris ganze sechs Meter unter der Erde lag – also in für das Sonargerät unerreichbarer Tiefe. Sybaris war demnach nicht, wie Strabo berichtet, durch eine von den Krotonern ausgelöste Überflutung, sondern wohl durch ein Erdbeben untergegangen, das sich lange nach der Eroberung der Stadt ereignet hatte. Das Beben ließ einen Abschnitt der Küste im Meer versinken, wodurch eine gewaltige Flutwelle ins Land einbrach und Hafenstädte sowie Ortschaften im Landesinnern, darunter auch Sybaris, überschwemmte. Die Stadt versank in einer Lagune, die durch die von den zwei Flüssen herangetragenen Schlammassen allmählich verlandete, so daß jede Spur der Siedlung unter einer dicken Sedimentschicht verschwand.

Im Jahre 1962 brachten die Amerikaner ein fortschrittlicheres elektronisches Gerät ins Feld: ein Protonenmagnetometer. Mit Hilfe dieses Instrumentes lassen sich räumlich-zeitliche Veränderungen der Feldstärke eines Magnetfeldes messen – so auch des erdmagnetischen Feldes. Selbst kleinste Schwankungen der magnetischen Intensität im Boden können auf diese Weise ermittelt werden. Anstatt einen langen Schnittgraben auszuheben, brauchten die Forscher also nur gezielt einzelne Löcher zu bohren, um die Ursache für jede entdeckte Anomalie des Magnetfeldes zu bestimmen – im tiefen Lehmboden handelte es sich dabei zumeist um eine archäologische Struktur. Mit Hilfe dieses Instrumentes vermaß das Team eine Fläche von rund 20 Quadratkilometern: Es bohrte mehr als 850 Löcher, grub an die 10 000 archäologische Fragmente aus, lokalisierte Gräber, Skulpturen und Terrakotten und fand tatsächlich eine verschüttete Stadt. Doch leider handelte es sich dabei nicht um Sybaris, sondern um das – nicht so tief liegende – römische Copia, eine Siedlung, die 443 v. Chr. (damals unter dem Namen Thurioi) in der Nähe des untergegangenen Sybaris gegründet worden war.

Erst als man 1967 ein mit Cäsium arbeitendes Magnetometer einsetzte, konnte man hoffen, das für ein Protonenmagnetometer zu tief liegende Sybaris aufzuspüren. Das Cäsiummagnetometer war für die Raumfahrtindustrie entwickelt worden und wurde in Satelliten benutzt, um Magnetfelder im Weltraum zu orten. Für archäologische Zwecke modifiziert, konnte es den Boden bis in eine Tiefe von sechs Metern und mehr sondieren und auch unterirdische Wasseradern durchdringen. Es gestattete, pro Tag eine Fläche von vier Hektar zu „durchleuchten", und es war empfindlich genug, um eine Vase, eine Kachel oder ein Stück Eisen auf einem Steinfußboden tief unter der Erde anzuzeigen.

Binnen eines Jahres hatte das Cäsiummagnetometer die – tief im Schlamm vergrabenen – Grundmauern mehrerer Bauwerke lokalisiert, darunter die eines 90 Meter langen Gebäudes. Zuversichtlich, jetzt endlich doch Sybaris gefunden zu haben, machten sich Rainey und seine Kollegen 1969 daran, die Stätte mit einer Infrarot-Luftbildkamera eingehender zu untersuchen, um den Grundriß der Stadt zu ermitteln. Nach Auswertung der elektronisch erzeugten topographischen Pläne entschieden sich die Archäologen für ein bestimmtes, völlig versumpftes Areal. Mit Hilfe eines Filterrohrbrunnens senkten sie an der ausgesuchten Stelle den Grundwasserspiegel um fünfeinhalb Meter. Nun konnten sie auf trockenem Boden graben und legten auf diese Weise einen Teil eines Theaters frei. Anschließend gelang es ihnen, den Plan der ganzen Stadt zu rekonstruieren sowie den griechischen Hafen und eines der Wohnviertel aus dem 6. Jahrhundert v. Chr. zu lokalisieren.

Mit der Ausweitung des Handels und der Kolonisation gelangte im 7. Jahrhundert v. Chr. eine stetig wachsende Flut von Waren aus dem Osten – Metallprodukte, Elfenbeinschnitzereien, Schmuck und Textilien – nach Griechenland und in seine Kolonien. Auch Menschen kamen und gingen zwischen Hellas und den Städten des Ostens hin und her und brachten neue Ideen mit, besonders aus dem Bereich der Künste. Die Kontakte zu Ägypten beispielsweise sollten die griechische Architektur und Monumentalplastik revolutionieren.

Herodot, der Historiker des 5. Jahrhunderts v. Chr., berichtet, griechische Seefahrer seien einmal durch Stürme an die ägyptische Küste verschlagen und von Pharao Psammetich I. in Dienst genommen worden. Als Belohnung bekamen sie Land im Niltal zugeteilt und wurden so die ersten Ausländer, die sich in Ägypten ansiedeln durften. Im Jahre 591 v. Chr. entsandte Psammetich II. eine Expedition nilaufwärts, um die Oberägypten bedrohenden Nubier zurückzuschlagen. Griechische

Von einem am Boot oben links befestigten Ballon aufgenommen, erlaubten Luftbilder wie dieses nicht nur, die Ausdehnung der versunkenen Stadt Halieis an der Südküste Griechenlands zu bestimmen, sondern ermöglichten es den Archäologen auch, ein Rastersystem zur systematischen Erforschung der Ruinen auszuarbeiten. Hier sieht man die Umrisse des Apollon-Heiligtums der Stadt. Halieis, dessen Blütezeit vom 7. bis zum 4. Jahrhundert v. Chr. reichte, versank allmählich im Meer, bis ein Großteil seiner Gebäude gut drei Meter unter dem Wasserspiegel lag.

Söldner begleiteten das Heer bis nach Abu Simbel, zum Großen Tempel Ramses' II., wo sie sich auf den Beinen der aus den Sandsteinklippen gemeißelten, berühmten Kolossalstatuen verewigten und so ein Zeugnis griechischer Beteiligung an dem Feldzug hinterließen.

Einige Jahre später wurde Amasis, der den Feldzug angeführt hatte, Pharao und überließ seinen griechischen Soldaten Land zur Besiedlung. Wie Herodot ein Jahrhundert später schrieb, „gab er all denen, die sich im Reich niederzulassen wünschten, Naukratis als Freihandelsstadt. Er stellte außerdem Land zur Verfügung, auf dem jene Kaufleute, die nicht ständig in Ägypten wohnen wollten, Altäre und Tempel würden errichten können." Naukratis entwickelte sich zum wichtigsten griechischen Handelszentrum im Nildelta, aber seine genaue Lage geriet im Laufe der folgenden Jahrhunderte in Vergessenheit.

Im Jahre 1883 besuchte der britische Archäologe Sir Flinders Petrie die berühmten Pyramiden von Giseh. Ein Händler bot dort eine – offensichtlich griechische – Alabasterfigur zum Kauf an, die einen Soldaten mit Helm und Armreifen darstellte. Petrie erstand die Plastik, und einige Monate darauf begab er sich dorthin, wo sie angeblich gefunden worden war, ungefähr 80 Kilometer südlich der heutigen Stadt Alexandria. „Dort bot sich mir ein fast unglaublicher Anblick", schrieb er später. „Vor mir erstreckte sich ein langer, niedriger Ruinenhügel, von dem die Eingeborenen alles Erdreich für ihre Äcker abgetragen hatten, wodurch die antike Stadt bis zu ihrer untersten Schicht freigelegt worden war." Der Boden dieses künstlichen Kraters war förmlich übersät mit Fragmenten altgriechischer Keramik.

Nachdem er sich die Taschen mit Tonscherben und Statuetten gefüllt hatte, verließ Petrie die Stätte, um im darauffolgenden Jahr mit einem Grabungsteam zurückzukehren. Der Ruinenhügel lag rund drei Kilometer vom ägyptischen Dorf Al Nikrash entfernt – ein Name, der an die von Herodot erwähnte griechische Stadt Naukratis erinnerte, und auch andere Angaben in der antiken Quelle stimmten mit den dortigen Gegebenheiten überein. Petrie war imstande, einen Plan der Häuser und Straßen zu erstellen. Sein Grabungsteam legte zahlreiche Tempel frei, ein Lagerhaus, eine Werkstatt, in der Fayencen hergestellt wurden, einige Häuser und eine Menge Keramik mit frühionischen Inschriften. Seine Funde überzeugten die Fachwelt davon, daß Naukratis früher als zum von Herodot angegebenen Zeitpunkt (6. Jahrhundert v. Chr.) gegründet worden sein mußte, da die ältesten dort aufgefundenen – korinthischen – Töpferwaren aus den Jahren 630 bis 620 v. Chr. datierten. In letzter Zeit in der Gegend durchgeführte Grabungen haben es allerdings wieder fraglich erscheinen lassen, ob es sich bei Petries Stadt tatsächlich um Naukratis handelt.

Herodot hatte die Stadt besucht und konnte daher ein anschauliches Bild vom dortigen Leben zeichnen. Was die Griechen in Ägypten am meisten interessierte, war Weizen. Das Getreide tauschten die griechischen Kaufleute in Naukratis gegen Olivenöl, Wein und Silber ein. Die hellenische Gemeinde war offensichtlich groß und wohlhabend. Die Stadt wurde bald zu einem Magneten für griechische Unternehmer, die eine schnelle Drachme verdienen wollten, für erfolgreiche Schriftsteller wie den Komödiendichter Aristophanes, für Staatsmänner wie Solon – und für Damen von zweifelhaftem Ruf.

„Aus irgendeinem Grund", bemerkte Herodot, „muß Naukratis ein guter Ort für schöne Dirnen sein." Der Grund war vielleicht die Unfähigkeit griechischer Männer, die Gunst ägyptischer Frauen zu gewinnen. „Kein Ägypter, ob Mann, ob Frau, wird je einen Griechen küssen", berichtete Herodot, „oder ein griechisches Messer benutzen, einen solchen Spieß oder Kessel, ja auch nur das Fleisch eines einwandfreien Stiers essen, das von einem griechischen Messer geschnitten wurde."

In Ägypten, namentlich in den Königsstädten des Niltals, bekamen die Griechen erstmals eine Vorstellung von monumentaler Architektur und von Kolossalplastiken. Was sie beeindruckte und was sie für ihre eigene Baukunst übernahmen, waren allerdings weniger die architektonischen Stilelemente als die Dimensionen und das Material der gewaltigen steinernen Tempel und Paläste der Ägypter. Als die Griechen mit der Kultur des Nilreichs in Berührung kamen, standen Form und Grundriß ihrer Kultstätten im wesentlichen schon fest – ein rechteckiger Bau mit einer Fassade und Säulen, die zwei oder auch allen vier Seiten vorgesetzt waren. Auch der Hauptraum, die das Götterbild beherbergende Cella, wurde innen gewöhnlich von Säulen gesäumt. An der Rückseite konnte sich ein Schatzhaus für Weihegeschenke befinden, und vor der Eingangstür stand der Opferaltar. Die Mauern bestanden in der Regel aus luftgetrockneten Ziegeln, das Dach wurde mit Lehm oder Stroh gedeckt, und die Säulen waren aus Holz.

Um 600 v. Chr. allerdings, nachdem sie die ägyptische Monumentalarchitektur kennengelernt hatten, begannen die Griechen ihre Tempel aus Stein zu bauen. Es entwickelten sich zwei Stilrichtungen – im Mutterland die „dorische" und im (heute zur Türkei gehörenden) ionischen Bereich die „ionische Ordnung". Kennzeichnend für die jeweilige Ordnung war die charakteristische Behandlung der (einheitlichen oder in Basis und Schaft unterteilten) Säulen, der Kapitelle und anderer Bauglieder. Der wuchtige dorische Tempel war weit schlichter als der leichtere, schlankere und reicher verzierte ionische. In Ephesos entstand ein riesiger Artemistempel als eindrucksvolles Beispiel für die strenge Schönheit des ionischen Bautypus. Die frühesten dorischen Kultbauten – in Korinth und Olympia sowie auf der Insel Korfu, einer korinthischen Kolonie – verraten in ihren Kapitellen und bauplastischen Verzierungen einen viel stärkeren ägyptischen Einfluß.

Die neuen steinernen Bauwerke wurden bald mit Skulpturen von Göttern, Göttinnen und mythischen Heroen verziert. Diese freistehenden Figuren erschienen in Griechenland erstmals im 7. Jahrhundert v. Chr. und leiteten sich von orientalischen Vorbildern her. Doch als sich die griechische Einbildungskraft der fremden Inhalte bemächtigte, geschah etwas Erstaunliches: Das griechische Gefühl für Linie und Proportionen kam ins Spiel. Ihren stärksten Ausdruck fand diese orientalisch-griechische Synthese in der Entwicklung des Kuros, der etwa lebensgroßen, nackten männlichen Statue der archaischen Zeit, und ihres bekleideten weiblichen Gegenstücks, der Kore. Auf den ersten Blick wirken diese – anfangs unnatürlich starren – Figuren ägyptisch. Aber die Behandlung des Körpers, die zunehmend anmutigere, lebendigere Haltung und das rätselhafte „archaische Lächeln" sind rein griechisch. Wie manche Forscher glauben, sollte dieses sogenannte Lächeln allerdings nicht den Gemütszustand der dargestellten Person ausdrükken, sondern dürfte ein Versuch der griechischen Künstler gewesen sein, die exakte Beschaffenheit der Mund- und Kinnpartie wiederzugeben, woraus dann eine konventionelle Darstellungsweise wurde.

Der arabische Händler, der dem britischen Archäologen Sir Flinders Petrie 1883 diese griechische Figurine verkaufte, verriet, wo sie gefunden worden war. Petrie grub an der angegebenen Stelle im Nildelta und entdeckte eine untergegangene griechische Siedlung aus dem 7. Jahrhundert v. Chr. Bei diesem frühen Experiment mit der archäologischen Photographie benutzte Petrie einen Spiegel, um das Objekt gleichzeitig von vorn und von hinten abzubilden.

Bereits Ende des Jahrhunderts beherrschten dann die griechischen Bildhauer die Darstellung des menschlichen Körpers so weit, daß sie anatomisch stimmige, in ihrer Ruhe dynamische, harmonisch proportionierte und naturalistische Kuroi zu schaffen vermochten. Die Gestaltung der Koren stellte die Künstler – zu einer Zeit, da die Darstellung weiblicher Nacktheit offenbar verpönt war –

vor die zusätzliche schwierige Aufgabe, nicht nur die Linien des Körpers, sondern auch den Faltenwurf der ihn verhüllenden Kleidung so realistisch wie möglich wiederzugeben.

Wie sehr die westlichen Kolonien von diesem künstlerischen Entwicklungsprozeß profitierten, läßt sich anhand einer Serie meisterhaft skulptierter Metopen aus archaischer Zeit erkennen – wie die der Klassik vorausgehende kunstgeschichtliche Periode genannt wird. Die Steinplatten wurden nach langer und mühsamer Suche in der Umgebung des süditalienischen Paestum zusammengetragen, der ehemaligen altgriechischen Stadt Poseidonia. Die im 7. Jahrhundert v. Chr. gegründete sybaritische Kolonie war reich genug, um sich drei prächtige Tempel leisten zu können, zwei davon aus spätarchaischer und einen dritten aus klassischer Zeit. Wenige Kilometer nördlich davon hatten die Griechen um 575 v. Chr. eine der Göttin Hera geweihte Kultstätte errichtet. Da die Gegend sumpfig und malariaverseucht war, wurden die Ruinen in der Neuzeit selten besucht.

Im Jahre 1934 machten sich zwei unerschrockene italienische Archäologen, Paola Zancani-Montuoro und U. Zanotti-Bianco, daran, das Heiligtum auszugraben. Ihr Projekt war privat finanziert, und sie hatten mit gewaltigen Schwierigkeiten zu kämpfen. Keine Straße führte zur völlig zugewachsenen, schlangenverseuchten Stätte, und die Forscher besaßen keinen Kran und kein anderes Transportmittel als Ochsenkarren. Die Archäologen zogen sich die Malaria und eine Lungenentzündung zu, aber kaum hatten sie sich davon erholt, machten sie sich wieder an die mühsame Aufgabe, die verstreuten Fragmente des zum Schatzhaus des Tempels gehörigen dorischen Frieses mit den skulptierten Sandsteinmetopen zusammenzutragen. Die Metopen aufzuspüren nahm viel Zeit in Anspruch. Fast alle Steinplatten waren seit langem fortgeschafft und in andere, zum Teil sehr entfernt liegende Gebäude integriert worden; also versuchten die Archäologen deren Verbleib anhand verstreuter Hinweise in historischen Quellen zu eruieren. Als Italien 1940 in den Krieg eintrat, wurde ein Teil der Mitarbeiter zum Militärdienst eingezogen. Die beiden Wissenschaftler schafften es dennoch, 32 riesige Sandsteinmetopen und Fragmente einer weiteren Metope zu bergen. Doch vom Schatzhaus waren nur drei der vier Außenmauern erhalten, wodurch es zwar möglich war, seine Breite, nicht aber seine genaue Länge zu bestimmen; dies erschwerte die Aufgabe, die ursprüngliche Lage der einzelnen Metopen im Fries zu ermitteln. Elf der Sandsteinmetopen waren unvollendet; wahrscheinlich wurden auch die antiken Bildhauer durch einen militärischen Konflikt – wohl zwischen rivalisierenden griechischen Kolonien – in ihrer Arbeit unterbrochen.

RÄTSEL EINER LÄCHELNDEN STATUE

Den sogenannten Getty-Kuros *(rechts)* kann man auf zweierlei Weise betrachten. Er ist entweder ein hervorragendes Beispiel archaischer griechischer Plastik, oder er ist eine der teuersten Fälschungen der Neuzeit.

Die Statue wurde Mitte der achtziger Jahre vom J. Paul Getty Museum in Malibu (Kalifornien) begutachtet und – für rund neun Millionen Dollar – erstanden. Erste Zweifel an ihrer Echtheit wurden 1986 laut, als sich herausstellte, daß die Bescheinigung, der zufolge das Kunstwerk zuvor einem Schweizer Sammler gehört haben sollte, eine Fälschung war.

Es folgten gründliche Untersuchungen. Anders als eine erwiesene Fälschung, die das Museum zu Vergleichszwecken herangezogen hatte *(ganz rechts, oben)*, wies die Oberfläche des Getty-Kuros keinerlei Spuren moderner Werkzeuge oder Anzeichen künstlicher Alterung auf. Andererseits vereint die Skulptur, wie Kunsthistoriker feststellten, in sich stilistische Merkmale – wie die Frisur und die anatomisch korrekte Behandlung von Händen und Füßen –, die eigentlich zu verschiedenen Regionen und Zeiten gehören.

Die Fachleute sind zu keinem schlüssigen Urteil gekommen. Die Archäologen bezeichnen die Figur als authentisch, während die meisten Kunsthistoriker sie als eine Fälschung ansehen. Die Herkunft der Statue bleibt weiterhin so rätselhaft wie das Lächeln auf ihrem steinernen Antlitz.

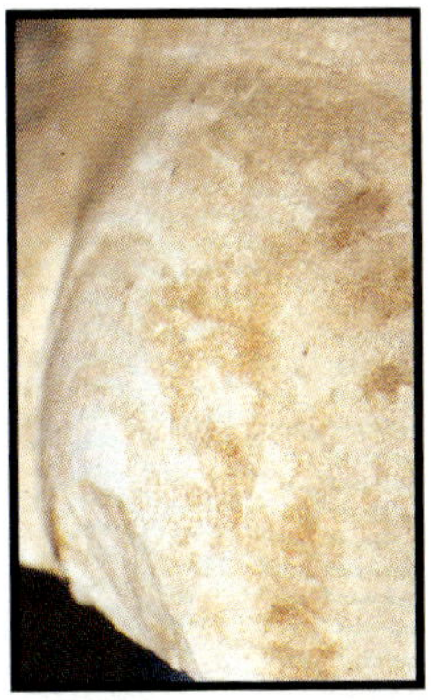

Dieser Handabdruck – die unbeabsichtigte Signatur eines schlampigen modernen Fälschers – entstand auf dem unechten Kuros, als der Schöpfer der Figur seinem Werk ein stark eisenhaltiges Präparat auftrug, um eine künstliche Patina zu erzeugen.

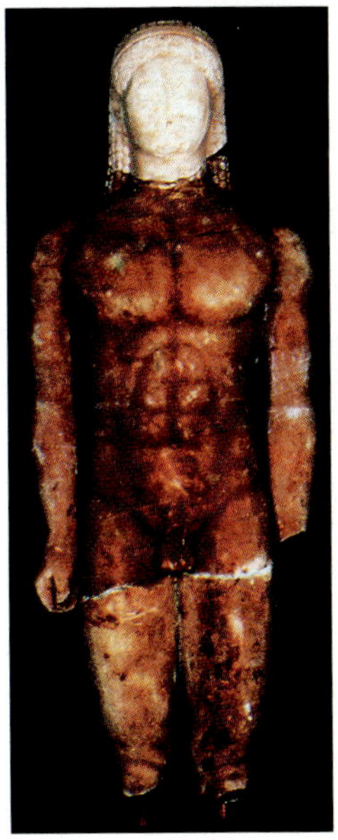

Die Ultraviolett-Aufnahme des gefälschten Kuros (ganz links) zeigt eine gleichmäßige Oberflächenstruktur, die gänzlich unvereinbar ist mit einem längeren Aufenthalt unter der Erde (der Kopf der Statue, ein Gipsabguß, wirkt im UV-Licht heller als der Rest). Der Getty-Kuros (links) hat dagegen ein komplexes Muster aus mineralischen und organischen Ablagerungen.

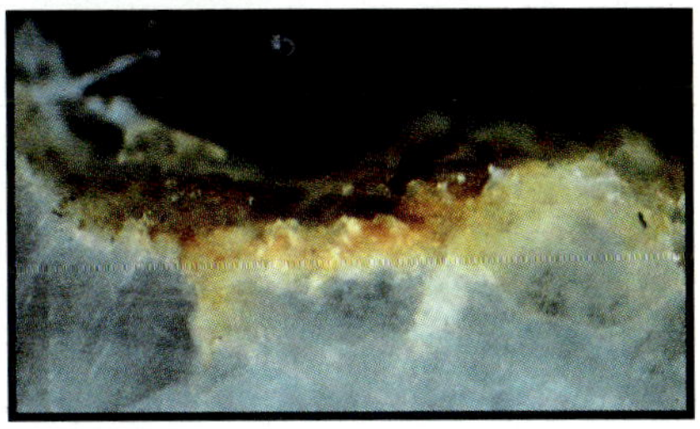

Wie diese 830fache Vergrößerung zeigt, weist die Oberflächenkruste des Getty-Kuros (rechts) die für eine natürlich verwitterte Statue charakteristischen Unebenheiten auf. Die mineralreichen bräunlichen Ablagerungen – die von Lehm hinterlassen worden sein könnten – sprechen für einen längeren Aufenthalt unter der Erde.

Der 2,03 Meter hohe Getty-Kuros ist ein gutes Beispiel für eine im 6. Jahrhundert v. Chr. entstandene Statue dieses Typus. Seltsamerweise zeigen sich an seinem Haar sowie an seinen Händen und Füßen stilistische Merkmale, die zu sehr unterschiedlichen Zeiten dieses Jahrhunderts gehören.

Achtzehn Metopen hatten die Taten des Herakles zum Gegenstand, und die übrigen behandelten den Trojanischen Krieg sowie verschiedene weitere Themen. Von einer frischen Lebendigkeit des Ausdrucks, verrieten sie nicht nur das handwerkliche Können, sondern auch den Sinn für Humor der antiken Bildhauer – der sich etwa in einem auf einer Schildkröte reitenden Odysseus äußerte. Um die empfindlichen Sandsteinplatten vor weiteren Schäden zu bewahren, imprägnierte man sie mit härtendem Natriumsilikat. Im Jahre 1952 wurden die 32 Metopen in einem eigens für sie in Paestum erbauten Museum aufgestellt.

Während die griechische Architektur von der Baukunst des Nahen Ostens beeinflußt wurde, lieferten die Phönikier, deren Alphabet die Griechen übernahmen und für ihre Zwecke umgestalteten, eine wichtige Voraussetzung für die Entwicklung der griechischen Literatur. Die ältesten Beispiele griechischer Schrift finden sich auf Fragmenten sogenannter geometrischer Keramik aus dem späten 8. Jahrhundert v. Chr., die in der Nähe von Athen ausgegraben wurden. Das neuentstandene Alphabet gestattete es erstmals, die über Generationen hinweg mündlich tradierten epischen Dichtungen – die größten sind die Homers – niederzuschreiben und so für die Nachwelt festzuhalten.

Ein halbes Jahrhundert nach Homer schuf Hesiod zwei längere Lehrgedichte: die *Theogonie,* in der er von der Entstehung der Welt und der Götter berichtet, und *Werke und Tage,* eine Art Vers-Brief an seinen Bruder, aus dem man einen guten Eindruck vom ländlichen Leben in Griechenland um 700 v. Chr. erhält. Aus einzelnen Bemerkungen kann man erschließen, daß Hesiod ein relativ wohlhabender Bauer war, der einen Zugochsen, einen Wagen und einen Pflug mit eiserner Schar besaß. Sein Heimatort war Askra, ein Dorf in der mittelgriechischen Landschaft Böotien. Im August 1981 starteten zwei britische Archäologen, Anthony M. Snodgrass von der Cambridge University und John L. Bintliff von der Durham University, eine Begehung des Gebietes von Askra. Anders als eine Grabung, die ein Maximum an Daten über ein relativ kleines Areal vermittelt, gestattet dieses Verfahren, ein – nicht so gründliches, aber dennoch brauchbares – archäologisches Bild von einem ausgedehnten Gebiet zu zeichnen. Konkret geht diese Untersuchungsmethode so vor sich, daß Fachkräfte das fragliche Gelände abschreiten und dabei alle auffälligen Objekte einsammeln, die durch Pflügen oder infolge natürlicher Veränderungen im Boden im Laufe der Jahrhunderte aus tieferen Schichten an die Oberfläche gelangt sind. Die Sammler identifizieren, datieren und dokumentieren jedes noch so kleine Fundstück. Aus solchen Indizien können die Archäologen anschließend Informationen über Besiedlungsperioden, Bevölkerungs-

Der Athenetempel in Paestum (unten) entstand um 570 v. Chr. und ist das älteste bekannte Gebäude, das sowohl dorische als auch ionische Säulen besitzt – ein stilistisches Merkmal, das später auch im Athener Parthenon verwirklicht wurde. Ein paar Kilometer vom Tempel entfernt entdeckten italienische Archäologen 1934 zahlreiche reliefierte Metopen – rechteckige Steinplatten vom Gebälkfries – mit mythologischen Darstellungen. Auf der rechts abgebildeten Metope trägt Herakles zwei Kerkopen – schalkhafte Kobolde –, die er als Bestrafung dafür, daß sie ihm seine Waffen gestohlen haben, gefesselt und an eine Stange gehängt hat.

zahlen und einzelne Phasen oder einschneidende Ereignisse in der Entwicklungsgeschichte einer Siedlung herleiten.

Snodgrass und Bintliff teilten Hesiods Dorf in Abschnitte mit einer Größe von je rund einem halben Hektar ein. Dann schritten Mitglieder des Teams, in einem Abstand von 15 Metern voneinander, parallele, etwa 5 Meter breite Streifen ab und sammelten alle Scherben und anderen Objekte ein, die sie fanden. Anschließend wurde von jedem solchen Abschnitt jeweils ein kleinerer Teil (rund 300 Quadratmeter) intensiver untersucht. Die Ausbeute betrug im Durchschnitt 85 Artefakte pro Hektar aufgenommenes Gelände. Rund die Hälfte der insgesamt 2000 gesammelten Objekte vermittelte brauchbare Informationen. Demnach setzte die Besiedlung von Askra ungefähr 2500 v. Chr. ein. Um 900 v. Chr. dürfte der Ort 1000 oder sogar noch mehr Einwohner gezählt haben, und 100 n. Chr. war er noch ein ansehnliches Dorf.

Das neue „Alphabetentum" erweckte in der Öffentlichkeit den Wunsch nach geschriebenen Gesetzen, und indem man diese einem so dauerhaften Material wie Stein anvertraute, schuf man ein wirksames Korrektiv gegen die Willkürherrschaft von Tyrannen. Die älteste bekannte Rechtskodifikation dieser Art wurde in Gortyn entdeckt, in der Mitte der Mesara-Ebene auf Kreta, nicht weit von einem der großen minoischen Paläste entfernt. Gegen Ende des 19. Jahrhunderts fanden italienische Archäologen eine Reihe von Steinblöcken. Wie eine Grabung ergab, hatte man sie in den Bau eines hellenistischen Theaters integriert. Der Stein war mit sorgfältig gemeißelten, gut erhaltenen griechischen Buchstaben beschriftet. Während diese Blöcke aus dem 5. Jahrhundert v. Chr. stammen, können die Gesetze selbst – anhand ihrer altertümlichen Sprache – in das 7. Jahrhundert v. Chr. datiert werden. Auf dieser längsten erhaltenen griechischen Inschrift sind Familien, Sklaven-, Vermögens-, Erb- und Strafrecht kodifiziert.

Mit der Einführung der Schrift endet in Griechenland die vorgeschichtliche Periode. Als Anfangsdatum der historischen Ära wird in der Regel das Jahr 776 v. Chr. angenommen, in dem die ersten bezeugten Olympischen Spiele stattfanden, die dann alle vier Jahre wiederholt wurden. Läufer, Weitspringer, Ringer, Diskus- sowie Speerwerfer aus allen Teilen Griechenlands wetteiferten zu Ehren des Zeus um den Sieg. Von athletischen Wettkämpfen begleitete religiöse Feste wurden auch regelmäßig in Delphi zu Ehren Apollons, in Nemea zu Ehren des Zeus und bei Isthmia auf der Landenge von Korinth zu Ehren des Poseidon abgehalten. Bei all diesen Spielen winkte den Siegern als wichtigster Preis ein Ehrenkranz – aus Ölbaumzweigen in Olympia, Lorbeer in Delphi, wildem Sellerie in Nemea und Kiefernzweigen auf dem Isthmus. Außerdem gab es in Athen jährlich stattfindende, der Stadtgöttin geweihte Kampfspiele, die sogenannten Panathenäen, bei denen als Preis eine besonders gestaltete Amphore voll Öl aus den heiligen Hainen der Athene verliehen wurde. Die Spiele leisteten einen wichtigen Beitrag zur Entstehung eines – die engen Grenzen des eigenen Stadtstaates sprengenden – griechischen Nationalbewußtseins.

Dieser 40 Zentimeter lange Fisch aus getriebenem Gold – wahrscheinlich von einem griechischen Künstler für einen skythischen Häuptling angefertigt – wurde 1882 zusammen mit skythischen Waffen auf einem Feld in der Nähe von Brandenburg gefunden. Zwei nicht deutbare Szenen schmücken den Körper des Tieres: In seinem oberen Teil greifen ein Panther und ein Löwe einen Hirsch sowie ein Wildschwein an; unten folgt ein Schwarm Fische einem Leittier mit skythisch anmutendem menschlichem Kopf.

Die Feste boten aber zudem eine weitere Gelegenheit dafür, daß sich die kaufmännischen Instinkte der Griechen entwickeln konnten, da sie nicht nur religiöse und sportliche Ereignisse waren, sondern auch wichtige Jahrmärkte einschlossen. Sie entstanden in einer Zeit großer wirtschaftlicher Innovationen. Um das Jahr 600 v. Chr. wurde der Handel durch die Einführung einer neuen Währung revolutioniert: des wohl in Sardis, der Hauptstadt des wohlhabenden Königreichs Lydien (im heutigen Anatolien), erfundenen Münzgeldes. Wie primitiv die ersten Geldstücke auch gewesen sein mögen, sie erwiesen sich doch bald als die logische Erweiterung des Begriffs von der „beweglichen Habe", wie er für die kostbaren Metalle bereits galt.

Im 6. vorchristlichen Jahrhundert machte die griechische Zivilisation immer größere Fortschritte. Die Stadtstaaten wurden zwar zum größten Teil noch von den Tyrannen beherrscht, doch sie fuhren in verstärktem Maße fort, Verfassungen zu erarbeiten, die Pflichten des Bür-

gers zu definieren und Gesetze zu kodifizieren. Diese entscheidenden Elemente sollten, zusammen mit der Herausbildung einer nichtadligen Mittelschicht, zur Entstehung der ersten Demokratien führen. Auf der Suche nach neuen Rohstoffquellen dehnten die Griechen ihre kolonialen Bestrebungen weiter nach Westen aus und könnten möglicherweise bis nach Britannien vorgestoßen sein, wo große Lagerstätten des für die Herstellung von Bronze notwendigen Zinns existierten. An der Mündung der Rhone gründeten sie um 600 v. Chr. eine Kolonie, die sie Massalia nannten und die sich dank ihrer günstigen Lage zu einem bedeutenden Umschlagplatz für Eisen, Silber und Zinn und so zur wichtigsten Hafenstadt des westlichen Mittelmeeres entwickelte.

Der kulturelle Einfluß, den die Griechen auf die einheimischen keltischen Gallier ausübten, war beträchtlich, und zwar nicht nur in Massalia (heute Marseille) selbst, sondern auch in einem großen Teil Südfrankreichs. Der römische Historiker Justinus schrieb später von den Galliern: „Die Fortschritte, die sie hinsichtlich ihrer Sitten und ihres Reichtums machten, waren so erstaunlich, daß es eher schien, Gallien sei ein Teil Griechenlands geworden, als daß Griechenland Gallien kolonisiert hatte." Die ionischen Abenteurer, die Massalia gründeten, brachten den weinlosen gallischen Barbaren des Rhonetals griechischen Landwein, vor allem aus der Gegend um Athen und Ostgriechenland.

Auf der Suche nach Zinn stießen die Griechen immer weiter nach Norden vor und gründeten auf ihrem Weg zahlreiche Kolonien und Handelsposten. Ihre Waren waren in ganz Europa begehrt: Griechische Produkte wurden bei Grabungen in Angers (im Loiretal), in der Schweiz, in Deutschland und sogar in der Nähe von Stockholm gefunden. Gleichzeitig breiteten sich die unermüdlichen Griechen entlang der Adria und in Norditalien aus, sie gelangten nach Makedonien, Thrakien und bis an die Schwarzmeerküste. Russische Archäologen haben anhand von Keramikfunden nachgewiesen, daß die Griechen sich hier vor allem in zwei Gebieten niederließen – an der Westküste des Schwarzen Meeres auf thrakischem Territorium und an der Nordküste im Land der Skythen, wo sie an der Mündung des Dnjepr die damals nördlichste griechische Siedlung gründeten, Olbiopolis („Glücksstadt") oder Olbia. Ihr Plan ahmte den ihrer griechischen Mutterstadt Milet nach.

Olbia ist archäologisch sehr gut erforscht. Zwar liegt ein Großteil seiner Unterstadt unter dem Meeresspiegel, doch mit Hilfe von

Luftbildern konnten Archäologen das Gebiet kartographisch erfassen und anschließend ausgraben. Die Unterstadt scheint den größten Teil der Gesamtbevölkerung beherbergt zu haben – zeitweise bis zu 10 000 Menschen. In der Oberstadt befanden sich die wichtigsten öffentlichen Anlagen – die Agora (Versammlungs- und Marktplatz), Amtsgebäude und Tempel – sowie die Häuser wohlhabender Kaufleute.

Ein Vorposten mediterraner Kultur im Norden, bildete Olbia das Zentrum eines Komplexes von rund 70 miteinander verbundenen Satellitensiedlungen in einem Gebiet von rund 60 Kilometer Länge und 50 Kilometer Breite. Die Ausgrabung von Berezan – einer Ortschaft auf einer Insel in der Mündung des Dnjepr – hat den Archäologen faszinierende Einblicke in das Kleinstadtleben fernab der Heimat gewährt. Die griechischen Einwohner von Berezan fanden die Winter dort offenbar so kalt, daß sie ihre aus einem einzigen Raum bestehenden, reetgedeckten Häuschen in den Boden versenkten, damit sie den eisigen Winden eine möglichst kleine Angriffsfläche boten. In einem Riß in der Wand eines dieser Häuser fanden Archäologen eine aufgerollte Bleifolie, die sich als ein 2500 Jahre alter Brief entpuppte. Der Absender beklagte sich darin über Schwierigkeiten, die er im Zusammenhang mit einem seiner Sklaven hätte, und über betrügerische Machenschaften eines ortsansässigen Kaufmanns. Im ionischen Dialekt abgefaßt, ist das Schreiben der älteste originale griechische Geschäftsbrief, den wir heute besitzen.

Herodot besuchte Olbia Mitte des 5. Jahrhunderts v. Chr. und berichtete, die Goldschmiede der Stadt machten dadurch gute Geschäfte, daß sie für die einheimischen Stammesfürsten Goldschmuck im typischen skythischen Tierstil anfertigten *(S. 66 – 67)*. Tatsächlich sind viele solche Objekte in den südrussischen Hügelgräbern gefunden worden. Im Austausch gegen Weizen aus den getreidereichen Gebieten der Skythen brachten griechische Schiffe Olivenöl und Wein ins Land. Bei Ausgrabungen in der Nähe von Olbia hat man zwölf in den Boden eingelassene Getreidespeicher und einen Darrofen entdeckt.

Die Griechen scheinen mit ihren skythischen Nachbarn gut ausgekommen zu sein. Nach Auskunft Herodots waren Mischehen an der Tagesordnung. Die griechischen Siedler mußten sich gegenüber der einheimischen Bevölkerung um eine flexible und tolerante Haltung bemühen, denn Olbia war sehr schlecht zu verteidigen – und die Skythen verstanden keinen Spaß: Sie waren gefürchtete, grausame Krieger.

In diesem ihrem nördlichsten Außenposten, ebenso wie in Kleinasien, Ägypten und Europa, hatten sich die Griechen als mutig, unternehmungslustig und dynamisch erwiesen. Jetzt, da das 5. Jahrhundert v. Chr. anbrach, standen sie an der Schwelle zur klassischen Zeit, einer der glorreichsten Epochen der Menschheitsgeschichte, die die Weiterentwicklung des abendländischen Geistes entscheidend prägen sollte.

GEMEINWESEN UND PRIVATLEBEN

Unsere Stadt ist keine alltägliche", sagte der berühmte Staatsmann Perikles im 5. Jahrhundert v. Chr. über Athen. „Keine andere bietet so viele Gelegenheiten zur Erholung des Geistes wie sie. Wir lieben die Schönheit, ohne extravagant zu sein, lieben die Weisheit, ohne unmännlich zu sein. Unsere Bürger gehen öffentlichen wie privaten Pflichten nach, ohne es zuzulassen, daß die Beschäftigung mit häuslichen Angelegenheiten ihr Wissen um die Belange der Stadt beeinträchtigt. Was Unabhängigkeit des Geistes, Mannigfaltigkeit der Leistungen und vollkommenes Vertrauen in die eigene körperliche und geistige Kraft anbelangt, stehen wir, Mann für Mann, hinter niemandem zurück." Abzüglich gewisser rhetorischer Übertreibungen entsprachen die Ausführungen des Perikles durchaus der Realität, denn von den Bürgern Athens wurde erwartet, daß sie sich mit Politik und der Verwaltung des Gemeinwesens befaßten, in der Armee dienten, sich athletisch betätigten, singen, tanzen und musizieren konnten, heirateten und Kinder zeugten, einem Gewerbe nachgingen, Kunstwerke zu würdigen wußten und an reli-

Dennoch ist das rosige Bild, das Perikles malte – und das Generationen abendländischer Historiker aufrechterhalten haben – eine romantische Illusion. Nur rund zehn Prozent der Bevölkerung Athens gehörten der privilegierten Gruppe erwachsener männlicher Bürger an, die an der „demokratischen" Regierung des Stadtstaates beteiligt waren. Der Rest waren Frauen, Kinder, ortsansässige Ausländer und Sklaven – allesamt ohne Wahlrecht. Und es sieht so aus, als ob für den durchschnittlichen Griechen des sogenannten Goldenen Zeitalters die Wohnverhältnisse schlecht, die Ernährung dürftig und der Arbeitstag lang gewesen wären. Nicht viele Athener konnten sich, wie die Dame oben, den Luxus eines eigenen Badezimmers leisten.

Wenige Berufe waren anstrengender als die des Töpfers, und tatsächlich bedeutete „töpfern" im Altgriechischen im übertragenen Sinne soviel wie „hart arbeiten". Ironischerweise verdanken wir gerade diesen Handwerkern, von denen einige Sklaven und die meisten keine vollwertigen Bürger waren, den größten Teil der Informationen, die wir über Mode, Sitten und Gebräuche, religiöse Zeremo-

DER LETZTE SCHLIFF: EINE GRIECHISCHE ERZIEHUNG

Im antiken Athen begann eine Verlobungsfeier damit, daß der künftige Ehemann die Formel sprach: „Ich heirate, um Nachwuchs zu zeugen." Kinder, vor allem Jungen, gewährleisteten den Fortbestand der Familie und des Gemeinwesens, an dessen Ordnung und Verwaltung sie später teilhaben würden. Jungen wie Mädchen verbrachten ihre frühe Kindheit im elterlichen Hause, unter der Obhut der Mutter und zuverlässiger Diener. Die griechischen Philosophen steuerten Theorien zur richtigen Kindererziehung bei. Platon beispielsweise meinte, Jungen würden besser auf ihren späteren Beruf vorbereitet werden, wenn man ihnen schon im Kindesalter kleine Nachbildungen von Werkzeugen zum Spielen gebe.

Im Alter von sechs bis sieben Jahren wurden die Jungen einem Lehrer anvertraut. Ungeachtet der wirtschaftlichen Verhältnisse im Elternhaus wurden praktisch alle männlichen Kinder bis zu einem gewissen Grad in Gymnastik sowie in Musik und Literatur unterrichtet. Die letztgenannten beiden Fächer waren oft kombiniert, da Dichtung im alten Griechenland stets singend vorgetragen wurde. Die unten gezeigte Gruppe übt sich daher sowohl im Spiel auf der Lyra als auch in der Rezitation eines Gedichts, das mit den Worten beginnt: „Muse, zu singen hebe ich an vom breiten Skamandros." Über den Schülern hängen weitere Musikinstrumente und ein Korb zum Aufbewahren von Schriftrollen, während ein *paidagogos* – ein Sklave, der die Knaben auf dem Schulweg begleitete und ihre Hausaufgaben beaufsichtigte – etwas abseits sitzt. Mädchen wurde eine solche Erziehung nur selten zuteil; sie blieben zu Hause und wurden auf ihre späteren Pflichten als Wirtschafterin und Mutter vorbereitet.

Aus Darstellungen wie dieser – auf einer Vase, wie Kinder sie anläßlich eines alljährlichen Frühlingsfestes geschenkt bekamen – gewinnt man den Eindruck, daß athenische Kinder ein relativ idyllisches, behütetes und sorgloses Leben geführt haben müssen. Die Säuglingssterblichkeit war allerdings hoch; man schätzt, daß ein Drittel aller athenischen Kinder das zweite Lebensjahr nicht erreichte.

EINE GENAU DEFINIERTE GESCHLECHTERROLLE

Traditionell wurden anständige athenische Frauen von jeher als ungebildete Hausmütterchen beschrieben, die, in ihren vier Wänden eingesperrt, einzig den Bedürfnissen ihrer Familie lebten, kochten, spannen und webten und sich nur dann unter Menschen wagten, wenn bestimmte religiöse Feste ihre Anwesenheit vorschrieben. Die sorgfältige Analyse von Vasenmalereien aus dem 5. Jahrhundert v. Chr. ergibt allerdings ein etwas anderes Bild vom Alltag der athenischen Ehefrau in klassischer Zeit.

Die Künstler stellten Frauen bei den verschiedensten Tätigkeiten dar, darunter der Kinderpflege und dem Weben. Darüber hinaus werden sie aber auch als Sportlerinnen, Musikantinnen und Dichterinnen gezeigt; man sieht sie die Natur genießen, schwimmen, tauchen und Obst pflükken *(unten)*. Den Gemälden nach zu urteilen, scheint es sich dabei stets um Gruppenaktivitäten gehandelt zu haben, die die Existenz einer weiblichen Parallelwelt oder „Nebenkultur" vermuten lassen. Freiheiten dieser Art könnten allerdings ausschließlich älteren Frauen vorbehalten gewesen sein, denn, wie der Redner Hypereides sagte: „Eine Frau, die das Haus verläßt, sollte in einem Alter sein, in dem man sie, begegnet man ihr auf der Straße, nicht fragt, wessen Gattin, sondern wessen Mutter sie ist."

In der Hochzeitsszene, die auf dieser sogenannten Lutrophoros dargestellt ist, trägt eine Frau ein solches Wassergefäß, das für das Brautbad diente, aber auch eine Grabbeigabe für unvermählt Verstorbene war. Hochzeiten, religiöse Zeremonien und Bestattungen gehörten zu den wenigen öffentlichen Ereignissen, bei denen Frauen eine größere Rolle spielten.

DER HÖHEPUNKT DES ATHENER NACHTLEBENS

Obwohl das griechische Wort *symposion* gewöhnlich mit „Gastmahl" übersetzt wird, war das damit bezeichnete gesellige Beisammensein in Wirklichkeit ein Trinkgelage, wörtlich ein „Zusammentrinken". Nach einem früh und eilig eingenommenen Mahl folgte der eigentliche Zweck solcher Männerfeste: Wein, Musik, Unterhaltung und ernste wie auch lustige Gespräche.

In dem eigens dafür vorgesehenen Raum, dem *andron*, auf Liegen ruhend, tranken die Gäste verdünnten Wein und ergötzten sich an den Darbietungen von Tänzerinnen und Musikantinnen. Meist steuerten auch die Zecher selbst zur allgemeinen Unterhaltung bei, indem sie zur Begleitung der Lyra sangen und Gedichte vortrugen. Bei ausgelasseneren Gelagen *(unten)* fanden auch Gesellschaftsspiele wie der *kottabos* statt, bei dem es darum ging, die Neige schwungvoll aus dem Becher auszugießen und damit ein bestimmtes Ziel zu treffen. Und wie die unten abgebildete Szene zeigt, endete mancher Abend als regelrechte Orgie.

Für viele Teilnehmer erfüllte das Symposion aber einen weit ernsteren Zweck, gab es doch dem Gast die Möglichkeit, durch seine Fähigkeit zum Maßhalten seine Charakterstärke zu offenbaren. Der Historiker Herodot berichtet von einem Mann, der die Bewerber um die Hand seiner Tochter prüfte, indem er deren Verhalten während eines Trinkgelages beobachtete – und ähnliche Geschichten gibt es viele. Selbst der Weingott Dionysos erklärt in einer Komödie von Eubulos, nach drei Schalen Wein „geht der kluge Gast nach Haus".

Deftige Szenen wie diese zierten oft die Innen- und die Außenseite der Kylix, der zweihenkligen, flachen Trinkschale. Diese bemalten Gefäße wurden eigens für den Gebrauch bei Symposien hergestellt, und jeder Gast brachte sein eigenes mit.

GEIST UND KÖRPER FÜR DEN WETTKAMPF STÄHLEN

Zwar haben die Griechen den Sport nicht erfunden, doch sie waren die ersten, die der Athletik den Status eines ernstzunehmenden Wettkampfes einräumten, bei dem die verschiedenen Stadtstaaten durch ausgewählte Repräsentanten um den Sieg rangen. Tatsächlich leitet sich das Wort „Athlet" vom griechischen *athlos*, „Kampf", ab. Für die Griechen dieser Zeit war der Athlet der Inbegriff des vollkommenen Menschen, der ganz allein von einem unbändigen Siegeswillen motiviert wurde und durch keine Aussicht auf wertvolle Preise zu Höchstleistungen angesporrnt zu werden brauchte. Bei den Olympischen Spielen etwa winkte den Siegern ursprünglich kein anderer Lohn als ein Kranz aus wilder Olive und die Bewunderung der Zuschauer.

Ursprünglich nur ein Kurzstreckenlauf, nahmen die Olympischen Spiele im Laufe der Zeit auch Diskus- und Speerwerfen, Ringen, Boxen, Wagen- und Pferderennen sowie Weitsprung *(unten)* in ihr Programm auf – Wettkämpfe, bei denen man meist nackt antrat. Im 5. Jahrhundert v. Chr. begannen sich die Athleten dann zu spezialisierten Berufssportlern zu entwickeln und professionelle Trainer, Masseure und Diätspezialisten zu beschäftigen – eine Entwicklung, die Philosophen und Dichter gleichermaßen verurteilten. So erklärte zum Beispiel Euripides, „der Ölbaumkranz sollte den richtigen Männern verliehen werden, jenen, die Frieden stiften und Krieg und Aufruhr ein Ende setzen".

Doch das Ansehen und die materiellen Vorteile, die ein Sieg dem Athleten ebenso wie seiner Heimatstadt einbrachten, bewirkten, daß sogar noch mehr Kampfspiele entstanden – darunter auch die athenischen Panathenäen. Die bei dem Fest zu Ehren der Stadtgöttin veranstalteten Wettspiele entwickelten sich zu einem spektakulären Ereignis.

Solche mit einer Darstellung der jeweiligen Sportdisziplin bemalten Preisamphoren wurden, mit Öl gefüllt, den Siegern bei den Panathenäen verliehen. Wie weit entfernt die Gegenden waren, aus denen manche Athleten zu den Kampfspielen anreisten, läßt sich daraus ersehen, daß man Amphoren dieser Art am Schwarzen Meer und bei Marseille gefunden hat.

DER GROSSE WERT EINES EIGENEN GEWERBES

Eines der wichtigsten Privilegien des griechischen Bürgers war das Recht auf Grundbesitz, und die Landwirtschaft blieb die ganze klassische Zeit hindurch die Grundlage der griechischen Ökonomie. Mit dem Anwachsen der städtischen Bevölkerung nahm allerdings auch die Zahl der Kaufleute und der Gewerbetreibenden deutlich zu.

Wie Grabungen auf der Athener Agora bewiesen haben, gingen auf diesem Platz oder in dessen unmittelbarer Umgebung die Parfümhändler, Töpfer, Steinmetze, Gerber und Metallarbeiter *(unten)* ihrem Gewerbe nach. Die Werkstätten wurden zu wichtigen Orten der Begegnung.

Auch wenn die meiste Schwerarbeit von Sklaven geleistet wurde, galten selbst anstrengende manuelle Tätigkeiten nicht als verächtlich, und oft schwitzte der Bürger neben seinen Dienern für den gleichen Lohn. Der Reichtum eines Mannes wurde nach dem Grad seiner ökonomischen Selbständigkeit gemessen. Wie es in einem Lustspiel von Menander heißt: „Ein Schicksalsschlag beraubt dich deines ganzen Geldes. Was bleibt dir übrig? Bloß ein nackter Körper! Nur eines gibt dir Sicherheit im Leben, und das ist ein eigenes Gewerbe."

Arbeitende Vasenmaler und Töpfer schmücken diesen Krater – ein kesselartiges Gefäß zum Mischen von Wein und Wasser – aus dem 5. Jahrhundert v. Chr. Die unübertroffene künstlerische Qualität und Eleganz seiner bemalten Keramik machten Athen zum führenden Hersteller und Exporteur von Töpferwaren im gesamten Mittelmeerraum.

ANTWORTEN UND IHRE SCHWIERIGE DEUTUNG

Das klassische Griechenland genießt einen unsterblichen Ruf als Heimat großer Philosophen, die auf dem Wege logischen Denkens und exakter Begriffe danach strebten, die tiefsten Fragen zu ergründen, die den menschlichen Geist bewegen. Die Mehrheit der Griechen schien allerdings eher dazu geneigt zu sein, den Antworten von Orakeln zu vertrauen, die sich im Rauschen von Laub oder in den Innereien geopferter Tiere äußerten. Bei verschiedenen Heiligtümern gefundene Tafeln haben gezeigt, daß die Fragen der Pilger oft ganz persönlicher Natur waren und etwa berufliche Probleme betrafen oder die Wahl einer Gattin. Wie Platon bemerkte, „hatten die Leute keine Bedenken, Eichen und Steinen zu glauben, solange die Antworten richtig waren".

Unter allen Weissagungsstätten – wo teilweise Omina wie Donner und Blitz oder der Gesang von Vögeln gedeutet wurden – genoß das Orakel von Delphi das höchste Ansehen. Im Apolloheiligtum in den Bergen nordwestlich von Athen trank die Pythia, die Prophetin des Gottes, aus der heiligen Quelle und aß, auf einem dreibeinigen Hocker über Erddämpfen sitzend, Blätter vom Baum des Apollon – dem Lorbeer. Dadurch inspiriert beantwortete die Seherin dann die Fragen der Pilger. Die angebliche Zuverlässigkeit des Delphischen Orakels könnte mit der Dunkelheit oder Mehrdeutigkeit seiner Antworten erklärt werden. Herodot referiert die Geschichte des lydischen Königs Kroisos, der das Orakel fragte, ob er Persien angreifen solle. Die Pythia antwortete, wenn er es täte, würde er „ein großes Reich zerstören". Derart ermutigt, griff Kroisos an, doch das Reich, das er vernichtete, war sein eigenes.

Vor einem Kultbild stehend, erwarten ein bärtiger Priester und eine geflügelte Gottheit die Ankunft des Opferstieres. In der Regel wurde solchen Tieren Getreide vor die Füße gestreut, so daß sie zum Fressen den Kopf senkten, als ob sie sich zu ihrem Opfertod bereit erklärten.

ATHEN: DAS ACHTE WELTWUNDER DER ANTIKE

Noch nie in der Geschichte der Menschheit", ist einmal in bezug auf das klassische Athen geschrieben worden, „hat es eine so hohe Zahl herausragender Männer und Leistungen in einem so kurzen Zeitraum gegeben." Zwischen 480 und 400 v. Chr. revolutionierten athenische Politiker die Kunst der Staatsführung. Griechische Generäle errangen glänzende Siege. Dichter, Architekten und Bildhauer setzten mit ihren herrlichen Werken neue Maßstäbe. Und Wissenschaftler und Philosophen veränderten von Grund auf die Struktur des menschlichen Denkens. Athen wurde so mächtig, und sein Einfluß reichte so weit, daß diese geschichtliche Periode allgemein als ein „Goldenes Zeitalter" bezeichnet wird. Tatsächlich würde man es treffender ein silbernes nennen, denn es war – wie wir von Herodot, Xenophon, Demosthenes und anderen antiken Autoren wissen – dieses Edelmetall, das solche Leistungen ermöglichte.

Diese 30 Zentimeter hohe, behelmte Bronzestatuette der Göttin Athene, der Schutzpatronin Athens, wurde auf der Akropolis dieser ehemals so mächtigen Stadt gefunden. Die erhobenen Arme der Göttin hielten ursprünglich Lanze und Schild.

Und Athen hatte daran keinen Mangel. Das meiste Silber, das seine Staatsschatulle füllte, wurde in Laureion abgebaut, einem unwirtlichen, bergigen Gebiet rund 40 Kilometer südöstlich der Stadt. In den Niederungen entlang der zerklüfteten Küste dieser Region können Bauern dem kargen Boden ihren Lebensunterhalt abtrotzen, aber das Inland gehört zu den trockensten Gegenden in ganz Attika. Nicht mehr als wenige Zentimeter Regen befeuchten jährlich den staubigen, steinigen Boden, und keine Flüsse bewässern die tiefen Täler, die das Hochland zerfurchen. Selbst die Kieferngehölze, die vor Jahrzehnten im Rahmen staatlicher Aufforstungsmaßnahmen angepflanzt wurden, können die

Unfruchtbarkeit des Bodens nicht verbergen. Noch heute wird das Landschaftsbild eher durch die Abraumhalden, die Bergarbeiter vor 24 Jahrhunderten zurückließen, als durch Bäume bestimmt. Als Bergbauingenieure 1860 diese Halden untersuchten, stellten sie fest, daß in diesem – wie man bis dahin geglaubt hatte, restlos ausgebeuteten – Revier der Abbau von Silber, Blei, Mangan und Zink noch immer rentabel sein könnte, und 1864 wurden die Bergwerke wieder geöffnet. Die Wiederaufnahme der Arbeiten gab den Archäologen die Chance, die Verfahren und technischen Möglichkeiten der Antike aus eigener Anschauung kennenzulernen, und Édouard Ardaillon, ein an der École Française d'Athènes beschäftigter Altphilologe und Geograph, gehörte zu denen, die diese Gelegenheit beim Schopf ergriffen.

Ardaillon führte eine gründliche geologische Studie der Region durch und untersuchte – oft unter sehr unbequemen Bedingungen – die Bergwerke, aus denen einst soviel Reichtum geflossen war. Er lokalisierte gewaltige Zisternen, in denen die alten Griechen die geringen Niederschläge sammelten, und raffinierte Waschanlagen, in denen das kostbare Erz von den wertlosen Sedimenten getrennt wurde. Außerdem kartographierte Ardaillon zahlreiche, insgesamt viele Kilometer lange Stollen, die tief in die Flanken der Berge hineinreichten.

Nachdem sie schon früh erkannt hatten, daß das Erz in dünnen Bändern zwischen dicken Schichten von Kalkstein und Schiefer lag, folgten die Bergarbeiter den Silberadern mit großer Präzision. Parallel zu den vielfach gewundenen Stollen verliefen Lüftungsschächte. Nur wenige Gänge waren, wie Ardaillon feststellte, höher als ein Meter. Die Männer, die dort arbeiteten, taten dies auf allen vieren oder flach auf dem Rücken liegend. Der Forscher entdeckte auch die rostigen Überreste ihrer einfachen Eisenwerkzeuge – Hammer, Meißel, Spitzhacke und Dechsel – sowie die kleinen Öllampen, mit denen sie versuchten, etwas Licht an ihren finsteren Arbeitsplatz zu bringen.

Die Lampen könnten, wie Ardaillon schätzte, ungefähr zehn Stunden lang gebrannt haben, aber Arbeitsschichten von mehr als einigen wenigen Stunden wären mit Sicherheit nicht zu ertragen gewesen, denn die Arbeitsbedingungen dürften – wie zwei weitere Funde vermuten lassen – wahrhaft höllisch gewesen sein. Fest in den Wänden der Stollen verankert befanden sich nämlich Eisenringe zum Befestigen von Ketten – was daran erinnert, daß die Bergarbeiter Sklaven und abgeurteilte Verbrecher waren, auf deren Wohlbefinden kaum Rücksicht genommen wurde. Draußen, in der Nähe der Stolleneingänge, Zisternen und Erzwaschanlagen, ragten die Ruinen steinerner Konstruktionen empor, bei denen es sich um Wachtürme gehandelt haben dürfte – ein weiteres Indiz dafür, daß die Arbeiter als gemeingefährlich eingeschätzt oder zumindest gegen ihren Willen dort festgehalten wurden.

Ardaillons Forschungsergebnisse wie auch die späterer Archäologen, von denen einige noch heute in Laureion graben, offenbaren eine wenig rühmliche Seite des Goldenen Zeitalters. Historiker wie Archäologen müssen der Tatsache ins Auge sehen, daß die erstaunliche Schönheit und die gewaltigen Leistungen der „ersten Demokratie der Welt" zu einem großen Teil durch die Mühen von Menschen finanziert wurden, die man offensichtlich kaum besser als Tiere behandelte. Dieses ist nur einer von zahlreichen Widersprüchen in der Geschichte Athens, denn die Stadt war lange Zeit eine unbedeutende Provinz, ein Ort, den das Glück vergessen zu haben schien, als es die anderen griechischen Stadtstaaten am Ende des Dunklen Zeitalters mit seinen Gaben segnete. Silber mag das Mittel gewesen sein, durch das Athen zu Macht und Größe aufstieg – aber was genau wies der Stadt den Weg zum Gipfel?

Wenig sprach im 9. Jahrhundert v. Chr. dafür, daß die Ansammlung von Lehmziegelhütten, die sich um einen niedrigen Hügel über der Ägäis drängten, dazu bestimmt war, eine prächtige Stadt und das Zentrum eines ausgedehnten Reiches zu werden. Noch ließ irgend etwas vermuten, daß die Menschen, die in dieser überaus kargen Gegend ihr Leben fristeten, es je zu etwas bringen würden. Anderswo begannen einige der Hunderte selbständiger Stadtstaaten bereits, aus dem Übergang von der reinen Viehwirtschaft zum Ackerbau und der Einführung der Eisenverhüttung Nutzen zu ziehen. Um dem wachsenden Bevölkerungsdruck entgegenzuwirken sowie um neue Rohstoffquellen und Märkte zu erschließen, fingen sie ab der zweiten Hälfte des 8. Jahrhunderts v. Chr. an, überseeische Kolonien zu gründen.

Nicht, daß Athen keine Vorteile gehabt hätte. In einem Land, das auf Grund seines gebirgigen Charakters sogar den Binnenhandel zwang, weitgehend auf den Schiffsverkehr auszuweichen, hatte die in der Mitte der griechischen Landmasse gelegene Stadt – dort, wo die Halbinsel Attika in die Ägäis hineinragt – eine durchaus günstige Position. Ein relativ ebenes Gelände im Herzen von Attika beherrschend, im Norden durch den Aigaleos, im Süden durch die Höhenzüge des Imittos geschützt, schien sich der Ort durchaus als politisches und kulturelles Zentrum anzubieten – vorausgesetzt, die vielen verstreuten Dörfer in der Umgebung würden sich zu einer Konföderation zusammenschließen. Darüber hinaus besaß die Region ergiebige Vorkommen an schönem Marmor und Lehm – zwei Rohstoffen, die künftig ihren Bildhauern, Architekten und Töpfern gestatten würden, Werke zu schaffen, deren Schönheit noch heute die Welt in Erstaunen versetzt. Dennoch verharrte Athen weiter in seinem provinziellen Schlummer, während die Stadtstaaten, die später seine Rivalen wurden, blühten und gediehen.

Bedeckt mit dem Staub der Jahrhunderte und umgeben von Keramik, deren geometrische Verzierungen erlauben, die Bestattung in das späte 8. Jahrhundert v. Chr. zu datieren, wurde dieses weibliche Skelett unter der Oberfläche der Athener Agora entdeckt. Die Frau war ungefähr 200 Jahre, bevor dieses Gelände zu einem wichtigen Zentrum des öffentlichen Lebens wurde, beerdigt worden. Auf der archäologischen Zeichnung rechts sind Grab und Inhalt detailliert dargestellt.

Die Frage, warum Athen so lange hinter der allgemeinen Entwicklung zurückblieb, hat ganze Generationen von Historikern beschäftigt. In letzter Zeit haben Archäologen der American School of Classical Studies in Athen auf der Agora, dem antiken Markt- und Versammlungsplatz im Herzen der Stadt, eine Entdeckung gemacht, aus der sich die Antwort erschließen läßt. Laut John Camp, der die Grabungen seit 1987 leitet, hat man mehrere eindeutig identifizierbare, tief in das Grundgestein gebohrte Brunnenschächte aus dem Dunklen Zeitalter freigelegt – ein um so wichtigerer Fund, als in Athen ansonsten kaum noch Spuren jener fernen Epoche erhalten sind.

Dank der Keramikfragmente, die sie auf dem Boden dieser Schächte fanden, wissen die Archäologen, daß die Brunnen bis um das Jahr 700 v. Chr. in Gebrauch waren und dann plötzlich aufgegeben wurden. Da Analysen von Gräbern aus derselben Periode einen drastischen Anstieg der Sterblichkeit und einen entsprechenden Rückgang der Bevölkerungszahlen ergeben haben, vermutet Camp, daß Attika um diese Zeit von einer Dürre und Epidemien heimgesucht worden sein muß. Zweifellos hätte eine solche Katastrophe die Stadt in ihrer Entwicklung zurückgeworfen, und die dadurch sinkende Einwohnerzahl hätte die Gründung von Kolonien überflüssig gemacht.

Die Menschen lebten in einer durch Standesunterschiede und Stammesfehden zerrissenen Gesellschaft. Alle Macht lag in den Händen einiger Familien, die sich von den ursprünglichen Herren der Region herleiteten, und die Bauern und Handwerker waren – als Bürger zweiter Klasse – von der Regierung des Gemeinwesens ausgeschlossen. Eine immer größere Anzahl von Menschen, besonders die in Schuldknechtschaft geratenen Bauern, lebte in erschreckender Armut. Als das 6. Jahrhundert v. Chr. anbrach, war die Situation unerträglich geworden.

Auf der Suche nach einem Mann, der mutig und erfinderisch genug sein würde, die verfeindeten Stände miteinander auszusöhnen, ernannten die Athener den Feldherrn, Staatsmann und Dichter Solon zu ihrem höchsten Magistraten (Archon) und Schiedsmann. Zu den einschneidenden Maßnahmen, mit denen Solon den gefährdeten Staat zu

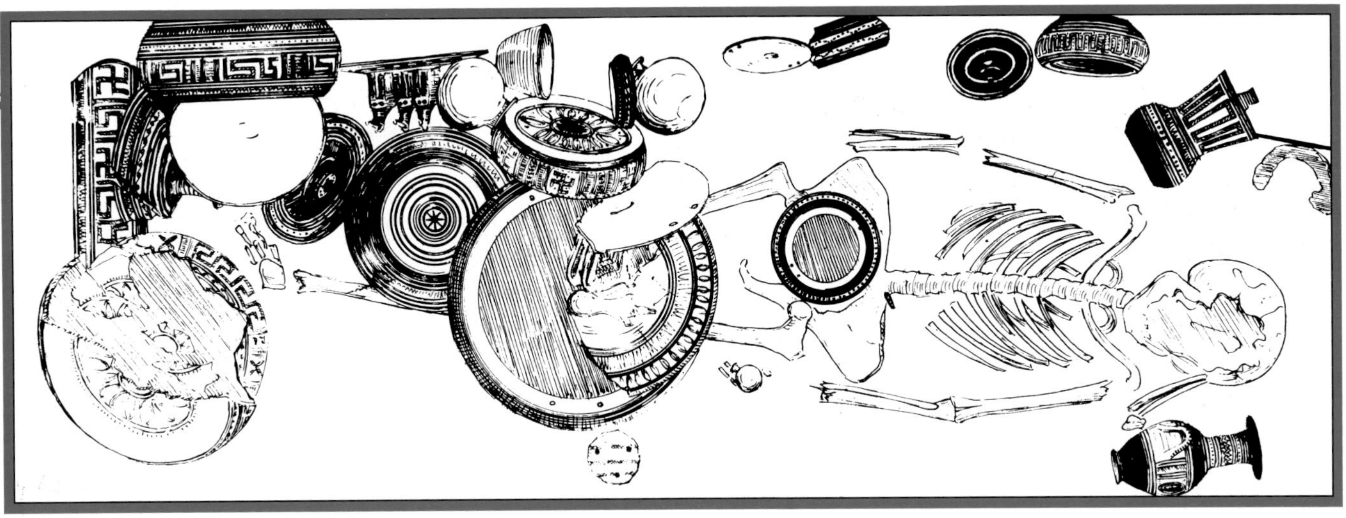

ordnen versuchte, gehörten die Aufhebung aller Staats- und Privatschulden, das Verbot der Schuldknechtschaft und die Schaffung neuer Gesetze, die unter anderem den Angehörigen aller vier – nach Einkommen unterschiedenen – Klassen das aktive, aber nur den drei oberen Klassen auch das passive Wahlrecht einräumten. Die Reformen blieben indes nicht lange in Kraft, nachdem Solon ins freiwillige Exil gegangen war, denn die Spannungen zwischen Armen und Reichen, Adligen und Bauern blieben bestehen und führten zu offenen Auseinandersetzungen. Das Wahlrecht wurde dadurch entwertet, daß in der Praxis nur für die vom Adel aufgestellten Kandidaten gestimmt wurde. Dennoch hatten Solons Reformen bei den Athenern eine einschneidende und bleibende Veränderung bewirkt: Sie hatten Gefallen an der Macht gefunden.

In den folgenden Jahren versuchten nacheinander mehrere Aristokraten, sich zu Alleinherrschern oder Tyrannen aufzuschwingen. Zu ihnen gehörte auch Peisistratos, der nach 570 v. Chr. die Macht in Athen an sich riß, es aber zunächst nicht schaffte, Ordnung in die chaotischen wirtschaftlichen Verhältnisse der Stadt zu bringen, und zweimal verbannt wurde. Erst ab etwa 545 v. Chr., nachdem er durch die Ausbeutung makedonischer Silberbergwerke genug Geld gesammelt hatte, um eine Söldnertruppe aufzustellen, konnte er sich endgültig durchsetzen. Einmal im Amt, sicherte Peisistratos die Handelswege, die Athen mit den Weizenfeldern am Schwarzen Meer und mit den anderen ökonomisch wichtigen Gebieten verbanden, und startete ein ehrgeiziges Programm zur Verschönerung der Stadt. Ausgrabungen haben Spuren seiner regen Bautätigkeit zutage gefördert, wozu unter anderem die Konstruktion eines Aquädukts, eines Dionysos-Heiligtums und eines gigantischen Tempels für den höchsten Gott Zeus gehörte.

„Zum ersten Mal seit der Zeit der mykenischen Paläste", erklärt Camp, „besaß Athen die zwei für die Entstehung monumentaler Kunst notwendigen Faktoren: eine starke zentralisierte Macht und Geld." Selbst wenn ihr eigentlicher Zweck darin bestand, das Ansehen des Tyrannen daheim und im Ausland zu mehren, erfüllten die neuen Bauwerke auch den einfachen Athener mit Stolz und festigten seine Identifikation mit dem Gemeinwesen. Bis zu seinem Tod im Jahre 528 v. Chr. förderte Peisistratos die materielle und geistige Modernisierung des Staates. Die Jahre seiner Herrschaft waren entscheidend für die Entwicklung der athenischen Wirtschaft und des Selbstbewußtseins der Stadt.

Daran, daß der Tyrann sich über dieses wachsende „athenische Nationalbewußtsein" im klaren war, kann kaum ein Zweifel bestehen. Die Historiker glauben im Gegenteil, daß es von Peisistratos gezielt als Mittel eingesetzt wurde, um die Macht der aristokratischen Familien zu brechen und die verschiedenen Stände und Interessengruppen der Stadt unter seiner Führung zu einigen. Tatsächlich lassen die zahlreichen der Athene geweihten Inschriften und Artefakte, die Archäologen in Tempeln aus dieser Zeit entdeckt haben, vermuten, daß der Aufstieg dieser Göttin zur Schutzpatronin der Stadt bewußt gesteuert wurde, um ihr einen festen Platz im religiösen Bewußtsein der Bevölkerung zu verschaffen. So konnte Peisistratos die traditionell mit den Adelsfamilien verbundenen Lokalgottheiten allmählich ihrer Macht entkleiden.

Riesige Pflastersteine markieren noch immer diesen Abschnitt der Panathenäenstraße, durch die Agora und Akropolis miteinander verbunden waren. Mehr als nur eine Verkehrsader, diente diese fast einen Kilometer lange Prachtstraße auch als Prozessionsweg bei großen öffentlichen Festen und religiösen Zeremonien.

Um die Verehrung Athenes und die Liebe zu ihrer Stadt zu einem integralen Bestandteil des athenischen Lebens zu machen, reorganisierte Peisistratos die Panathenäen, ein Fest zu Ehren der Göttin, das jährlich in kleinerem und alle vier Jahre in großem Umfang begangen wurde. Namentlich die aus diesem Anlaß veranstalteten Spiele wurden erheblich erweitert und schlossen bald außer den traditionellen sportlichen Wettkämpfen auch solche Disziplinen wie Fackellauf und eine im Hafen durchgeführte Regatta sowie Wettbewerbe in Musik, Tanz, Dicht- und Redekunst ein. Im Rahmen der Panathenäen fand eine feierliche Prozession von der Agora – die sich immer mehr zu einem Zentrum des politischen Lebens entwickelte – zur Akropolis statt. Als eine weitere Neuerung führte Peisistratos einen Wettbewerb der Tragödiendichter ein, der

Auf diesem Fragment des – heute im Britischen Museum befindlichen – Parthenonfrieses galoppieren Reiter anläßlich der Panathenäen die Panathenäenstraße entlang. Dieses Fest wurde zu Ehren der Stadtgöttin Athene abgehalten, und zwar als Große Panathenäen alle vier Jahre und in kleinerem Umfang alljährlich.

fortan im Rahmen der Großen Dionysien, eines Stadtfestes zu Ehren des Wein- und Fruchtbarkeitsgottes Dionysos, alljährlich durchgeführt wurde. Dies trug gleichfalls dazu bei, Athen zu einem bedeutenden kulturellen Zentrum zu machen.

Peisistratos' Söhnen Hipparchos und Hippias sollte es allerdings nicht gelingen, an die unbestreitbaren Erfolge des Vaters anzuknüpfen. Hipparchos wurde während der panathenäischen Prozession von 514 v. Chr. ermordet, was Hippias dazu veranlaßte, Athen praktisch in einen Polizeistaat zu verwandeln. Durch sein strenges Regime verlor er das Wohlwollen der Bevölkerung, auf das Peisistratos sich seinerzeit hatte stützen können, und 510 v. Chr. mußte er aus der Stadt fliehen.

Abermals versuchten die Adligen, die Macht an sich zu reißen, scheiterten aber am Widerstand, den ihnen Kleisthenes entgegensetzte – das Oberhaupt einer aristokratischen Familie, die schon Solon unterstützt hatte. Zwischen 506 und 500 v. Chr. schuf Kleisthenes den athenischen Staat neu: Er gab allen frei geborenen erwachsenen Männern das Recht zur Teilnahme an der Volksversammlung zurück und führte die von den Tyrannen abgeschaffte Ratsversammlung oder Bule wieder ein. Im Widerspruch zur aristokratischen Tradition wurden die 500 Mitglieder der Bule – je 50 Angehörige der 10 Phylen oder geographischen Unterteilungen des athenischen Staates – ohne Rücksicht auf ihre Abstammung durch Los bestimmt, wodurch Adlige und Gemeine zum ersten Mal politisch gleichgestellt wurden. Damit die Mitglieder des Rates der Fünfhundert keine persönlichen Vorteile aus ihrer Stellung ziehen konnten, durften sie ihr Amt höchstens zweimal – für jeweils ein Jahr – innehaben, und den Mitgliedern der Volksversammlung wurde das Recht eingeräumt, jeden Beamten, der als zu mächtig angesehen wurde, durch das Scherbengericht (Ostrakismos) zu verbannen.

Damit war die Demokratie geboren – die Herrschaft des *demos* oder Volkes. Im 4. Jahrhundert v. Chr. von Aristoteles als diejenige Regierungsform definiert, bei der „die Beamten unter allen Bürgern von allen Bürgern gewählt werden" und in der „alle über jeden herrschen sollten und jeder wiederum über alle", sollte dieses System Attika in den nächsten 200 Jahren gute Dienste leisten; doch bereits Anfang des 5. Jahrhunderts v. Chr. wurde es auf seine erste schwere Probe gestellt.

Zu dieser Zeit befand sich fast die Hälfte der griechisch sprechenden Welt – ganz Kleinasien und die Nordküste der Ägäis bis hin nach Makedonien – unter persischer Herrschaft. Die griechische Oberschicht, der dadurch gewaltige Mengen an Steuergeldern verlorengingen, stachelte die Städte des Ostens zur Rebellion auf, und Athen sowie Eretria auf der Insel Euböa gingen sogar so weit, eigene Truppen gegen Sardis, die ehemalige Hauptstadt von Lydien, zu entsenden. Erzürnt über diese Einmischung, ließ der persische König Dareios Milet, die ionische Stadt, in der die Revolte ihren Anfang genommen hatte, zerstören und schickte ein riesiges Heer gegen Griechenland aus.

Nachdem sie im Sommer 490 v. Chr. Eretria verwüstet hatten, landeten die Perser bei Marathon, an der Ostküste Attikas, und bereiteten sich auf den vermeintlich unproblematischen entscheidenden Angriff auf das rund 40 Kilometer entfernte Athen vor. Doch ehe die Invasoren auch nur losmarschieren konnten, wurden sie von einem zahlenmäßig weit unterlegenen, aber äußerst motivierten athenischen Heer gestellt und in einer blutigen Schlacht geschlagen.

Der Sieg verschaffte dem demokratischen Athen plötzlich eine Vormachtstellung innerhalb der griechischen Welt und ließ andere Stadtstaaten – darunter auch Sparta, seit Mitte des 6. Jahrhunderts v. Chr. die größte Polis im südlichen Griechenland – an Bedeutung verlieren. Als konservativer Kriegerstaat hatte Sparta Athens politische Experimente von jeher mit Argwohn beobachtet. Daß die Stadt jetzt durch ihren Sieg bei Marathon zur wichtigsten Militärmacht Griechenlands wurde, löste in Sparta starke Ressentiments aus, die jahrzehntelang schwelten und schließlich den Peloponnesischen Krieg entfachten – ein Kräftemessen zwischen den zwei Stadtstaaten, das von 432 bis 404 v. Chr. andauerte und mit Athens Unterwerfung endete.

Doch einstweilen lachte Athen das Glück. Dank der im ganzen östlichen Mittelmeerraum steigenden Nachfrage nach seinem Olivenöl und anderen Produkten erlebte seine Wirtschaft einen gewaltigen Aufschwung, wozu ein stetiger Strom von Silber aus Laureion, wo man 483 v. Chr. auf eine ergiebige Ader gestoßen war, beitrug. Die Volksversammlung erörterte die Frage, ob die Überschüsse zu 10-Drachmen-Stücken gemünzt und unter die

DER ZUFALL ALS GARANT DER GERECHTIGKEIT

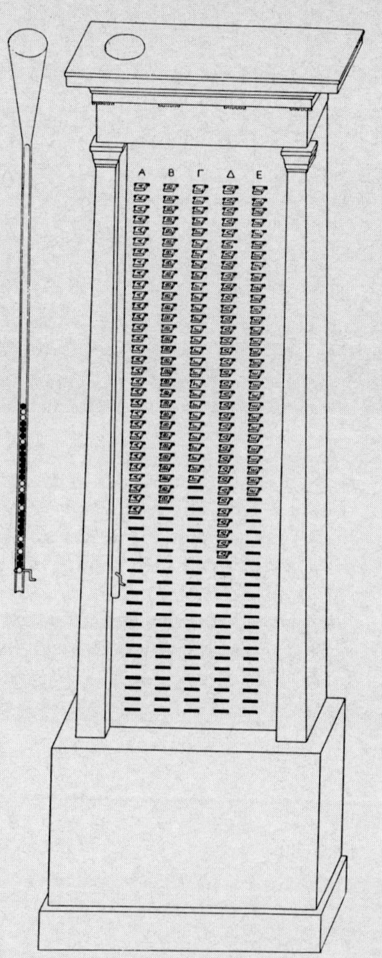

Von allen öffentlichen Aufgaben, mit denen ein Athener Bürger betraut werden konnte, waren wenige von größerer Wichtigkeit für die Erhaltung der Demokratie als die Pflichten eines Geschworenen. Die Athener ersannen deshalb eine raffinierte Methode, um sicherzustellen, daß die Geschworenen durch den Zufall bestimmt wurden und daß sie aus allen zehn geographisch-administrativen Unterteilungen der Polis kamen – den sogenannten Phylen oder „Stäm-

men", die der Staatsmann Kleisthenes gegen Ende des 6. Jahrhunderts v. Chr. an Stelle des alten erblichen Gentilsystems eingeführt hatte.

Die athenischen Jurys bestanden aus mindestens 201 und höchstens 2500 Männern. (Frauen hatten im öffentlichen Leben weder die gleichen Rechte noch die gleichen Pflichten wie Männer.) Jedes Jahr erhielt jeder potentielle Geschworene ein Bronzeplättchen, das *pinakion (unten)*, auf dem sein und seines Vaters Name sowie sein *demos*, seine Heimatgemeinde, geschrieben standen. Am Tag der Verhandlung erschien er bei Gericht, wo zehn Körbe für die zehn athenischen Stämme aufgestellt waren, und legte sein Plättchen in den seiner Phyle entsprechenden Behälter. Ein Beamter steckte dann die Plättchen aus dem ersten Korb in die erste Kolumne von Schlitzen eines hölzernen Apparates, wie er links abgebildet ist. (In der Praxis standen zwei „Wahlurnen" nebeneinander, so daß es für jede Phyle eine Kolumne von Schlitzen gab.) Die Plättchen des zweiten Korbes wurden in die zweite Spalte gesteckt und so weiter.

Seitlich an der Maschine war ein Bronzerohr mit einem aufgesetzten Trichter befestigt. In diesen schüttete der Beamte nun eine bestimmte Anzahl weißer und schwarzer Murmeln, die ungeordnet in das Rohr fielen. Drehte der Beamte jetzt an der Kurbel, die sich am unteren Ende des Rohrs befand, fiel jeweils eine Murmel heraus: Kam eine weiße zum Vorschein, so wurden die zehn Bürger, deren Namensplaketten in der ersten (waagerechten) Reihe von Schlitzen steckten, in die Jury aufgenommen; fiel dagegen eine schwarze heraus, waren die Bürger der jeweiligen Reihe für diesen Tag entlassen. Der Beamte kurbelte weiter einzelne weiße und schwarze Kügelchen hervor, bis die erforderliche Anzahl von Geschworenen erreicht war und die Erörterung des aktuellen Falls beginnen konnte. Auf diese Weise bemühten sich die Athener um Unparteilichkeit bei Gerichtsverhandlungen.

Bürger verteilt werden sollten. Aber Themistokles, einer der höchsten Beamten der Stadt und eine ihrer faszinierendsten Gestalten, überzeugte die Athener, ihren Reichtum für einen praktischeren Zweck zu verwenden: Sie bauten eine Flotte von Trieren – kleinen, tüchtigen Kriegsschiffen mit Segeln für lange Fahrten und drei Doppelreihen von Rudern für schnelle Manöver während der Schlacht *(S. 94 – 95)*.

Themistokles' Schiffbauprogramm erwies sich als eine kluge Maßnahme, denn von den jenseitigen Ufern der Ägäis drohte neue Gefahr. Gestützt auf die größte Streitmacht, die die Welt bis dahin gesehen hatte, wollte Xerxes, der neue persische König, seines Vaters Niederlage bei Marathon rächen. Im Jahre 480 v. Chr. strömte seine Armee – die außer Persern auch Meder, Baktrier, Inder, Äthiopier und ionische Griechen umfaßte – durch Makedonien und Thrakien und marschierte, eskortiert von einer riesigen Flotte phönikischer, zyprischer, ägyptischer und anderer Kriegsschiffe, entlang der thessalischen Küste gen Süden.

Trotz heroischen Widerstands durch die Spartaner, die eingewilligt hatten, ihre Differenzen mit den Athenern vorerst zu begraben und dem gemeinsamen Feind vereint entgegenzutreten, bedrohten die Perser schon bald Athen. Auf das Schlimmste gefaßt, verließen die Bewohner ihre Stadt und schickten ihre zahlenmäßig hoffnungslos unterlegene Flotte zu einem Ankerplatz bei Salamis, einer nahegelegenen Insel im Saronischen Golf. Siegesgewiß ließ Xerxes seinen Thron am Meeresufer aufstellen, um in aller Ruhe zusehen zu können, wie seine Kriegsschiffe die Athener in den engen Sund zwischen der Insel und dem Festland jagten, aber die folgende Schlacht verlief nicht gemäß seinen Erwartungen. Weit davon entfernt zu siegen, wurde die persische Flotte schmählich in die Flucht geschlagen. Und um die Sache noch weiter zu verschlimmern, erlitt ein Heer, das für den Winter zurückgelassen worden war, im folgenden Jahr bei Plataiai ein ähnliches Schicksal.

Bei aller Freude müssen die Siegesfeiern der Athener von Trauer überschattet gewesen sein, denn die Invasoren hatten die Stadt fast vollständig in Schutt und Asche gelegt. „Von der Stadtmauer standen nur noch vereinzelte kürzere Abschnitte", berichtet der Historiker Thukydides, „und die meisten Häuser waren nur noch bloße Ruinen; einzig die wenigen, in denen die persischen Generäle ihr Quartier bezogen hatten, waren unversehrt geblieben." Auch auf der Akropolis erwartete die Athener ein Bild der Verwüstung: Ihre Tempel, Heiligtümer und Götterbilder waren zerschlagen und entweiht worden. Fest entschlossen, die Ruinen nicht wieder aufzubauen, sondern sie als ein Mahnmal an die Untat der gottlosen Barbaren so zu belassen, begruben die Athener ehrfurchtsvoll die heiligen Trümmer *(S. 34 – 35)*.

Unter den auf diese Weise „bestatteten" Stücken befanden sich auch 14 meisterhaft skulptierte marmorne Koren, die im Jahre 1886 von

Diese Wahlurne aus Terrakotta – sie diente bei athenischen Gerichtsverhandlungen dazu, das Urteil der Geschworenen zu ermitteln – enthielt, als sie auf der Agora entdeckt wurde, noch sechs bronzene „Stimmzettel". Wie oben zu sehen, wiesen diese Metallscheibchen kurze Achsen auf, von denen manche hohl und manche massiv waren. Indem er ein hohles Stimmplättchen in die Urne warf, stimmte der Geschworene für „schuldig"; ein massives bedeutete dagegen eine Stimme zugunsten des Angeklagten.

Mitarbeitern der Griechischen Archäologischen Gesellschaft gefunden wurden. Ende des 6. Jahrhunderts v. Chr. entstanden, waren die Mädchenstatuen offenbar mit großer Sorgfalt begraben worden, denn als die Archäologen sie entdeckten, lagen sie wie schlafend nebeneinander. Ihre kunstvoll gekräuselten Frisuren und faltenreichen Peplen (der Peplos war das ärmellose Frauengewand) hatten selbst nach 2300 Jahren unter der Erde nichts von ihren klaren Formen eingebüßt, und an den Rändern der Gewänder hafteten noch Reste grüner, dunkelroter und goldfarbener Bemalung.

Themistokles ließ seine Mitbürger rasch andere Teile der Stadt wieder aufbauen. Im Jahre 479 v. Chr. errichteten sie beispielsweise eine feste Mauer um ganz Athen. Überreste dieser Anlage hat man beim Dipylon entdeckt, dem im Nordwesten der Agora gelegenen Haupttor. Auch wenn man den Wall in aller Eile aus den eben verfügbaren Steinblöcken und selbst aus Grabdenkmälern aufgehäuft hatte, war er so breit, „daß zwei Wagenkolonnen, die das Baumaterial herbeischafften, darauf aneinander vorbeifahren konnten" – womit er für jeden Angreifer ein fast unüberwindliches Hindernis darstellte. Später, um die Mitte des Jahrhunderts, wurden zwischen dieser Themistokleischen Stadtbefestigung und einer ähnlichen Wallanlage um den neun Kilometer entfernten Hafen Piräus zwei parallele Mauern gebaut.

Daß die Langen Mauern, wie dieses Bollwerk genannt wurde, die Verbindung zwischen Stadt und Hafen und damit den Zugang zum Meer sicherten, war äußerst wichtig, denn durch den Sieg bei Salamis stieg Athen zur führenden Seemacht in der griechischen Welt auf. Diese Stellung brachte der Stadt nicht nur nie dagewesenen Wohlstand, sondern hatte auch eine Reihe politischer Konsequenzen, aber keine war so wichtig wie der Schutz gegen mögliche weitere Angriffe. Zu diesem Zweck schlossen sich 477 v. Chr. Athen und zahlreiche andere Städte zu einer Allianz gegen Persien zusammen: dem (Attisch-)Delischen Seebund, so genannt nach der Ägäisinsel Delos, wo der Bundesrat tagte und die Bundeskasse aufbewahrt wurde. Vor die Alternative gestellt, entweder Schiffe oder Geld beizusteuern, entschieden sich die meisten Stadtstaaten für letzteres – mit dem Ergebnis, daß Athen, dessen Trieren das Rückgrat des Bundes bildeten, immer reicher und mächtiger wurde, während die persische Bedrohung immer mehr an Bedeutung verlor. Als die Bundeskasse 454 v. Chr. nach Athen transferiert wurde, war aus der Allianz fast ein Imperium geworden.

Über 100 beschriftete Steinfragmente, die man auf der Akropolis ausgrub, vermitteln einen Eindruck vom Reichtum, der zu dieser Zeit nach Athen strömte. Die 1927 von zwei amerikanischen Gelehrten wieder zusammengesetzten Bruchstücke ergaben eine Serie von Marmortafeln oder -stelen, in die die Abrechnungen des Schatzhauses der Athene für die Jahre 454 bis 414 v. Chr. eingemeißelt waren. Die Einkünfte der Göttin hatten ein Sechzigstel der von den Bundesgenossen als Gegenleistung für ihren Schutz an Athen entrichteten Summe betragen. Die „Hauptbücher" zeigen, daß 265 Städte Tribut leisten sollten, daß aber jährlich nur 50 bis 65 Prozent von ihnen tatsächlich zahlten.

Der Mann, der Athen in dieser Zeit des Überflusses regierte, war Perikles, ein junger Aristokrat und Stratege (einer der zehn von der Volksversammlung gewählten obersten Befehlshaber der athenischen Streitkräfte), dessen Macht und Einfluß weit über die Grenzen seines eigentlichen Amtes hinausgingen. Unter ihm erreichten die demokratischen Reformen seines Großonkels Kleisthenes ihren vollkommensten Ausdruck: Alle noch verbliebenen ökonomischen Schranken, die den Zutritt zu öffentlichen Ämtern erschwert hatten, wurden abgebaut, und zum ersten Mal erhielten Bürger für die Wahrnehmung solcher Ämter Tagegelder. Fortan mußte kein Handwerker oder Arbeiter, der am Volksgericht oder an einer Sitzung der Bule teilnahm, Einkommenseinbußen erleiden. Doch was Perikles den vielleicht größten Nachruhm verschaffte, war sein großzügiges Bauprogramm – das er allerdings auf fragwürdige Weise finanzierte.

Unbekümmert um die Einwände, Athen sei zwar „dem Namen nach eine Demokratie, praktisch aber werde es von seinem ersten Bürger regiert", noch um die Klagen der alliierten Stadtstaaten, die Athener mißbrauchten ungeniert ihr Amt als Schatzmeister, verwendete Perikles die Bundesgelder, um Paläste, kolonnadengesäumte Marktplätze, Theater und Gymnasien in und um Athen errichten zu lassen. Die Gesamtleitung dieser Baumaßnahmen übertrug er dem berühmten Bildhauer Phidias und

Diese „ostraka" oder Tonscherben wurden von den Athenern beim Ostrakismos (dem Scherbengericht) verwendet, der eine Volksabstimmung über die zehnjährige Verbannung potentieller Tyrannen oder deren Anhänger war. Wenn die Bürger sich zu einer solchen Abstimmung versammelten, brachte jeder eine Tonscherbe mit dem Namen der Person mit, die er verbannen wollte. Das linke „ostrakon" trägt den Namen des Staatsmannes Perikles; das rechte nennt einen Thukydides – möglicherweise den Großvater des großen Historikers gleichen Namens.

stellte dann die größten Architekten seiner Zeit an, um die Akropolis – entgegen dem früheren Gelübde, die Ruinenstätte in ihrem Zustand zu belassen – in ein Weltwunder zu verwandeln.

An die Stelle eines schlichteren archaischen Eingangs, von dem Archäologen einige Überreste am Westende der Akropolis gefunden haben, wurde ein monumentaler Torbau errichtet, die Propyläen. Diese Anlage wies eine für Wagen befahrbare Straße auf, ein rund sieben Meter hohes und vier Meter breites Haupttor und Seitenflügel mit vorgelegten Säulenhallen. Die Marmordecke, berichtete der Reisende Pausanias im 2. Jahrhundert n. Chr., war kassettiert und mit funkelnden Goldsternen auf blauem Grund übersät. Etwa 40 Meter östlich von den Propyläen und fast in gerader Linie mit deren mittlerem Durchgang erhob sich eine von Phidias zum Gedenken an den Sieg bei Marathon zwischen 465 und 455 v. Chr. geschaffene kolossale Bronzestatue der Athene. Leider gelangte die als Athena Promachos (Vorkämpferin Athene) bekannte Figur später offenbar nach Konstantinopel, wo sie zerstört wurde. Man weiß nur, daß sie auf einem Sockel stand – von dem noch Fragmente erhalten sind –, einen Helm trug und Schild und Lanze hielt. Nach Auskunft des Pausanias war die Athenestatue so hoch, daß man von Schiffen auf Höhe des

EINE MODERNE TRIERE STICHT IN SEE

Wie ein Geisterschiff tauchte Ende der achtziger Jahre ein seltsames Fahrzeug *(rechts)* in den Gewässern südlich von Athen auf. Tatsächlich handelte es sich dabei um einen modernen Nachbau eines antiken griechischen Kriegsschiffs – einer Triere

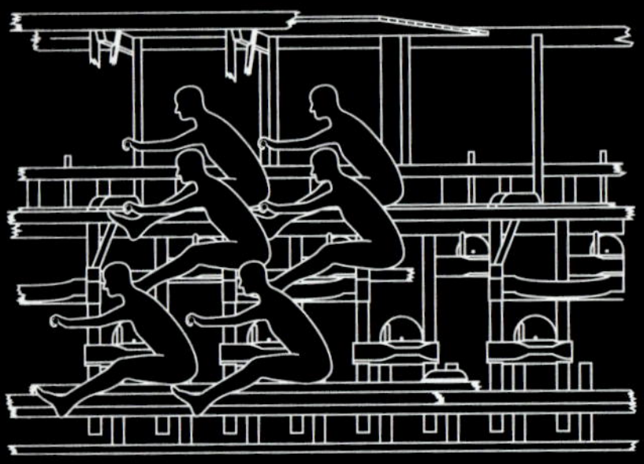

(Dreiruderer), so genannt nach den drei Reihen von Rudern, die sie auf jeder Seite aufwies.

Schnell, wendig und gefährlich, hatten diese schlanken Schiffe jahrhundertelang die athenische Demokratie verteidigt. Doch detaillierte Beschreibungen einer Triere sind nicht erhalten, und Überreste wurden bisher nicht entdeckt. Lange Zeit konnten die Historiker – gestützt auf bruchstückhafte zeitgenössische Berichte und Darstellungen auf Münzen, Reliefs und Vasen – lediglich Vermutungen darüber anstellen, wie diese Fahrzeuge tatsächlich konstruiert waren. Namentlich die Frage, ob die Ruderer in drei Reihen übereinan-

Kaps Sunion aus – also aus fast 60 Kilometer Entfernung – den Helmbusch und die Lanzenspitze der Göttin in der Sonne funkeln sah.

Rund 50 Meter östlich von der Statue, an der Stelle, wo sieben Jahrhunderte früher, in mykenischer Zeit, der Palast des Herrschers von Athen gestanden hatte, beschloß Perikles, einen eleganten Tempel errichten zu lassen – das Erechtheion. Zugleich dem Zeus, dem Poseidon und dem Schmiedegott Hephaistos geweiht, beherbergte das – erst nach Perikles' Tod fertiggestellte – Heiligtum auch das alte hölzerne Kultbild der Athene und wies eine Reihe architektonischer Besonderheiten auf, darunter zwei eigenständige Säulenhallen am Westende. Öffnungen in der Decke und im Fußboden der Nordhalle markierten die Stelle, an der nach alter Überlieferung Poseidons Dreizack ein Mal hinterlassen hatte. In der Südhalle dienten sechs wunderbar skulptierte Koren als Gebälkträgerinnen. Die durch den Faltenwurf ihrer Gewänder und ihre Haltung (drei stützen ihr Gewicht auf den rechten, drei auf den linken Fuß) individuell gestalteten Mädchenstatuen blickten alle nach Süden, auf das Kronjuwel der perikleischen Akropolis: den prachtvollen Athenetempel.

Kallikrates, der bereits am Bau der Langen Mauern mitgewirkt hatte, und Iktinos, der Schöpfer des Apollontempels in Bassai, errichteten das Heiligtum über dem Südhang des Akropolishügels. Das Herzstück des Athenetempels, die rechteckige Cella, war in zwei Räume auf-

der saßen oder ob jeweils drei Männer einen Riemen bedienten, ließ sich nicht mit Sicherheit beantworten.

1982 gründeten drei Briten – der Schriftsteller Frank Welsh, der Altphilologe John Morrison und der Schiffbauer John Coates – den „Trireme Trust" mit dem Ziel, eines dieser rätselhaften Schiffe nachzubauen und praktisch zu testen. Einer ihrer ersten Schritte bestand darin, anhand eines Modells in Originalgröße das Rudersystem des antiken Kriegsschiffs zu ermitteln. Sie kamen zu dem Ergebnis, daß ausschließlich gleich lange Riemen verwendet worden waren und daß die Ruderer in der auf der Zeichnung ganz links dargestellten Anordnung gesessen haben mußten. Nachdem der „Trust" sein Modell vorgeführt hatte, erklärte sich die griechische Regierung bereit, den Bau einer Triere zu finanzieren.

Die Arbeiten begannen 1985 auf einer Bootswerft in der Nähe der Hafenstadt Piräus. Soweit es irgend möglich war, bediente man sich dabei der gleichen Techniken und Materialien wie die antiken Schiffbauer – so wurden unter anderem 17 000 handgeschmiedete Eisennägel und 22 000 Eichenholzdübel verwendet. Die Kiefernbeplankung stammte allerdings aus Oregon; mediterrane Kiefern wachsen heutzutage nicht mehr so hoch und gerade. Und während der Rumpf antiker Trieren durch zwei zwischen Vorder- und Achtersteven gespannte Hanftaue zusätzliche Festigkeit erhielt, benutzte man nun Seile aus reißfesten Kunstfasern.

1987 stach die – 36 Meter lange und 6 Meter breite – Triere erstmals in See, und im Jahr darauf wurde sie auf den Namen *Olympias* getauft und der griechischen Flotte eingegliedert. Spätere Fahrten haben ergeben, daß das Schiff bei Einsatz aller 170 Ruderer eine Reisegeschwindigkeit von fünfeinhalb Knoten erreicht. Die Spitzengeschwindigkeit – mit der in der Antike bei den Seeschlachten der bronzene Rammsporn *(unten)* eingesetzt wurde – beträgt etwa zehn Knoten.

geteilt. Der Name der westlichen Kammer – Parthenon (Jungfrauengemach) – wurde bereits im 4. Jahrhundert v. Chr. auf den gesamten Bau bezogen. Man vermutet, daß dieser Westraum ursprünglich als Priesterwohnung diente, aber schon bald zum Schatzhaus des athenischen Imperiums wurde. Der Ostraum, der größere von beiden, beherbergte eine weitere Plastik des Phidias, die zwölf Meter hohe, mit gehämmertem Goldblech und Elfenbein verkleidete Holzstatue der Athena Parthenos (der jungfräulichen Athene). Wie die Bronzestatue wurde auch diese Skulptur in späterer Zeit nach Konstantinopel gebracht und ist seither verschollen. Aus Darstellungen auf antiken Münzen, römischen Kopien und zahlreichen literarischen Quellen weiß man allerdings, daß Phidias die Göttin als behelmte Kriegerin darstellte. In ihrer linken Hand hielt sie Lanze und Schild und in ihrer rechten eine überlebensgroße Nike, die geflügelte Siegesgöttin.

Ein 160 Meter langer, fortlaufender Fries mit einer Darstellung der Panathenäen-Prozession zog sich über die Außenmauern der Cella. Der Festzug mit über 200 reliefierten Einzelgestalten – Reitern, Wagenlenkern, Musikern, Stadtältesten, Mädchen mit Weihegaben, Amphorenträgern, Opfertieren – begann über einer engen Säulenhalle am Westende des Gebäudes, verlief über die Nord- und die Südmauer in östlicher Richtung und erreichte zuletzt die Götterversammlung, die über einer zweiten Säulenhalle am Ostende der Cella skulptiert zu sehen war.

Vierundsechzig Säulen mit einem Durchmesser von über 1,80 Metern an der Basis und einer Höhe von 10,43 Metern umgaben den Tempel und trugen sein Giebeldach, machten es aber auch nahezu unmöglich, den Fries der Cella von außerhalb des Parthenons zu betrachten. Das auf den Säulen ruhende Gebälk schmückten 92 reliefierte Metopen mit Darstellungen der Schlacht bei Marathon, des Kampfes der Götter gegen die Giganten, des Trojanischen Krieges und anderem mehr. Im Wechsel mit den Metopen waren sogenannte Triglyphen – mit zwei senkrechten Furchen verzierte Steinplatten – angebracht.

Die zwei dreieckigen Giebelfelder an der Front- und Rückseite des Tempels füllten je rund 20 überlebensgroße Skulpturen. Wie Pausanias berichtet, war auf dem Ostgiebel die Geburt der Athene und auf dem Westgiebel der Streit zwischen der Göttin und Poseidon um das attische Land dargestellt. Wie die Archäologen von Heiligtümern wie dem Zeustempel in Olympia her wissen, wandten die antiken Bildhauer selten viel Mühe an die Ausgestaltung der – von unten ohnehin nicht sichtbaren – Rückseite solcher Giebelskulpturen; die des Parthenons

Die unten auf einem türkischen Manuskript abgebildete Schlangensäule aus vergoldeter Bronze wurde nach dem Sieg der Griechen über die Perser bei Plataiai (479 v. Chr.) in Delphi aufgestellt. Ein Fragment der im 4. Jahrhundert n. Chr. nach Konstantinopel gebrachten Säule (links) steht noch als Brunnen in Istanbul. Einer der Schlangenköpfe (oben) befindet sich in einem Istanbuler Museum.

aber wurden sorgfältig ausgeführt. Am erstaunlichsten war nach der Aussage des Plutarch die Geschwindigkeit, mit der die Hauptgebäude der Akropolis fertiggestellt wurden. „Ein jedes von ihnen, so glaubten die Menschen, hätte zu seiner Vollendung die Arbeit mehrerer Generationen erfordert", schrieb er, „aber sie wurden alle während der Regierungszeit eines einzigen Mannes vollendet." Dies läßt sich auch an den jährlichen Abrechnungen ablesen. In Steinplatten gemeißelt, von denen einzelne Fragmente erhalten sind, offenbaren diese „Belege", daß die Zahlungen für den Abbau von Marmor auf dem – rund 15 Kilometer entfernten – Pentelikon und für den Transport zur Akropolis 447 v. Chr. begannen. Die Säulen des Parthenons werden in der Abrechnung für das Jahr 441 erwähnt, woraus man schließen kann, daß die Arbeiten an der umlaufenden Säulenhalle (Peristase) schon angefangen hatten. Bereits drei Jahre später, 438 v. Chr., wurde Phidias' Goldelfenbeinstatue der göttlichen Jungfrau geweiht. Zu dem Zeitpunkt, meinen die Wissenschaftler, muß Athene ja ein Dach über dem Kopf gehabt haben, und der die Cella umlaufende Fries sowie die Metopen müssen fertig und auch schon installiert gewesen sein.

Ähnliche Inschriften, die man im 18. und 19. Jahrhundert auf der Akropolis fand, beweisen, daß das gewaltige Projekt nur durch eine hohe Zahl von Künstlern und Arbeitern in so kurzer Zeit vollendet werden konnte. Außer den im Jahre 409 v. Chr. für den Bau des Erechtheions angefallenen Kosten – für Tieropfer und Blattgold, Blei, Stützen, Abflußrohre und anderes mehr – listen die Abrechnungen Zahlungen an Angehörige der verschiedensten Berufsgruppen auf: Zimmerleute, Steinmetze, Bildhauer, Vergolder, Farbeimerträger und Flaschenzugbediener. Bürger, ortsansässige Ausländer und Sklaven arbeiteten Seite an Seite und erhielten die gleiche Bezahlung für die gleiche Tätigkeit.

Auch die unterschiedlichen Stile, die sich namentlich an den Skulpturen des Parthenonfrieses feststellen lassen, verraten, wie viele Bildhauer dort unter Phidias' wachsamen Augen gearbeitet haben müssen. Während ein Künstler Pferde grundsätzlich mit bürstenartig gestutzter Mähne darstellte, gab ein anderer seinen Rossen eine detailliert ausgeführte, im Wind flatternde Haarpracht. Einzelne Figuren am Tempel verraten die Eile, mit der das Projekt durchgeführt wurde. Am Westgiebel beispielsweise scheint ein Bildhauer den für einen Pferdekopf zur

Verfügung stehenden Platz überschätzt zu haben. Damit das Stück sich einpassen ließ, mußte ein Steinmetz offenbar hier und da etwas Marmor vom Kopf weghämmern.

Solche kleineren Mängel ändern jedoch nichts an der atemberaubenden technischen Präzision, die die Erbauer insgesamt erreichten – und die unzählige Besucher im 19. Jahrhundert dem Tempel bescheinigten. Einer von ihnen war ein 28jähriger britischer Architekt, Geodät und Antiquitätensammler namens Francis Cranmer Penrose, der 1845 die erste exakte Vermessung des Parthenons durchführte. Eines der vielen „Wunder", die er auf diese Weise erkannte, war die Tatsache, daß der Stylobat – die rechteckige steinerne Plattform, auf der die Säulen des Tempels stehen – nicht eben, sondern leicht gewölbt ist. Sein Mittelpunkt liegt nämlich rund 23 Zentimeter höher als seine Ecken. Diese Kurvatur, wie das architektonische Phänomen bezeichnet wird, verleiht dem dorischen Tempel ein trotz aller Schwere dynamisches, aufwärtsstrebendes Aussehen.

Penrose stellte weiterhin fest, daß die Säulen des Parthenons nicht senkrecht stehen, sondern sich leicht nach innen neigen. Dies war bereits 2000 Jahre früher dem berühmten römischen Ingenieur und Architekten Vitruv aufgefallen, der bemerkte, die Neigung trage zum ehrfurchtgebietenden, felsenfesten Eindruck bei, den der Tempel vermittle. Doch vor Penrose hätte sich niemand vorstellen können, mit welch subtilen Mitteln diese Wirkung erzielt worden war, denn die Säulen weichen nur sechs Zentimeter von der Vertikalen ab. Nach oben verlängert, würden sie sich zweieinhalb Kilometer über dem Erdboden treffen.

Auch die Gestalt der Säulen ist bemerkenswert. Da vollkommen gerade, zylindrische Säulen aus der Ferne konkav wirken könnten, machte man sie leicht zigarrenförmig, das heißt, sie beginnen sich bei zwei Fünfteln ihrer Länge zu verjüngen. Solche ästhetischen Feinheiten verraten das erstaunliche Können der antiken Baumeister, die ja nur die einfachsten Werkzeuge besaßen – Schnur, Senkblei, Wasserwaage, Winkelmaß und vielleicht ein langes, zusammenklappbares Holzlineal.

Die kühne Neugestaltung der Akropolis war ein vollkommener Ausdruck der Größe Athens im Perikleischen Zeitalter – seines Reichtums und seiner Macht, seiner Eleganz und Verfeinerung, seines Stolzes und seines Zusammenhalts. Und im Laufe der Zeit stifteten Potentaten aus der gesamten griechischen Welt dort Altäre und Götterbilder.

Unmittelbar südöstlich der Propyläen befand sich beispielsweise eine 38 Meter lange Säulenhalle, die eine Artemisstatue des berühmten Bildhauers Praxiteles beherbergte. Unweit davon stand zeitgenössischen Berichten zufolge ein bronzenes Trojanisches Pferd komplett mit winzigen Griechen, die von innen herausschauten. Und nach Auskunft des Pausanias überragten zwei weitere Figuren eine in den Fels gehauene

Dieses im 19. Jahrhundert entstandene Aquarell des französischen Künstlers Alexis Paccard stellt eine Ecke des Parthenons dar, wie er zur Blütezeit Athens ausgesehen haben könnte. Wie man heute allerdings weiß, waren die Skulpturen, anders als auf Paccards Bild, mit leuchtenden Farben bemalt, wodurch sie sich stärker von ihrem Hintergrund abhoben.

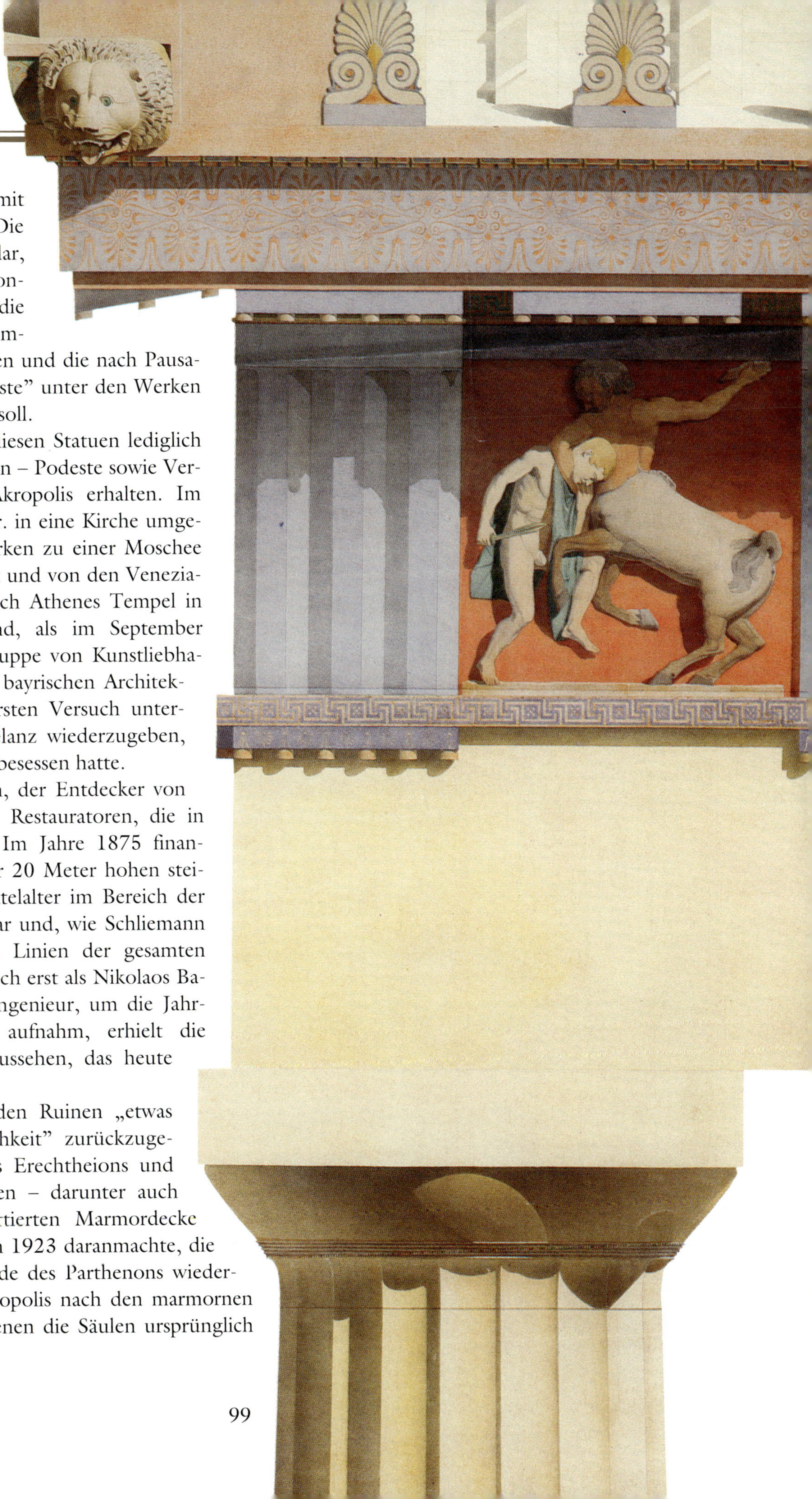

Straße, die das Erechtheion mit den Propyläen verband: Die eine stellte Perikles selbst dar, und die andere war eine bronzene Athene des Phidias, die die Bewohner der Ägäisinsel Lemnos in Auftrag gegeben hatten und die nach Pausanias' Urteil „das sehenswerteste" unter den Werken dieses Meisters gewesen sein soll.

Leider sind von all diesen Statuen lediglich die – teilweise unvollständigen – Podeste sowie Vertiefungen im Boden der Akropolis erhalten. Im späten 6. Jahrhundert n. Chr. in eine Kirche umgewandelt, später von den Türken zu einer Moschee und einer Festung umgebaut und von den Venezianern bombardiert, befand sich Athenes Tempel in einem erbärmlichen Zustand, als im September 1834 eine internationale Gruppe von Kunstliebhabern unter der Leitung des bayrischen Architekten Leo von Klenze den ersten Versuch unternahm, der Akropolis den Glanz wiederzugeben, den sie zur Zeit des Perikles besessen hatte.

Heinrich Schliemann, der Entdecker von Troja, war einer der vielen Restauratoren, die in Klenzes Fußstapfen traten. Im Jahre 1875 finanzierte er den Abriß des über 20 Meter hohen steinernen Turmes, der im Mittelalter im Bereich der Propyläen erbaut worden war und, wie Schliemann meinte, „die harmonischen Linien der gesamten Akropolis verunstaltete". Doch erst als Nikolaos Balanos, ein griechischer Bauingenieur, um die Jahrhundertwende die Arbeit aufnahm, erhielt die Akropolis allmählich das Aussehen, das heute der ganzen Welt vertraut ist.

In der Hoffnung, den Ruinen „etwas von ihrer einstigen Herrlichkeit" zurückzugeben, ließ Balanos Teile des Erechtheions und der Propyläen rekonstruieren – darunter auch einen Abschnitt der kassettierten Marmordecke des Torbaus –, bevor er sich 1923 daranmachte, die Nord- und die Südkolonnade des Parthenons wiederherzustellen. Als er die Akropolis nach den marmornen Trommeln absuchte, aus denen die Säulen ursprünglich

DER VERGANGENHEIT EINE ZUKUNFT GEBEN

Die alten Griechen brauchten ungefähr 15 Jahre, um den Parthenon zu vollenden, den großen Tempel, der die Athener Akropolis bekrönt *(ganz rechts)*. Beträchtlich länger werden die gegenwärtigen Konservierungs- und Restaurationsarbeiten zur Rettung dieses herrlichen Bauwerks dauern.

Angeregt wurde das Projekt durch einen 1971 veröffentlichten Bericht der UNESCO, dem zufolge der Parthenon und drei benachbarte Gebäude – das Erechtheion, die Propyläen und der Niketempel – infolge natürlicher Alterungserscheinungen, früherer unsachgemäßer Restaurierungsversuche und der heutigen Luftverschmutzung einsturzgefährdet seien. Vier Jahre später setzte die griechische Regierung ein „Komitee für die Erhaltung der Akropolis-Denkmäler" ein und übergab ihm die Leitung der Maßnahmen zur Rettung dieser Kulturgüter der Menschheit.

Eine Schlüsselposition innerhalb des Projektes nimmt der Architekt Manolis Korres *(rechts oben)* ein, der gegenwärtig die Restaurierung des Parthenons leitet. Er wirkte bereits an der Konservierung des Erechtheions mit, dessen weltberühmte Koren durch Umwelteinflüsse schwerste Schäden davongetragen hatten. Die durch Beton-Nachbildungen ersetzten Originale stehen heute (mit Ausnahme des einen, das Lord Elgin nach London schaffen ließ) im Akropolis-Museum.

Korres, ein gebürtiger Athener, bringt für seine Aufgabe die besten Voraussetzungen mit: einen glühenden Enthusiasmus und ein erstaunliches Sachwissen. „Er kennt dieses Gebäude", sagte Brian F. Cook, Kustos der griechischen und römischen Altertümer am Britischen Museum. „Er kennt jeden einzelnen Stein wie kein anderer heutzutage – und möglicherweise auch niemand zuvor."

Tatsächlich haben Korres und seine Mitarbeiter die Abertausende Steinfragmente, die die Akropolis bedecken, sorgfältig gesichtet und es auf diese Weise geschafft, beinahe tausend zu finden, die ursprünglich Teil des Parthenons waren. Allein anhand der Körnung, Farbe, Bearbeitungsspuren und Verwitterungsmuster kann Korres oft nicht nur erkennen, daß ein bestimmtes Stück Marmor vom Parthenon stammt, sondern auch bestimmen, an welche Stelle des Gebäudes es gehört.

Wo dies machbar ist, werden die Einzelstücke wieder an ihre ursprüngliche Stelle gesetzt, und Korres bemüht sich, so wenig neues Material wie möglich zu verwenden. Selbst wenn ein Stück neuen Marmors hinzugefügt wird, um einen

beschädigten Block zu vervollständigen, „geschieht dies", so der Architekt, „auf eine Weise, die es – sollte irgendwann das Originalfragment gefunden werden – erlaubt, die moderne Zutat zu entfernen und durch das echte Stück zu ersetzen".

Das aus Architekten, Archäologen, Bauingenieuren und Chemikern zusammengesetzte „Rettungs-Komitee" beabsichtigt nicht, den Parthenon wieder in seinen Zustand vom 5. vorchristlichen Jahrhundert zu versetzen. Sein Ziel ist vielmehr, ihn zu stabilisieren und als die Ruine zu konservieren, die seit so langer Zeit als ein weltberühmtes Symbol abendländischer Kultur bewundert wird. Jede noch so geringfügige Veränderung dieser vertrauten Gestalt muß erst von zahlreichen Sachverständigen erörtert und zuletzt vom griechischen Kulturministerium bewilligt werden.

Nicht jeder ist mit den Plänen des Komitees vorbehaltlos einverstanden. Am umstrittensten dürfte Korres' Absicht sein, auch einige der im Laufe der Jahrhunderte am Parthenon vorgenommenen baulichen Veränderungen in die Restauration einzubeziehen. Zum Beispiel möchte er einzelne Teile der Moschee zeigen, die kurz nach der osmanischen Eroberung im Inneren des Tempels errichtet wurde. Manche Kritiker vertreten dagegen den Standpunkt, alle Maßnahmen sollten ausschließlich auf die Erhaltung und weitestmögliche Wiederherstellung der ursprünglichen Anlage abzielen.

Was das angeht, hat Korres bislang einen Großteil seiner Energie darauf verwendet, die mittlerweile verrosteten Eisenklammern und -stützen, die der griechische Bauingenieur Nikolaos Balanos vor Jahrzehnten am Parthenon hatte anbringen lassen, durch neue zu ersetzen. Und wenn er – irgendwann Anfang des 21. Jahrhunderts – mit dem Zusammentragen und Einfügen verstreuter Fragmente und dem Wiederaufbau eingestürzter Mauern und Säulen fertig sein wird, wird der Tempel nur um rund zehn Prozent „vollständiger" sein als zum Zeitpunkt, da er seine Arbeit aufnahm.

Dieser Kran, ein französisches Fabrikat, dient dazu, die schweren Steinplatten und Säulentrommeln des Parthenons in die Höhe zu hieven. Wenn er nicht in Betrieb ist, kann der dezent cremefarbene Kran zusammengeklappt werden, so daß sein Anblick nicht stört.

Auf der Südwestecke des Parthenons stehend, hält ein Restaurator eine der neuen Klammern, mit denen die Marmorblöcke des Tempels miteinander verbunden werden. Ebenso wie der Dübel zu seiner Linken besteht die Klammer aus korrosionsbeständigem Titan. Im Hintergrund sind der Osteingang des Parthenons und die teilweise wiederhergestellten Cella-Wände zu sehen.

In antiken Skulptiertechniken ausgebildete Steinmetze versuchen, zwei Marmorstücke aneinanderzufügen (unten). Damit Fragmente als zusammengehörig gelten, müssen ihre Bruchkanten, die Farbe, Äderung und Brüchigkeit des Marmors sowie alle Meißelspuren übereinstimmen.

Von Korres als zum Parthenon gehörig erkannte Fragmente (oben) harren ihrer Katalogisierung. Aus den Tausenden von Steinen zusammengelesen, mit denen die Akropolis übersät ist, sind solche Bruchstücke, so Korres, wie aus ihrem Zusammenhang herausgelöste Wörter eines fragmentarischen Textes.

zusammengesetzt gewesen waren, stellte Balanos fest, daß die Erbauer des Parthenons jedes einzelne Stück mit einer Folge von roten Buchstaben und Kerben markiert hatten. Die Buchstaben, fand er heraus, gaben an, zu welcher Säule eine bestimmte Trommel gehörte, während die Kerben deren Stellung innerhalb des Säulenschaftes markierten. Anhand dieser Merkmale ließ sich auch erkennen, welche Trommeln fehlten. An deren Stelle fertigte Balanos Nachbildungen aus Beton an, einem Material, das, wie man fand, farblich besser mit dem alten Stein harmonierte als frisch gebrochener Marmor. Als die Säulen vollständig rekonstruiert waren, drehte Balanos die auf ihnen ruhenden Kapitelle um 180 Grad um ihre senkrechte Achse, so daß jetzt deren sauberere, weniger verwitterte Innenseite nach außen sah. Auf diese legte er neue Architravblöcke aus Marmor, der zum Teil aus denselben Steinbrüchen kam, die Perikles' Baumeister beliefert hatten. Um die Blöcke zusammenzuhalten, verwendete er Tausende von Eisenstiften und -klammern, die unauffällig angebracht wurden.

Als Balanos 1933 seine Arbeit abschloß, hatte der Parthenon, so weit es eben möglich gewesen war, sein Aussehen von rund 250 Jahren zuvor wiedergewonnen; dennoch sind sich die Gelehrten uneins, inwieweit das Ergebnis uneingeschränkt zu loben sei. Bereits 1922 hatte Balanos' eigener Assistent, Anastasios Orlandos, Einwände dagegen erhoben, daß man die Nordkolonnade des Tempels wiederherstellen sollte, ohne gleichzeitig auch die Mauern der Cella zu restaurieren, und hatte sich öffentlich von seinem Vorgesetzten distanziert. Und andere warfen Balanos vor, er habe nicht genügend Rücksicht darauf genommen, wie der Tempel – nach dem damaligen Wissensstand – ursprünglich tatsächlich ausgesehen hatte.

Es trifft zu, daß Balanos alles verwendete, was er an Marmor

Anhand von Ausgrabungen angefertigt, die 1931 begonnen wurden, zeigt dieses Modell (rechts), wie die Agora und ihre öffentlichen Gebäude um das Jahr 400 v. Chr. ausgesehen haben dürften. Im Hintergrund links erhebt sich das weithin sichtbare Hephaisteion. Links unterhalb davon befindet sich die runde Tholos, der Amtssitz der 50 Ratsmitglieder oder Prytanen, die jeweils für ein Zehntel des Jahres die Amtsgeschäfte der aus den zehn athenischen Stämmen gewählten Ratsversammlung (Bule) leiteten. In der rechten unteren Ecke ist das Gebäude der staatlichen Münze (mit rotem Dach) zu sehen.

Auf dem Photo links aus dem Jahre 1931, das die Athener Agora in ihrem Zustand vor Beginn der Grabungen zeigt, ist das Gelände noch weitgehend mit modernen Gebäuden bedeckt. Seitdem sind Hunderte von Häusern abgerissen worden, sei es, um einem archäologischen Park Platz zu machen, sei es, um die Fortsetzung der Ausgrabungen zu ermöglichen (links unten). In der Mitte befindet sich die im 2. Jahrhundert v. Chr. entstandene – und in den fünfziger Jahren als Museum wiederaufgebaute – Stoa des Attalos. Auf den beiden Aufnahmen sind im Hintergrund die Akropolis (rechts) und das Hephaisteion (links) zu sehen, ein dem Schmiedegott Hephaistos und der Athene, der Schutzherrin der Künstler und Kunsthandwerker, geweihter Tempel.

überhaupt vorfand, und mitunter zu vorschnell entschied, wo die einzelnen Stücke hingehörten. Noch schlimmer – wenn ein antiker Stein ungünstig geformt war, ließ er ihn einfach so umarbeiten, daß er an die ihm zugedachte Stelle paßte. Sein folgenreichster Fehler aber war die Verwendung von Eisenstiften, da diese mit der Zeit oxidierten, dadurch aufquollen und die Blöcke, die sie hätten sichern sollen, statt dessen sprengten. Balanos wußte, daß dies passieren konnte, hielt aber trotzdem an dem einmal gewählten Verfahren fest – was moderne Restauratoren jetzt mit der undankbaren Aufgabe konfrontiert, seine damaligen Sünden wiedergutzumachen *(S. 100 – 103).*

Anders als ihre Kollegen auf der Akropolis blieben die Archäologen, die man mit der Ausgrabung der Agora betraute, dem größten Marktplatz und Zentrum des politischen Lebens im alten Athen, von solchen Kontroversen verschont – und wenn auch nur deswegen, weil es sich als schwierig erwies, die Stätte ausfindig zu machen. Seit dem Mittelalter immer wieder neu bebaut, inmitten des Asphalts und des Rußes der modernen Stadt längst nicht mehr zu identifizieren, blieb die Agora ungestört, bis sich 1929 die American School of Classical Studies dazu entschloß, mit der finanziellen Unterstützung des amerikanischen Millionärs John D. Rockefeller Jr. systematisch nach ihr zu suchen.

Solange irgend jemand zurückdenken konnte, hatte ein hervorragend erhaltener Marmortempel aus dem 5. Jahrhundert v. Chr. (das früher fälschlich als Theseion bezeichnete Hephaisteion) einen Hügel über der vermuteten Stätte der Agora beherrscht. Bereits 1859 hatte die Griechische Archäologische Gesellschaft die Stoa des Attalos freigelegt, eine große Säulenhalle aus Marmor und Kalkstein, die im 2. Jahrhundert

v. Chr. an der Ostseite des Platzes errichtet worden war. Doch erst 1934, als die Amerikaner die Überreste eines schlichten, kreisrunden Gebäudes von knapp 20 Meter Durchmesser ausgruben, konnte die Agora als mit Sicherheit identifiziert gelten, denn in ebendieser Rotunde erkannten die Archäologen das Herz der athenischen Demokratie des 5. Jahrhunderts v. Chr. wieder – die Tholos. Hier, so berichten antike Quellen, tagte die Prytanie, das ständige Exekutivkomitee der Ratsversammlung oder Bule. Im turnusmäßigen Wechsel leiteten jeweils 50 – als Prytanen (Vorsteher) bezeichnete – Mitglieder des Rates der Fünfhundert für die Dauer von 36 Tagen die laufenden Geschäfte der Stadt. Die Prytanen arbeiteten in drei Schichten, so daß die Tholos zu jeder Tages- und Nachtzeit besetzt war und bei etwaigen Notfällen ohne Verzögerungen gehandelt werden konnte. Die Fragmente von schwarzglasierten Schüsseln, Krügen und Bechern beweisen, daß die pflichtbewußten Ratsherren sogar ihre Mahlzeiten in ihrem Amtssitz einzunehmen pflegten.

Diese Ruinen – möglicherweise die Grundmauern der Werkstatt, die einst dem Schuster Simon, einem Freund des Sokrates, gehörte – wurden am Rand der Agora ausgegraben. Der Fußboden aus gestampfter Erde war mit eisernen Zwekken übersät (oben), wie sie zum Nageln von Arbeitssandalen verwendet wurden.

Diese Scherben stellen aber lediglich einen Bruchteil der Tausende von Keramikfragmenten dar, die seitdem auf dem Gelände der Agora ausgegraben worden sind. Zusammen mit den fast 700 Referenzen in antiken Quellen und den rund 7500 Inschriften – von denen viele mit dem Tag, dem Monat und dem durch den Namen des jeweils amtierenden obersten Magistraten bezeichneten Jahr ihrer Anfertigung beginnen – haben sie es den Archäologen erlaubt, nicht nur die exakten Umrisse des alten Marktplatzes zu bestimmen, sondern auch eine detaillierte Chronologie von ihm zu erstellen.

So ist es etwa erwiesen, daß die Agora in vorklassischer Zeit außerhalb der Stadtgrenzen lag und als Friedhof benutzt wurde. Erst Anfang des 6. Jahrhunderts v. Chr. erhielt das Gelände den Charakter einer öffentlichen Begegnungsstätte, als nämlich Solons Reformen einen ausreichend großen Versammlungsplatz erforderlich machten und die auf Peisistratos zurückgehende Reorganisation der Festspiele der Panathenäenstraße – die das Gelände von Nordwesten nach Südosten durchquerte und zur Akropolis führte – neue Bedeutung verlieh.

Seit Kleisthenes' Reformen am Ende des 6. Jahrhunderts traf sich die nach Tausenden zählende Volksversammlung auf einem halbkreisförmigen, theaterartigen Areal am Hang eines knapp 400 Meter südwestlich der Agora gelegenen Hügels. Die Bule wiederum tagte in einem quadratischen Gebäude, dessen Grundmauern nördlich der Tholos entdeckt wurden. Obwohl nur spärliche Anhaltspunkte für eine exakte Datierung vorliegen, sind sich die meisten Experten darin einig, daß das Bauwerk um 500 v. Chr. entstand und bis irgendwann zwischen 415 und 406 v. Chr. benutzt wurde. Dann zog die Ratsversammlung aus unbekannten Gründen in ein neues, unmittelbar im Westen angrenzendes Gebäude um, und das alte wurde als Staatsarchiv genutzt.

Spätestens zu diesem Zeitpunkt, erklärt John Camp, der Leiter der amerikanischen Ausgrabung, war die Agora als die „Nabe" etabliert, um die sich das Leben im klassischen Athen drehte. „Auf dem großen, rechteckigen Platz entstanden Monumente zum Andenken an die Triumphe der Stadt. An seinen vier Seiten erhoben sich die öffentlichen Gebäude, in denen die athenische Demokratie verwaltet wurde, und ringsum drängten sich die Häuser und Werkstätten der Männer zusammen, die Athen zur bedeutendsten Stadt Griechenlands machten." Entlang einer Straße, die von der südöstlichen Ecke der Agora ausging, hat man eine Reihe solcher Gebäude aus dem 5. Jahrhundert v. Chr. entdeckt. In einem belebten Geschäftsviertel gelegen, enthielten die Häuser Läden, Werkstätten und, wie man aus dem Inhalt eines nahegelegenen Brunnens erschließen konnte, wenigstens eine gutgehende Schenke. Außer Tierknochen, Muschelschalen und anderen Abfällen enthielt der Schacht Kochtöpfe und Geschirr, Trinkbecher und eine Anzahl aus dem ganzen östlichen Mittelmeerraum importierter Amphoren.

Die Grabungen haben außerdem ergeben, daß sich an der Südostecke der Agora auch die staatliche Münze befand. Zwischen den Grundmauern eines Gebäudes aus dem 5. vorchristlichen Jahrhundert hat man die Überreste von Schmelzöfen und mit Mörtel ausgekleideten Wasserbecken (zum Auskühlen der fertigen Stücke) sowie zehn kleine, runde Bronzeplättchen gefunden. Vermutlich handelte es sich dabei um sogenannte Schrötlinge, die man nur noch zu prägen brauchte, ehe sie als Zahlungsmittel in Umlauf gebracht und bis an die äußersten Grenzen der griechischen Welt getragen werden konnten.

Rund 240 Geldstücke hat man in den Ruinen einer unweit der Münze an der Südseite der Agora gelegenen Säulenhalle entdeckt. Zwischen 430 und 420 v. Chr. entstanden, wies diese gut 80 Meter lange Stoa an ihrer Frontseite eine Reihe von 16 quadratischen Räumen auf, die jeweils durch eine eigene Tür an der Nordseite zu betreten waren. Da die Eingänge nicht zentriert, sondern um rund 30 Zentimeter östlich der Mittelachse versetzt waren, vermuten die Archäologen, daß es sich bei diesen Räumen um Speisezimmer gehandelt haben könnte. An der Ost-, Süd- und Westwand hätten dann jeweils zwei Gäste auf einer *kline* liegend essen können, während an der Nordseite noch eine siebte Person neben der Tür Platz gefunden hätte.

Rings um die Agora befanden sich noch weitere solche Stoen, die einerseits luftig-offen waren, andererseits vor Regen und – während der heißesten Stunden – vor der Sonne Schutz boten. Die berühmteste von ihnen, ein 12 Meter breites und wenigstens 35 Meter langes Gebäude aus Kalkstein und Marmor, stand an der Nordwestecke des Platzes. Von ihrer breiten, nach Südosten gehenden Kolonnade aus konnten die Athener die ganze Agora vor sich sehen und mit dem Blick der Panathenäenstraße bis hin zur Akropolis folgen.

Diese Stoa Poikile (Bunte Säulenhalle) hatte ihren Namen von einer Serie großer Gemälde, die nach Auskunft des Pausanias und anderer Quellen rund 600 Jahre lang ihre Wände schmückten. Von den größten Künstlern der Epoche geschaffen – darunter Polygnotos, dessen Werke auch im Nordflügel der Propyläen, der sogenannten Pinakothek, ausgestellt waren –, zeigten die Wandmalereien den Kampf um Troja, die Marathonschlacht und andere sowohl mythologische wie historische Szenen. Ergänzt wurden diese Zeugnisse hellenischer Größe durch viele Trophäen, die Athener bei siegreichen Schlachten erbeutet hatten.

Die Trophäen sind fast alle verschwunden, aber man weiß, daß zu ihnen mehrere spartanische Schilde gehörten. Einen davon entdeckte man in einer Zisterne. Auch wenn das Metall stark korrodiert war und der Lederüberzug vollständig fehlte, konnte der ein Meter breite Bronzeschild dank einer auf seiner Vorderseite gepunzten Inschrift dennoch einwandfrei als eine 425 v. Chr., während des Peloponnesischen Krieges, erbeutete Trophäe identifiziert werden.

Vor diesem martialischen Hintergrund gingen die Athener ihren friedlichen Beschäftigungen nach – schlossen Geschäfte ab und diskutierten über Politik, kauften ein oder sahen den Jongleuren, Schwertschluckern und anderen Artisten zu, die sich auf dem großen Platz produzierten. Die Volksmassen zogen auch die großen Denker der Antike an, so etwa den zyprischen Philosophen Zenon, der um 300 v. Chr. nach Athen kam. Da er seine Anhänger in der Stoa Poikile unterrichtete, nannte man seine Schule die „Stoa" und seine Anhänger „Stoiker".

Antiken Quellen zufolge soll auch Sokrates, von Jüngern umgeben, häufig in der einen oder anderen Ecke der Agora zu sehen gewesen sein. Wenn er aber Schüler belehren wollte, die noch zu jung waren, um die – nur erwachsenen Männern vorbehaltene – eigentliche Agora zu betreten, so traf er sich, wie sein Jünger Xenophon berichtet, mit ihnen in der Werkstatt eines befreundeten Schusters namens Simon. Nun ist es zwar immer schwierig, antike Gebäude zu identifizieren, aber südwest-

Scharf umrissen vor dem Hintergrund der untergehenden Sonne, erhebt sich auf dem Kap Sunion, dem äußersten Südostzipfel Attikas, der verfallene Poseidontempel über der Ägäis. Das unter Perikles errichtete Heiligtum diente den Seeleuten jahrhundertelang als Landmarke.

lich der Agora haben Archäologen die Überreste eines Geschäftes aus dem 5. Jahrhundert v. Chr. freigelegt, das mit der Beschreibung des antiken Historikers übereinzustimmen scheint *(S. 106)*. Auf dem Fußboden lagen viele kurze Eisenzwecken und Knochenringe – die letzteren wurden als Ösen für die Schuhriemen verwendet –, und vor dem Haus wurde ein schwarzglasierter Becher ausgegraben, auf dem „Simon" zu lesen war.

Der 20 Jahre nach der Schlacht bei Marathon geborene Sokrates war 16, als die Kasse des (Attisch-)Delischen Bundes nach Athen transferiert wurde, und 35, als der Bau des Erechtheions begann. Er stand im 67. Lebensjahr, als Athen – nach einer vernichtenden Niederlage bei Aigospotamoi in Thrakien – 404 v. Chr. endgültig vor den Spartanern kapitulieren mußte. Für schuldig befunden, durch seine Lehren die athenische Jugend zu verderben, wurde Sokrates 399 v. Chr. zum Tode durch den Schierlingsbecher verurteilt. Platon, sein hervorragendster Schüler, verließ empört die Stadt, kehrte aber später zurück und eröffnete in einem nordwestlich von Athen gelegenen Hain seine eigene Philosophenschule – die Akademie.

In diesem Hain befand sich bereits ein altes Heiligtum des attischen Heros Akademos sowie ein archaisches Gymnasion – eine öffentliche Stätte für sportliche Übungen, wo sich die jungen Athener trafen, um Gymnastik zu treiben, zu diskutieren oder einfach etwas Zeit miteinander zu verbringen. Dort unterrichtete Platon nach der von seinem Lehrer praktizierten Methode der Erkenntnissuche im fragenden Gespräch – wie ein zeitgenössischer Spottdialog verdeutlicht. Gefragt, was Platon gerade tue, antwortet jemand: „Ich habe eine Menge junge Männer in den Gymnasien der Akademie gesehen, die sich ernsthaft darum bemühten zu bestimmen, ob ein Kürbis ein Gemüse, ein Kraut oder ein Baum sei, während Platon wohlwollend zuhörte und sie anfeuerte."

In den dreißiger Jahren und dann wieder in der Nachkriegszeit durchgeführte Grabungen haben einige spärliche Spuren der Platonischen Akademie zutage gefördert. Zusätzlich zu einigen Ruinen aus der Kaiserzeit ist ein knapp 90 Zentimeter hoher marmorner Grenzstein aus dem 6. Jahrhundert v. Chr. gefunden worden sowie, unweit davon, eine Reihe von großen Säulenbasen, die man für die Überreste eines kolonnadengesäumten Hofes hält. Da die Säulen aus dem 4. Jahrhundert v. Chr. stammen, könnte Platon unter ihnen geweilt haben.

Als Platon 348 v. Chr. starb, war die Glanzzeit der Akademie bereits vorüber. Vorbei waren auch die Zeiten, in denen die selbständigen Stadtstaaten, die die griechische Welt bildeten, imstande waren, sich gegen einen gemeinsamen Feind zusammenzuschließen – so wie sie es einst gegen Persien getan hatten. In den meisten Städten stritten sich kleine Cliquen reicher Männer mit den Demokraten um die Macht, und fast überall traten wieder Tyrannen in Erscheinung. Auch in Athen geriet die Demokratie, durch immer größere wirtschaftliche Probleme untergraben, ins Wanken, und der Staat fiel Politikern in die Hände, die ihre Energie eher erbitterten persönlichen Auseinandersetzungen widmeten als ihren Amtsgeschäften. Rechtsstreitigkeiten waren an der Tagesordnung. Ja, die Athener prozessierten so oft und gern miteinander, daß der berühmte Staatsmann und Rhetor Demosthenes seine Karriere als Verfasser von Gerichtsreden begann, die er häufig auch selbst vortrug. Unsterblichen Ruhm erlangte Demosthenes allerdings durch seine leidenschaftlichen politischen Ansprachen, und zwar namentlich durch seine vier „Philippiken", die er zwischen 349 und 341 hielt, um die Griechen zum vereinten Vorgehen gegen eine neue, sehr ernstzunehmende Gefahr zu bewegen – die Expansionsbestrebungen des makedonischen Königs Philipp II. Demosthenes argumentierte mit großer Leidenschaftlichkeit, Beredsamkeit und, wie sich herausstellen sollte, durchaus sachlich richtig, aber seine Worte stießen auf taube Ohren.

SCHÄTZE AUS DER TIEFE

Viele der monumentalen griechischen Bronzeplastiken, die wir heutzutage besitzen, wurden vom Grund des Mittelmeeres geborgen. Zusammen mit einigen wenigen anderen Stükken, die auf dem Festland ausgegraben wurden, stellen sie nur einen kleinen Prozentsatz der Hunderte, wenn nicht sogar Tausende solcher großen Bronzen dar, die einst in den griechischen Städten und Tempeln standen. Warum diese wunderbaren Statuen in Schlick und Sand endeten, ist nicht bekannt. Höchstwahrscheinlich wurden sie von den Römern nach der Eroberung Griechenlands im 2. Jahrhundert v. Chr. von ihren Sockeln gewuchtet und nach Italien verschifft, um dort die Gärten von Reichen zu schmücken, denen die hellenische Kultur weit verfeinerter dünkte als ihre eigene. Doch nicht alle Schiffe gelangten ans Ziel; manche gerieten in Stürme und sanken – und mit ihnen ihre kostbare Fracht. Mehrere der geborgenen Plastiken wurden in der Nähe der verrotteten Planken römischer Schiffe oder entlang bekannter antiker Schiffahrtswege entdeckt. Der oben abgebildete, ausdrucksvolle Kopf, in dem man das Porträt eines griechischen Philosophen vermutet, wurde 1969 in der Straße von Messina, zwischen Sizilien und dem italienischen Festland, gefunden.

Die ersten Unterwasserfunde dieser Art wurden von griechischen Schwammtauchern Anfang dieses Jahrhunderts gemacht. Die nach ihrem langen Aufenthalt im Salzwasser korrodierten, durch Ablagerungen verkrusteten und oftmals zerbrochenen Statuen mußten unverzüglich behandelt werden. Um diese und spätere Funde zu retten, haben Wissenschaftler komplizierte Verfahren entwickelt, um die Plastiken zu reinigen und zu restaurieren, wobei ihnen eine Vielfalt modernster Geräte die Arbeit erleichtert. Seit einigen Jahrzehnten gestatten es immer bessere Taucherausrüstungen den Archäologen, in noch größere Tiefen vorzustoßen, um Schiffswracks auf dem Grund des Mittelmeeres systematisch zu untersuchen und dadurch nicht nur neue Erkenntnisse über die antike Seefahrt zu gewinnen, sondern möglicherweise auch weitere Statuen zu finden und zu bergen.

Im Oktober des Jahres 1900 ankerte ein Schwammfischerboot vor der Küste der Insel Antikythera. Plötzlich schoß ein Mitglied der Besatzung in seinem Taucheranzug an die Wasseroberfläche und begann, von irgendwelchen schaurigen Entdeckungen zu brabbeln. „Ein Haufen toter, nackter Frauen", behauptete er, liege da unten, und dazu noch weitere Berge von „grünen Leichen". Der Skipper tauchte selbst und kam kurz darauf mit einem korrodierten Bronzearm an der Sicherheitsleine wieder nach oben.

So begann die erste große unterwasserarchäologische Entdeckung lebensgroßer griechischer Bronzestatuen. Nachdem sie im darauffolgenden Monat mit Archäologen zur Fundstelle zurückgekehrt waren, holten die Taucher aus über 50 Meter Tiefe die – in mehrere Stücke zerbrochene – rechts abgebildete herrliche Statue sowie Fragmente mehrerer weniger bedeutender Plastiken herauf: alles Teile der Fracht eines römischen Schiffes, das um 80 v. Chr. untergegangen war.

Der nächste epochale Fund erfolgte 1925, als ein Fischkutter vor der Küste unweit des Schauplatzes der Schlacht von Marathon kreuzte und der nackte Bronzejüngling *(links)* sich in seinem Schleppnetz verfing. Dann, 1928, gelang Schwammtauchern in der Nähe vom Kap Artemision in der Ägäis ein sogar noch größerer Fang – die Figuren eines Gottes, eines Knaben und eines Pferdes *(umseitig)*. Und 1972 wurden vor der süditalienischen Küste noch zwei lebensgroße Bronzeplastiken (letzte vier Seiten dieses Essays) entdeckt, die man dann in der Folgezeit restauriert hat.

Mit verträumtem Ausdruck richtet der sogenannte Marathonknabe, links in einer Nahaufnahme gezeigt, die Augen auf den nicht mehr erhaltenen Gegenstand, den er einst in der linken Hand hielt. Eine auf seinem gelockten Kopf sichtbare Zacke ist Teil eines Reifs. Die 1,30 Meter große Plastik wurde – wie die Figur rechts – wahrscheinlich gegen Ende des 4. Jahrhunderts v. Chr. gegossen.

Der 1,90 Meter hohe „Ephebe von Antikythera", der – den Kopf vom Standbein abgewendet – großartig ausbalanciert ist, war nur eine Ansammlung von Bruchstücken, als Schwammfischer die Bronze im Jahre 1900 vor der griechischen Insel Antikythera im Meer entdeckten. Bald darauf wurde die Figur des Jünglings wieder zusammengesetzt. In den fünfziger Jahren unterzog man sie einer zweiten und gründlicheren Restaurierung.

Diese fast 2,10 Meter große Göttergestalt – in der man inzwischen den blitzeschleudernden Zeus vermutet, nachdem sie lange als Poseidon bezeichnet wurde – strahlt zugleich erschreckende Energie und göttliche Schönheit aus. Es ist eines der aus 42 Meter Tiefe vor dem Kap Artemision aus dem Meer geborgenen Meisterwerke. Die dynamische Haltung der Statue – mit in voller Länge vom Rumpf weg ausgestreckten Armen, wodurch die Figur etwas breiter als hoch ist – wäre in Marmor nicht zu verwirklichen gewesen.

Ein jugendlicher Jockey – auch er lag im Meer vor dem Kap Artemision – beugt sich über den Nacken des 2,40 m langen, galoppierenden Rennpferdes. Trotz eifriger Suche blieben einige Fragmente des Tierkörpers unauffindbar; die Restauratoren haben Teile des Rumpfes, einen Huf und den – recht langweilig ausgefallenen – Schwanz ergänzen müssen. Ein an der Pferdemähne erhalten gebliebenes Fragment von der Tunika des Jockeys beweist, daß der Knabe, der in einiger Entfernung vom Roß entdeckt wurde, tatsächlich als dessen Reiter gedacht war.

Im Sommer 1972, an seinem letzten Urlaubstag, schnorchelte Stefano Mariottini, ein Chemiker aus Rom, gerade 300 Meter vor der Küste des süditalienischen Riace Marina, als er aus dem sandigen Meeresboden „etwas Schwarzes" herausragen sah, das er für einen halb begrabenen Leichnam hielt. Bei weiteren Tauchversuchen stellte er fest, daß das Objekt aus Metall war, und als er mit den Händen etwas Sand beiseiteschaufelte, legte er zu seinem großen Erstaunen zwei Statuen frei.

Von professionellen Tauchern *(unten)* mit Hilfe von preßluftgefüllten Polyäthylenballons aus dem Sand gehoben und an die Wasseroberfläche befördert, entpuppten sich die zerfressenen und verkrusteten Figuren als die zwei großartigen griechischen Statuen – Krieger A und Krieger B, wie sie bald getauft wurden –, die auf den folgenden Seiten zu sehen sind.

Im Museum der nahegelegenen Stadt Reggio unterzog man die Krieger einer ersten Reinigung, bevor sie zwei Jahre später nach Florenz transportiert und in fünfjähriger Arbeit weiter behandelt und restauriert wurden. Nicht nur mußte man die festgebackenen Schichten aus Sand, Kies und Schalentieren mühsam eine nach der anderen entfernen; auch die – außen wie innen – stark angegriffene Substanz der Statuen erforderte besondere Aufmerksamkeit. Die von den griechischen Bildhauern beim Hohlguß benutzten Lehmkerne hatten im Laufe der Jahrhunderte große Mengen an Kalk und Meersalzen aufgesogen und schwitzten nun Chloride aus, von denen die Bronze angegriffen wurde. Dies machte es erforderlich, daß man den größten Teil des Lehms herausschlämmte.

Nach den langwierigen Restaurierungsarbeiten wurden die Statuen von Florenz wieder zum kleinen, aber stolzen Museum von Reggio transportiert. Nachdem die Bronzen zehn Jahre lang dort ausgestellt gewesen waren, begannen sich an ihnen Zerfallserscheinungen zu zeigen. Unverzüglich machten sich Experten *(rechts)* daran, die letzten Lehmreste aus den Figuren herauszuwaschen, wobei sie mit Krieger B begannen. Nun kann man hoffen, daß – wenn erst einmal die Arbeiten an beiden Statuen abgeschlossen sind – die „Krieger von Riace" auch die nächsten 2000 Jahre überstehen werden.

Krieger A (oben links) wird vom Grund des Meeres emporgezogen. Die zwei 1972 entdeckten Bronzestatuen wiegen je rund 450 Kilogramm, und deshalb könnten sie während eines Sturms über Bord geworfen worden sein, als das sie transportierende Schiff zu sinken drohte. Die 28 – vielleicht von der Takelage stammenden – Bleiringe, die man ebenfalls fand, lassen aber vermuten, daß das Schiff trotzdem unterging.

Mit mineralischen Ablagerungen und zahlreichen Seepocken, die sich während des 2000jährigen Aufenthalts unter Wasser auf ihm angesammelt haben, ist der Rücken von Krieger B überkrustet. Um den harten Belag von den zwei Statuen zu entfernen, verwendeten die Restauratoren in Florenz eine Vielzahl empfindlicher Instrumente wie zum Beispiel Skalpelle, kleine pneumatische Bohrer, Ultraschallmeißel und Mikroschleifmaschinen.

In einem abgetrennten Bereich des Museums von Reggio arbeitet ein Spezialistenteam an Krieger B. Der Restaurator Mario Micheli (ganz rechts) führt gerade ein elektronisches Endoskop – ein Gerät, das gewöhnlich in der Medizin für diagnostische Zwecke verwendet wird – durch eine Öffnung im rechten Fuß in die Statue ein. Die mit einer miniaturisierten Fernsehkamera ausgerüstete Sonde kann alle Winkel der Plastik erreichen und Bilder ihres Inneren an einen Monitor übermitteln. Die Restauratoren richten dann Ultraschallwellen gezielt auf kritische Stellen, um letzte Reste des alten Lehmkerns von der Bronze zu lösen.

Groteske Hörner ragen aus den Augen und dem Mund von Krieger B, nachdem die Restauratoren in Florenz als einen ersten Versuch, den Lehmkern und verschiedene Ablagerungen aus dem Inneren der Statue herauszuwaschen, Wasserstoffperoxid und Ammoniaklösung injiziert haben. Die Mischung aus Chemikalien, Lehm und Sand ist aus den Körperöffnungen des Kriegers herausgequollen und dann erstarrt.

Fast furchteinflößend in ihrer geballten Kraft erscheinen die in der Nähe von Reggio aufgefundenen, rund zwei Meter hohen Bronzen. Trotz ihres 2000jährigen Aufenthalts in Meerwasser sind sie erstaunlich gut erhalten. Es fehlen nur die Schilde und Lanzen, die sie einst in den Händen hielten, der Helm, den Krieger B (ganz rechts) zweifellos trug, sowie einige wenige andere Details. Am Kopf von Krieger A (links) sind nicht nur die Augen aus Elfenbein und farbigem Stein und die Silberzähne erhalten, sondern auch die kupfernen Augenbrauen und Lippen, die kunstvoll eingelegt wurden, nachdem ein unbekannter Meister die Statue um 460 v. Chr. gegossen hatte.

V I E R

DAS HELLENISCHE GROSSREICH – EIN TRAUM UND SEINE ERFÜLLUNG

Als der griechische Archäologe Manolis Andronikos die goldene Kassette vorsichtig hinstellte und öffnete, hatte er alle Mühe, den Anschein einer professionell nüchternen Haltung zu wahren. In dem Behältnis lagen die Überreste einer Brandbestattung. Von wem aber stammten sie? „Uns fielen beinahe die Augen aus dem Kopf", gab er später zu, als er sich an den erregenden Augenblick erinnerte. „Ich entfernte mich ein paar Schritte von meinen Kollegen, den Schaulustigen und den Polizisten und stand allein da, um mich von diesem unglaublichen Anblick zu erholen. Alles deutete darauf hin, daß wir ein Königsgrab gefunden hatten; und wenn wir die Objekte richtig datiert hatten, wogegen nichts zu sprechen schien, dann wagte ich nicht einmal an die Konsequenzen zu denken . . . Zum ersten Mal lief mir ein Schauder über den Rücken, es durchzuckte mich etwas wie ein elektrischer Schlag. Hatte ich Philipps Gebeine in Händen gehalten? Diese Vorstellung war viel zu erschreckend, als daß mein Gehirn sie hätte verarbeiten können."

Der am Löwenskalp erkennbare Kopf des Herakles ziert eine Silberkanne aus den Königsgräbern von Vergina. Als der mythische Vorfahr des makedonischen Herrscherhauses weist er die Züge Alexanders des Großen auf – oder aber dieser wurde als der heldenhafte Herakles porträtiert.

Philipp II. war eine der größten Gestalten der Antike gewesen. Nachdem er im Alter von 23 Jahren den makedonischen Thron bestiegen hatte, machte er in nur vier Jahren sein Königreich zu einem der mächtigsten Staaten in der griechischen Welt, und in nur weiteren 17 Jahren schwang er sich zum Herrscher aller Hellenen auf – selbst der einst so stolzen Athener. Doch die Leistung, die seinen Namen erst wirklich unsterblich machte, war die Zeugung des berühmtesten Eroberers und Reichsgründers des Altertums – Alexanders des Großen.

Der Grabbau, ein Erdhügel von über 100 Meter Durchmesser, genannt der „Große Tumulus", lag in einer gebirgigen Landschaft nahe dem makedonischen Dorf Vergina, rund 50 Kilometer nördlich des Olymps. Außer den Ruinen einer königlichen Residenz, mit Stadtmauer, Palast, Theater und Tempeln, erhoben sich auf dem Gelände rund 300 zu einer Nekropole zusammengefaßte Grabhügel. Die Fachwelt war erstmals im Jahre 1855 auf die archäologische Stätte aufmerksam geworden, als ein junger französischer Gelehrter namens Léon Heuzey während einer Reise durch die Region bei einem zufälligen Gespräch mit einem Dorfpriester von deren Existenz erfahren hatte.

Nach einer kurzen, unglücklich verlaufenen Grabung – sie mußte wegen einer Malariaepidemie unter den Arbeitern vorzeitig abgebrochen werden – prophezeite Heuzey, daß Vergina eines Tages aufsehenerregende Geheimnisse preisgeben würde. „Im Inneren dieser makedonischen Denkmäler", schrieb er, „erwartet uns, wie in den unterirdischen Gräbern Ägyptens und Etruriens, mehr als nur eine Ansammlung antiker Objekte; dort schlummern das Leben und die Geschichte eines ganzen Volkes und harren der Entdeckung."

Andronikos und seine Kollegen begannen Ende August 1977 mit der Ausgrabung des Tumulus. Binnen weniger Wochen machten die Archäologen drei wichtige Entdeckungen: Sie legten die Grundmauern eines Heroons frei – eines der Verehrung eines verstorbenen Helden geweihten Heiligtums; einen geplünderten Grabhügel mit schönen Wandmalereien – darunter die Entführung der Zeustochter Persephone durch Hades; sowie, als faszinierendsten Fund, ein zweites, größeres Grab mit einer noch intakten zweiflügligen Marmortür – die einzige, die seit der Zeit der alten Griechen noch nicht aufgebrochen worden war.

Dieser Ausschnitt aus einem Wandgemälde zeigt in noch immer leuchtenden Farben den Raub der Persephone. Das Fresko nimmt eine ganze Wand eines Grabes in Vergina ein, das manche für die letzte Ruhestätte Philipps II. halten. Diese und zwei angrenzende Szenen gehören zu den wenigen großformatigen griechischen Gemälden aus dem 4. Jahrhundert v. Chr., die erhalten sind.

Über diesem Eingang, auf der Säulenfassade des Grabmals, befand sich ein vorzüglich bemalter Fries, der eine Jagdgesellschaft beim Erlegen eines Löwen, eines Hirsches, einiger Vögel und anderer Tiere zeigte. „Die Ausmaße dieses Grabmals", schrieb Manolis Andronikos, „das sensationelle Fresko, dazu die Entdeckung des ‚kleinen' Tumulus und der Grundmauern des Heroons – all das ließ den Schluß zwingend erscheinen, daß dieses Grab für eine außerordentlich wichtige Persönlichkeit bestimmt gewesen war."

Im November betrat das Team die Grabkammer. Um die Marmortür nicht zu beschädigen, bedienten sich die Archäologen der tausendfach erprobten Methode der Grabräuber: Sie entfernten den letzten Stein, der bei der Konstruktion des Tumulus eingesetzt worden war – den Schlußstein der gewölbten Decke. Andronikos wußte, daß der Block auf der Rückwand des Gewölbes ruhte; er konnte also herausgenommen werden, ohne daß das Ganze einstürzte. Als der Archäologe durch die so entstandene Öffnung lugte, sah er eine Kammer, die voller kostbarer Grabbeigaben war. Als erstes fielen ihm die Farben auf: die dunkelgrüne Patina oxidierter Bronze, das rötliche Schwarz verrosteten Eisens, der Glanz alten Silbers, Fragmente von feuergeschwärztem, vermodertem Holz, übersät mit winzigen Goldblättchen.

Bald wurden einzelne Objekte selbst sichtbar *(S. 149 – 157)*: schön gearbeitete Gefäße für die Körperpflege und für festliche Gelage, ein großer, runder Überzug für einen Schild, ein halbes Dutzend Speerspitzen, ein Schwert und eine wahrhaft königliche Rüstung, komplett mit goldverziertem, mehrteiligem Brustpanzer und dem typischen hohen Kammhelm der makedonischen Krieger aus der Zeit Philipps und Alexanders. Daneben lag ein vergoldetes Silberdiadem, ähnlich denen, die Alexander und seine Nachfolger auf antiken Porträts tragen.

Doch alle diese Schätze verblaßten neben dem Objekt, das an der Rückwand der Kammer stand: ein quadratischer Marmorkasten von 75 Zentimeter Seitenlänge. Erst nachdem die bis dahin gemachten Entdeckungen in allen Einzelheiten dokumentiert und geeignete Techniker und Konservatoren herbeigerufen worden waren, gestattete Andronikos, daß der Deckel abgenommen wurde. Innen befand sich ein weiteres Behältnis – eine massiv goldene Kassette, auf deren Deckel ein sechzehnstrahliger Stern prangte. Die Anwesenden erkannten das Objekt als eine Larnax, einen Behälter für die Aufbewahrung verbrannter Gebeine.

Auf den Knochen, die Andronikos erwartungsgemäß in dem Kistchen fand, lag ein schwerer, goldener Kranz aus naturgetreu gearbeitetem Eichenlaub und kleinen Eicheln. Die Knochen waren offenbar in ein Tuch von dunklem Purpur eingeschlagen worden, einer Farbe, die im Altertum ausschließlich Königen und ihren Angehörigen vorbehalten blieb: Das Gewebe war zwar inzwischen zerfallen, doch es hatte dunkelblaue Flecken auf den Knochen hinterlassen. Bei diesem Anblick mußte Andronikos sofort an Homers Schilderung von Hektors Bestattung denken – des von Achilleus getöteten trojanischen Königssohns und Helden: Hektors Brüder und Waffengefährten, so heißt es am Schluß der *Ilias*, legten „die Gebein' in ein goldenes Kästlein / Und umhüllten es wohl mit purpurnen weichen Gewanden".

Wer auch immer dem in diesem Grab Bestatteten die letzten Ehren erwiesen hatte, war entweder noch den gleichen Bräuchen gefolgt wie die Griechen einer längst vergangenen Epoche, oder aber er hatte bewußt eine Szene aus einem literarischen Werk nachgestellt, das damals jedem gebildeten Griechen geläufig war, einschließlich der Mitglieder des makedonischen Königshauses. Namentlich Alexander der Große war, wie man weiß, ein Verehrer Homers und hatte seinen Biographen zufolge stets eine Handschrift der *Ilias* in seinem Reisegepäck.

Andronikos räumte ein, daß dies höchstens Indizien, aber gewiß keine stichhaltigen Beweise dafür waren, daß der in diesem Tumulus bestattete Mann in irgendeiner engeren Beziehung zu Alexander dem Großen gestanden hatte – von dem man weiß, daß er anderswo begraben wurde. Als aber die Funde genauer untersucht und analysiert wurden, erschien es dem Archäologen immer sicherer, daß das Grab einem makedonischen Monarchen der zweiten Hälfte des 4. Jahrhunderts v. Chr. gehört hatte, und zwar mit einiger Wahrscheinlichkeit Alexanders Vater selbst, Philipp II.

Von Andronikos wurden viele der Artefakte aus dem Grab sowie die zu dessen Konstruktion verwendeten Materialien in eine Periode datiert, die Philipps und Alexanders Lebenszeit umspannte. Neben vielen anderen Indizien bemerkte er eine starke Ähnlichkeit zwischen einigen Porträts im beziehungsweise am Grab – Gestalten in der Jagdszene auf der Säulenfassade und 14 kleine Elfenbeinköpfe, die ursprünglich ein längst zerfallenes hölzernes Möbel verziert haben konnten – und bestimmten Medaillons und Mosaiken, die traditionell als Darstellungen der zwei makedonischen Herrscher gelten.

Weitere Indizien schienen diese Hypothese zu untermauern. Bei einem der Elfenbeinköpfe entdeckte Andronikos beispielsweise eine Kerbe in der rechten Braue, während das dazugehörige Auge blind wirkte. Wie man aus zeitgenössischen Quellen weiß, wurde Philipp II. im Jahre 354 v. Chr. in einer Schlacht von einem Pfeil am Auge getroffen. Später untersuchte eine Gruppe britischer Forscher den in der Larnax aufgefundenen Schädel und stellte eine Verletzung der rechten Augenhöhle fest, wie sie ein Pfeil verursacht haben könnte.

Unter den Grabbeigaben hatten die Archäologen auch ein Paar vergoldete Beinschienen gefunden. Wie eine Untersuchung ergab, war die linke anders geformt und gut drei Zentimeter kürzer als die rechte. Andronikos fragte sich, ob dies mit den zwei Beinverletzungen zusammenhängen konnte, die sich Philipp im Laufe seines Lebens zugezogen hatte und die der Grund für sein von Demosthenes, Plutarch und anderen antiken Schriftstellern erwähntes Hinken gewesen waren.

Einige von Andronikos' Kollegen fochten den Schluß, das Grab sei das Philipps II., als vorschnell an. Sie wiesen darauf hin, daß die Periode, in die die Grabkammer datiert wurde, auch die Regierungszeit eines anderen makedonischen Herrschers einschloß – die von Alexanders Halbbruder Philipp III. Arrhidaios. Er folgte Alexander auf dem Thron, war ihm aber in keiner Weise ebenbürtig. Nach zeitgenössischen Berichten litt er an Epilepsie und einer Reihe weiterer Gebrechen. Aufgrund seiner schwächlichen Konstitution dürfte er kaum von den zahlreichen Waffen und der Rüstung Gebrauch gemacht haben, die mit die kostbarsten Grabbeigaben darstellten, oder den „männlichen" Vergnügungen gefrönt haben, die das Fresko auf der Fassade darstellte.

Dennoch sprach ebensoviel gegen die Philipp-Hypothese wie gegen die Möglichkeit, der Bestattete könnte Arrhidaios gewesen sein. Einige Wissenschaftler wiesen darauf hin, daß das Tonnengewölbe der Grabkammer eine bauliche Innovation sei, die erst nach Philipps Tod durch Alexanders Ingenieure, welche die Technik in Mesopotamien kennengelernt hatten, in Makedonien eingeführt wurde. Auch das Diadem, erklärten sie, sei ein orientalisches Symbol königlicher Würde, das Alexander erst nach Begegnungen mit asiatischen Herrschern für sich kopierte. Und zwei Salzfäßchen, die zu den Grabbeigaben gehörten, konnten ihrem Stil nach zu urteilen erst 20 bis 30 Jahre nach Philipps Tod entstanden sein. Hinzu kam noch, daß die auffällige Form und Länge der einen Beinschiene nicht recht zu dem paßten, was man aus antiken Quellen über die Art von Philipps Verletzungen weiß.

Um das Rätsel noch weiter zu komplizieren, war der geheimnisvolle Tote in der Larnax nicht der einzige in diesem Grab Bestattete. In der Vorkammer fanden die Archäologen eine zweite goldene Larnax mit den Gebeinen einer jungen Frau. Die Knochen waren in zwei mit purpurnen Zweigen, Blättern, Blüten und Spiralmäandern

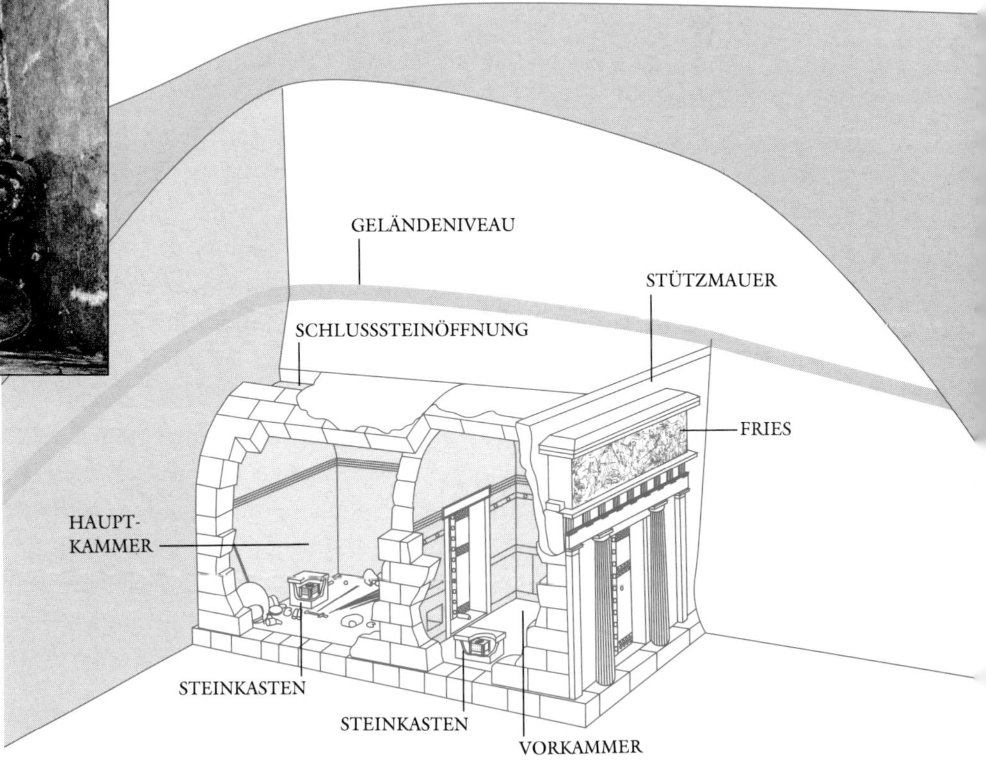

Dies ist der Anblick, der sich Manolis Andronikos darbot, als er in die von ihm entdeckte Grabkammer hinabsah, nachdem er den Schlußstein aus dem Dekkengewölbe entfernt hatte (oben): Er erkannte einen marmornen Kasten, viele Grabbeigaben, einen verrosteten Panzer und eine Tür, die den Zugang zu einem weiteren Raum versperrte. Die Zeichnung rechts zeigt einen Aufriß des unterirdischen Grabes: die Hauptkammer mit Beigaben, den Vorraum mit einem zweiten Steinkasten und die mit einem bemalten Fries geschmückte Säulenfassade.

verzierte Stücke Goldstoff gewickelt. Über ihre Identität entbrannte eine noch hitzigere Debatte. Wenn das Grab tatsächlich Philipp II. gehörte, war sie dann eine seiner Gemahlinnen, eine Lieblingskonkubine oder eine Tochter? Mit Hilfe der zahlreichen Quellen, die man aus dieser gut dokumentierten Epoche besitzt, erstellten Historiker einen detaillierten Stammbaum und ermittelten auf diese Weise ein halbes Dutzend Frauen, die – durch Geburt oder Heirat – einen ausreichend hohen Status besessen haben dürften, um der Ehre einer königlichen Bestattung teilhaftig zu werden.

Wer immer sie sein mochte – zu ihren Grabbeigaben gehörten auch Waffen und eine Rüstung, was manchen Wissenschaftlern dafür zu sprechen schien, daß es sich um Eurydike gehandelt haben könnte, die Gemahlin des kranken Philipp III. Arrhidaios. Eurydike, eine makedonische Amazone, war eine geübte Kriegerin gewesen und hatte zeitweise sogar die makedonischen Streitkräfte angeführt. Wenn es wirklich ihre Gebeine waren, so konnte man mit ziemlicher Sicherheit davon ausgehen, daß in der Hauptkammer tatsächlich Philipp III. Arrhidaios lag.

Das Rätsel bleibt ungelöst und beschäftigt weiterhin die Gemüter. Von beiden Seiten werden immer wieder neue Argumente für und wider Andronikos' Theorie bezüglich der Identität des königlichen Toten vorgebracht. Doch sei der im Tumulus bestattete Philipp nun Alexanders kriegerischer Vater oder sein kränklicher Nachfolger – darin sind sich mittlerweile die meisten Fachgelehrten einig, daß es sich bei den Ruinen von Vergina wahrscheinlich um die Überreste von Aigai handelt, der ältesten Hauptstadt Makedoniens und der traditionellen Begräbnisstätte der Mitglieder seines Königshauses.

Ganz außer Zweifel steht, daß der Tumulus selbst, ebenso wie die ganze Nekropole, einen reichen Schatz an Informationen über das Goldene Zeitalter Makedoniens birgt – über die Epoche also, in der dieses Land die hellenische Kultur tief in das Herz Asiens trug und neue Ideen und Vorstellungen aus dem Osten nach Griechenland zurückbrachte. Dieser Austauschprozeß vollzog sich gewaltsam und schnell – er fand praktisch während der kurzen Regierungszeit zweier bemerkenswerter Monarchen statt, Philipps II. und Alexanders des Großen. Die Folge ihrer Eroberungen war die Umwandlung der alten griechischen Zivilisation, die komplexer und kosmopolitischer wurde und so auf Jahrhunderte hinaus Politik, Kultur und tägliches Leben in einem Großteil der damaligen Welt entscheidend bestimmen sollte. Alexanders Vermächtnis war der Hellenismus, eine Epoche intellektuellen Aufbruchs und künstlerischer Neuerungen, die rund 300 Jahre dauerte.

Während dieser Zeitspanne entstanden – von Alexander selbst oder seinen politischen Erben gegründet – zahlreiche große Städte: in Ägypten, Kleinasien, Mesopotamien, Persien, ja selbst im fernen Afgha-

EIN HORTFUND IM GARTEN

Ein bulgarischer Bauer grub 1986 gerade in seinem Garten, um ein Wasserrohr zu verlegen, als er etwas in der Erde funkeln sah. Zur Fundstelle gerufen, begannen Archäologen eines nahegelegenen Museums sofort zu graben und förderten dabei insgesamt 165 Silbergefäße zutage – Schüsseln, Krüge und Becher aus dem 5. und 4. vorchristlichen Jahrhundert, davon 31 vergoldet und alle als thrakische Arbeit erkennbar. Einige von ihnen sind unten abgebildet.

Die historische Landschaft Thrakien lag zwischen Makedonien, Donau, Schwarzem Meer und Ägäis, nahm also ungefähr das Gebiet des heutigen Bulgarien ein. Ihre Bewohner waren den Griechen schon seit der Bronzezeit bekannt, als die Thraker als Bundesgenossen Trojas ihre Tapferkeit im Kampf gegen die Mykener unter Beweis gestellt hatten. In der Schlacht, berichtet Homers *Ilias*,

trug der thrakische König eine goldene Rüstung, die eines Gottes würdig gewesen wäre.

Als Philipp II. 356 v. Chr. seine aggressive Expansionspolitik begann, konnte er die politisch zersplitterten Thraker relativ schnell überwinden und ihr Gebiet bis 341 v. Chr. vollständig erobern. Dadurch konnte er in den thrakischen Bergwerken Gold und Silber abbauen lassen und seine Kriegskasse damit füllen. Eine weitere Bereicherung stellten die thrakischen Soldaten dar, die, der makedonischen Armee eingegliedert, Philipp und seinen Sohn Alexander bei der Verwirklichung ihres Traums von einem Großreich tatkräftig unterstützten.

Wer diesen Hort einst vergrub, ist nicht bekannt, aber einige Archäologen vermuten, daß Adlige aus der Umgebung durch diese Maßnahme versuchten, den Reichtum ihrer Familie vor dem Zugriff der Makedonier zu retten. In dem Fall müssen sie im Kampf gegen die Eroberer gefallen sein, da sie später nicht zurückkamen, um ihre Schätze wieder zu bergen.

nistan, wo der griechische Geist mit der alten und nicht minder verfeinerten Kultur des indischen Subkontinents in Berührung kam. Wo immer sie waren, hinterließen die Makedonier und ihre Nachfolger – namentlich die seleukidischen Könige Asiens und die Ptolemäer in Ägypten – deutliche Spuren ihrer Anwesenheit, Denkmäler, die selbst in ihrem jetzigen verfallenen Zustand noch immer einen Eindruck von Pracht und Größe vermitteln. Vom Balkan bis zum Hindukusch ziehen sich – teils in Trümmern, teils erstaunlich gut erhalten – ihre Gräber, Tempel, Paläste, Marktplätze, Theater und Festungen hin und fesseln die Aufmerksamkeit der Archäologen.

Die Bürger Athens und der anderen griechischen Stadtstaaten betrachteten ihre nördlichen Nachbarn als Barbaren: Die Makedonier sprachen kein Griechisch, lebten in einem entlegenen Landstrich und hielten noch immer an archaischen Stammessitten fest, die die Hellenen schon lange aufgegeben hatten. Demokratische Regierungsformen waren ihnen unbekannt; sie folgten ihren Häuptlingen, und die wiederum wurden – unter Schwierigkeiten – von Königen beherrscht. In historischer Zeit waren die fruchtbaren Ebenen Niedermakedoniens und das gebirgige Obermakedonien in vier Reiche gegliedert, aber die Könige der in Niedermakedonien regierenden Dynastie der Argeaden, der auch Philipp II. entstammte, betrachteten sich seit langem als Oberherren ihrer Nachbarn im Hochland. Deren Auffassung von dieser Beziehung variierte von einer zur anderen Generation, je nachdem, wie weit es dem jeweiligen König gelang, seinen Willen durchzusetzen.

Die Argeaden verehrten Herakles, den mythischen „starken Mann" und Halbgott, Sohn einer Sterblichen und des Olympiers Zeus, als ihren Ahnherrn. Die Familie belegte sich mit dem Epitheton „zeusentsprossen", und Philipp II. – der 359 v. Chr. den Thron bestieg – ließ Münzen mit Darstellungen von Zeus und Herakles prägen, um die Welt an das besondere Erbe der Argeaden zu erinnern, in dem sich göttliche Würde mit übermenschlicher Kraft verband. Ein Großteil dessen, was wir von Philipps Leben wissen, ist uns von Historikern wie Plutarch überliefert, die drei bis vier Jahrhunderte nach dessen Tod schrieben und sich dabei auf ältere, jetzt nicht mehr erhaltene Quellen stützten.

Nach der altbewährten Sitte von Monarchen mit schwierigen Nachbarn benutzte Philipp das Ehebett, um Bündnisse zu schließen und seine Macht zu festigen. Er heiratete im Laufe seines Lebens fünf Frauen, ohne unbedingt immer zu warten, bis die eine im Kindbett gestorben war, ehe er die nächste nahm. Die dritte dieser Gemahlinnen war ihm allerdings, wie sich herausstellen sollte, mehr als ebenbürtig. Olympias, die Tochter des Molosserkönigs von Epeiros, eines Reiches im heutigen Grenzgebiet von Griechenland und Albanien, zählte zu ihren Vorfahren keinen geringeren als Achilleus, den sagenhaften Helden des Trojanischen Krieges. Die bei ihrer Heirat gerade 18jährige ließ sich nicht von der Aussicht abschrecken, Machtkämpfe mit den anderen Gemahlinnen ihres polygamen Gatten ausfechten zu müssen. Obwohl sie ihm Alexander und eine Tochter, Kleopatra, gebar, lernte es Philipp schnell, einen respektvollen Abstand zu seiner jungen molossischen Königin zu wahren. Olympias hatte nicht nur eine sehr starke Persönlichkeit, sie soll außerdem eine Anhängerin uralter Mysterienkulte gewesen sein, in magischen Praktiken bewandert – und offenbar eine Freundin von Reptilien. Wie Plutarch berichtet, betrat Philipp einmal, wohl in erotischer Absicht, ihr Schlafgemach und fand im Bett neben der schlummernden Königin eine große Schlange vor; worauf er sich, merklich abgekühlt, wieder von dannen schlich.

Aber Philipp stand der Sinn eigentlich ohnehin nach einer ganz anderen Art von Eroberungen. Im Frühling des Jahres 356 v. Chr. überquerte seine Armee den Strymon (heute Struma), den Fluß, der die damalige Grenze zwischen Makedonien und Thrakien bildete, und besetzte das für seine reichen Gold- und Silberminen berühmte Pangaiongebirge. Nachdem er das Gebiet durch eine starke Garnison gesichert und eine große Anzahl von makedonischen Siedlern zurückgelassen hatte, die das kostbare Erz abbauen sollten, begann Philipp als erster Herrscher in der Geschichte Europas, Goldmünzen als reguläres Zahlungsmittel zu prägen (die athenischen Münzen waren aus Silber und Bronze) – und er wußte sie klug einzusetzen.

Wohl wissend, daß – wie er selbst gesagt haben soll – keine Stadt uneinnehmbar war, solange ein mit Gold beladener Esel in sie hineingelangen konnte, gab Philipp einen Teil seines Reichtums aus, um sich die Loyalität seiner Adligen und das Wohlwollen ausländischer Herrscher zu erkaufen. Einen weiteren Teil verwendete er für die Entwicklung Makedoniens, dessen Übergang von einer hauptsächlich auf Viehzucht basierenden zu einer durch Ackerbau geprägten Wirtschaft er gezielt unterstützte. (Die Ebenen Niedermakedoniens waren aufgrund ihres fruchtbaren Bodens schon seit langem als die „Gärten des Midas" bekannt gewesen – nach dem sagenhaften König, der alles, was er berührte, in Gold verwandelte.) Zur Verbesserung des Binnenverkehrs und zur Sicherung seines Reiches baute er Straßen und Kastelle und förderte das Wachstum der Städte als Zentren des Handels.

Den Löwenanteil seiner Einkünfte investierte Philipp aber in die Umgestaltung seiner Armee. Er verwandelte den ungeordneten Haufen von Stammeskriegern und Freiwilligen in ein diszipliniertes und gut ausgerüstetes stehendes Heer, das durch kampftechnisch spezialisierte, ausländische Krieger ergänzt wurde. Makedonische Adlige bildeten Philipps

Reiterei, während seine zähen Bergbauern und Hirten, mit vier Meter langen *sarissas* – schweren Wurf- und Stoßspeeren – bewaffnet, mutige und ausdauernde Infanteristen abgaben.

Philipps beträchtliche militärische Begabung war schon früh gefördert worden. Seitdem Theben bei Leuktra im südlichen Böotien im Jahre 371 v. Chr. Sparta vernichtend geschlagen hatte, war es zu einem der mächtigsten Stadtstaaten in Griechenland aufgestiegen. Philipps älterer Bruder, der damalige Herrscher von Makedonien, schloß rasch ein Bündnis mit den Thebanern und schickte ihnen zum Beweis seiner Aufrichtigkeit den 15jährigen Philipp als Geisel.

Während er diese ihm aufgezwungene Gastfreundschaft genoß, lernte Philipp den großen thebanischen Feldherrn Epameinondas, den Sieger von Leuktra, kennen und erfuhr durch ihn viel über den wirkungsvollsten Einsatz der verschiedenen Waffengattungen und die Einteilung des Heeres in einen offensiven und einen defensiven Flügel (die sogenannte schiefe Schlachtordnung). Nachdem er aber selbst den Thron bestiegen und das Kommando über die makedonischen Streitkräfte übernommen hatte, brauchte Philipp nicht lange, um seine südlichen Nachbarn zu übertreffen, und zwar vor allem in der Kunst der Belagerung, die die Griechen nie vervollkommnet hatten. Und zu ihrer großen Verblüffung mußten seine Feinde feststellen, daß er seine Truppen sogar im Winter in den Kampf schickte – einer Jahreszeit, die bis dahin von jedem Krieger ausschließlich dazu genutzt worden war, Waffen und Rüstung zu reparieren und neue Kräfte zu sammeln.

Im Jahre 358 v. Chr. begann Philipp, seinen Machtbereich auszudehnen. Was er durch Diplomatie nicht erreichen konnte, verschaffte er sich durch List und militärische Stärke: Er nutzte die innenpolitischen Probleme und Rivalitäten der griechischen Stadtstaaten gezielt aus, schwächte die athenische Wirtschaft durch einen erbitterten, langanhaltenden Kampf um wichtige Handelswege und brachte schließlich ein riesiges Territorium unter seine Kontrolle, das vom Schwarzen Meer bis zur Adria und von der Donau bis zum Golf von Korinth reichte. In Athen wandte Demosthenes all seine Beredsamkeit auf, um die Stadt-

Schießscharten für Katapulte bekrönen eine im 3. Jahrhundert v. Chr. entstandene Mauer aus exakt zugehauenen Steinblöcken, die einstmals die Grenze von Attika in der Nähe von Aigosthena, einer Stadt am Golf von Korinth, sichern half. Auch wenn die griechischen Befestigungsanlagen parallel zur Entwicklung zunehmend leistungsfähigerer Belagerungswaffen und Geschütze immer raffinierter wurden, stellten sie für entschlossene Fußsoldaten mit Sturmleitern doch kein unüberwindliches Hindernis dar.

staaten dazu zu bewegen, sich gegen die Makedonier zusammenzuschließen. Aber erst 339 v. Chr., als Philipp Elateia, eine strategisch wichtige Stadt nordöstlich des Parnaß, besetzte und dadurch gleichzeitig Athen und Theben bedrohte, ließen sich die zwei Mächte überzeugen und schlossen ein Verteidigungsbündnis.

Nach einem vergeblichen ersten Versuch, den Vormarsch der Makedonier aufzuhalten, kam es im August 338 v. Chr. bei Chaironeia, einer Stadt im äußersten Westen Böotiens, zur Entscheidungsschlacht. Als die Athener in breiter Front angriffen, täuschte Philipp, der den rechten Flügel anführte, einen Rückzug vor, wodurch er die Mitte der gegnerischen Phalanx nach vorn lockte und ausdünnte; gleichzeitig drang Philipps 18jähriger Sohn Alexander mit der makedonischen Reiterei auf der linken Seite vor. Als sich endlich eine Lücke in den athenischen Reihen öffnete, brachen Alexanders Reiter durch und griffen das Herz der griechischen Armee an – die „Heilige Schar", eine thebanische Elitetruppe, die 33 Jahre zuvor entscheidend dazu beigetragen hatte, daß die Spartaner bei Leuktra besiegt wurden. Als die Thebaner fielen, endete auch das Goldene Zeitalter der freien griechischen Stadtstaaten.

Auf Philipps Anregung hin wurde nun ein neuer hellenischer Bund unter seiner Hegemonie gegründet, wenngleich seine einstigen Feinde sein Recht auf Mitgliedschaft in einer solchen Koalition bestritten haben dürften. Jetzt konnten die Makedonier aber nicht länger als „ungriechische" Ausländer abgetan und von militärischen Bündnissen ausgeschlossen werden; nun saßen sie im Zentrum der Macht. Um seinen neuen Status zu festigen, beschloß Philipp, seine widerspenstigen Bündnispartner durch einen panhellenischen Rachefeldzug gegen einen

gemeinsamen Feind zusammenzuschmieden. Im Jahre 336 v. Chr. entsandte er 9000 Fußsoldaten und 1000 Berittene nach Kleinasien mit dem Auftrag, das mächtige persische Reich zu demütigen.

Bevor er allerdings nennenswerte Erfolge im Osten erzielen konnte, wurde Philipp in eine andere, privatere Auseinandersetzung verwickelt, einen regelrechten Ehekrieg. Aus welchen Gründen auch immer hatte sich Philipp eine weitere Gemahlin zugelegt, die Tochter des Oberbefehlshabers der makedonischen Streitkräfte, und bald darauf war die junge Ehefrau schwanger. Olympias, die nachteilige Konsequenzen für ihren eigenen Sohn, den Thronfolger Alexander, befürchtete, zog sich wutentbrannt nach Epeiros zurück. Dann komplizierte Philipp die Angelegenheit dadurch noch weiter, daß er Kleopatra, seine und Olympias' Tochter, mit ihrem eigenen Onkel, dem Molosserkönig, verheiratete. Die Atmosphäre bei der Trauung dürfte gespannt gewesen sein.

Die Hochzeit wurde mit großem Gepränge begangen, und zu den begleitenden Feierlichkeiten gehörten auch Wettkämpfe, die im Theater von Aigai stattfanden. Rund 2300 Jahre später würde Manolis Andronikos den Schauplatz dieser Ereignisse wiederfinden. Indem er, vom Palast ausgehend, einen fast 60 Meter langen Schnitt graben ließ, indentifizierte er Reste der gebogenen Mauern des Zuschauerraums, die erste Sitzreihe, die zwei ins Theater führenden Seitengänge sowie Teile der Grundmauern des Bühnenhauses. „Es war", schrieb Andronikos später, „eine so unglaubliche Entdeckung, daß man fast hätte meinen können, die Ruinen seien uns extra vor die Füße gelegt worden."

Doch die an dieser Stelle waltende Macht des Schicksals hatte es mit dem antiken König weit weniger gut gemeint als mit den heutigen Archäologen. Zur Eröffnung der Feierlichkeiten hatte ein prächtiger Zug makedonischer Adliger den Monarchen zur Arena eskortiert. Dann befahl Philipp, begierig, seine Unangreifbarkeit unter Beweis zu stellen, seiner Leibwache zurückzutreten, während er, in makellos weiße Gewänder gehüllt, allein ins Theater schritt und den Beifall der begeisterten Menge entgegennahm.

In diesem Augenblick stürzte sich ein junger Offizier namens Pausanias auf den König und stieß ihm das Schwert durch den Leib; dann floh er aus dem Theater. Während Blut die schneeweißen Gewänder des sterbenden Herrschers durchtränkte, nahmen junge makedonische Adlige die Verfolgung des Mörders auf. Pausanias schaffte es noch, die Stadt zu verlassen, stolperte dann aber über die Wurzel eines alten Weinstocks und wurde von den Speeren seiner Verfolger durchbohrt.

Noch während die Rächer ihre Waffen aus dem Leichnam des Attentäters herauszogen, begannen sich Gerüchte am Hof und in der ganzen Stadt auszubreiten. Man munkelte, Pausanias habe mit Philipp, der gelegentlichen homoerotischen Abenteuern nicht abgeneigt gewe-

Ein fünfeinhalb Meter hoher, grimmig blickender Löwe (ganz links) erinnert an die Tapferkeit der Heiligen Schar, einer thebanischen Truppe von 300 Kriegern, die 338 v. Chr. in der entscheidenden Schlacht von Chaironeia aufgerieben wurde. Kurz nach Philipps Sieg über die Griechen errichtet, wurde das Denkmal 1903 von der Griechischen Archäologischen Gesellschaft restauriert und mit einer neuen Basis versehen (links). Der (hier noch in Fragmenten am Boden liegende) Löwe bewachte ursprünglich die gemeinsame Grabstätte von 254 gefallenen Mitgliedern der Heiligen Schar.

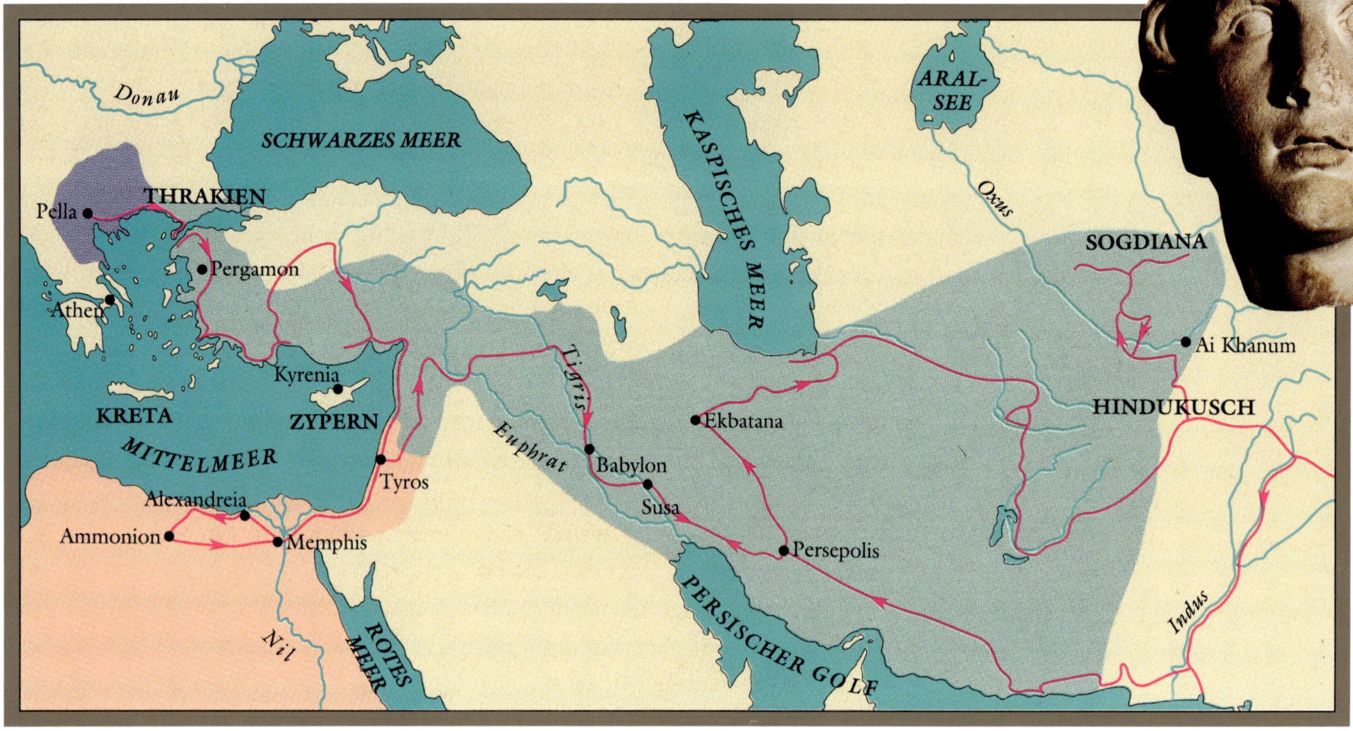

PTOLEMÄERREICH

SELEUKIDENREICH

MAKEDONIEN

KRIEGSZÜGE ALEXANDERS DES GROSSEN

Alexander der Große (oben, Kopf aus Pergamon in der heutigen Türkei) unterwarf im 4. Jahrhundert v. Chr. einige der mächtigsten Städte Asiens und Afrikas. Diese Karte zeigt seine Kriegszüge. Nach seinem Tod im Jahre 323 v. Chr. verlor das riesige Reich, das nun seines willensstarken Schöpfers beraubt war, den Zusammenhalt. Im Jahre 275 v. Chr. waren Teile davon bereits verloren, und aus dem Rest hatten sich drei völlig eigenständige Königreiche herausgelöst.

sen war, einmal eine Affäre gehabt. In besser unterrichteten Palastkreisen wurde jedoch die Vermutung geäußert, Pausanias habe zwar die Waffe geführt, aber im Auftrag anderer, abwesender Feinde gehandelt. Begreiflicherweise fiel der Verdacht sehr schnell auf die gekränkte molossische Königin. „Die meisten", berichtet Plutarch, „machten Olympias dafür verantwortlich." Ob sie nun aktiv an einer Verschwörung mitgewirkt oder ihre angeblichen okkulten Kräfte eingesetzt hatte, um auf irgendeine Art Philipps Untergang zu bewirken, oder ob sie lediglich abgewartet und gehofft hatte, jemand anders würde ihr die „Arbeit" abnehmen – jedenfalls war Olympias jetzt gerächt. Und, was sich für den Gang der Geschichte als weit wichtiger erweisen sollte, ihr Sohn Alexander, mit 20 Jahren schon ein „Veteran" sowohl auf dem diplomatischen Parkett als auch auf dem Schlachtfeld, stand bereit, um seinem berühmten Vater nachzufolgen – und ihn zuletzt zu übertreffen.

Daß wir über Alexanders Leben so gut informiert sind, verdanken wir Biographen der Kaiserzeit wie Plutarch, Diodor und vor allem Arrian, der im 2. Jahrhundert n. Chr. noch die Möglichkeit hatte, die – heute nicht mehr erhaltenen – Aufzeichnungen von Alexanders Vertrauten auszuwerten: seines Generals Ptolemaios, des Technikers und Historikers Aristobulos und des Admirals Nearchos, der auch ein Jugendfreund des Herrschers gewesen war. Mosaiken, Plastiken und Münzen vermitteln uns sogar einen guten Eindruck von Alexanders Aussehen:

ausdrucksvolle graue Augen, ein glattrasiertes Gesicht, üppiges blondes, gewelltes Haar und eine gewölbte Stirn.

Der junge König scheint eine Schwäche für Künstler gehabt und sich in ihrer Gesellschaft wohl gefühlt zu haben. Er stand auf vertrautem Fuß mit dem gefeiertsten Maler seiner Epoche, Apelles, und besuchte ihn häufig in seinem Atelier. Zum großen Vergnügen der Lehrlinge, die derweil Farben anrührten, ließ sich Alexander bei solchen Gelegenheiten lang und breit – und bisweilen mit einem erstaunlichen Mangel an Sachkenntnis – über die Geheimnisse künstlerischen Schaffens aus. Dem Apelles soll Alexander das ausschließliche Recht eingeräumt haben, ihn zu porträtieren, während der große Bildhauer Lysippos das entsprechende Privileg auf dem Gebiet der Plastik genoß. Von einer seiner, wie man annehmen kann, ähnlich aussehenden Statuen Alexanders ist eine römische Kopie erhalten.

Aber selbst Porträts zweifelhafter Herkunft strahlen die unbestreitbare Intelligenz ihres königlichen Modells aus. Philipp, der es nie versäumte, aus Ressourcen jeglicher Art das Beste herauszuholen, hatte einen Jugendfreund als Erzieher Alexanders an seinen Hof geholt – es war kein geringerer als Aristoteles, Platons berühmtester Schüler. Als der Philosoph den königlichen Ruf erhielt, arbeitete er gerade in Mytilene, auf der Ägäisinsel Lesbos, wo er sich nach Platons Tod niedergelassen hatte, an seinen bahnbrechenden philosophischen, naturwissenschaftlichen und poetologischen Werken.

Noch gefördert durch Aristoteles' Unterricht, muß der Verstand des Prinzen überaus scharf gewesen sein. Viele Chronisten referieren die Anekdote über die Weise, wie der junge Alexander ein Pferd namens Bukephalos zähmte, mit dem selbst die erfahrensten Reiter am makedonischen Hof nicht hatten fertig werden können. Manche Zuschauer mögen gemeint haben, daß der Jüngling die angeblichen okkulten Fähigkeiten seiner Mutter Olympias geerbt hatte, aber die Wahrheit war viel simpler: Alexander hatte beobachtet, daß das Pferd vor dem eigenen Schatten scheute, und beruhigte das Tier, indem er es mit dem Kopf in die Sonne drehte. Mag nun Magie oder eine vernünftige Behandlung die Ursache dafür gewesen sein, jedenfalls entwickelte sich zwischen Alexander und seinem Streitroß eine sehr enge Beziehung, um die sich schließlich Sagen ranken würden.

Jemand, der vom Begründer des modernen wissenschaftlichen Denkens erzogen worden war, mußte fast zwangsläufig zu einem nüchternen Pragmatiker werden. Einmal, kurz vor Beginn einer Schlacht an einem gefährlichen Flußübergang, verweigerten ihm seine Generäle beinahe den Gehorsam. Da sie nicht zugeben wollten, was ihnen tatsächlich Sorgen bereitete – das heimtückische Gelände und ein Gegner, den sie für unbesiegbar hielten –, erinnerten ihn die Offiziere an die

DIE BERGUNG EINES FRACHTSCHIFFS, DAS ZUR ZEIT ALEXANDERS DES GROSSEN DIE MEERE BEFUHR

Auch wenn der Grund des Mittelmeers mit Hunderten antiker Schiffswracks übersät ist, sind diese nicht leicht zu lokalisieren. Und wenn eines von ihnen einmal zufällig entdeckt wird, wie dies 1965 vor Kyrenia (Zypern) geschah, ist seine Bergung stets ein äußerst schwieriges Unterfangen. Ein wachsamer Zypriot hatte, während er nach Schwämmen tauchte, in 30 Meter Tiefe einige Amphoren ausgemacht, die aus dem Seegras herausragten *(Hintergrund)*. Sie deuteten mit größter Wahrscheinlichkeit auf das Vorhandensein eines Wracks hin, und deshalb benachrichtigte er den Unterwasserarchäologen Michael Katzev. Als Katzev und seine Frau Susan zur Fundstelle tauchten, gelangten sie zu der Überzeugung, daß da tatsächlich ein Schiff verborgen lag. Aber wie alt mochte es sein? Als sie einem Experten die Form der Amphoren beschrieben, erfuhren sie, daß solche Amphoren aus dem 4. Jahrhundert v. Chr. datierten.

Unter der Ägide der University of Pennsylvania nahmen die Katzevs und ein Team von Ausgräbern die langwierige und komplizierte Arbeit in Angriff, das Wrack freizulegen und zu heben. Zuerst mußten sie den dichten Algenbewuchs entfernen. Dazu bedienten sie sich einer Art überformatiger Injektionsnadel, mit deren Hilfe Luft unter den Wurzelteppich gepumpt werden konnte, wodurch sich die Pflanzen von ihrer Unterlage lösten. Nach und nach kamen weitere Amphoren zum Vorschein. Viele waren leer, aber einige enthielten insgesamt rund 10 000 Mandeln aus der Ladung des Schiffes, die besitzergreifende Kraken darin versteckt hatten.

Ein Vergleich des Kohlenstoff-14-Gehalts der Schiffsbalken mit dem der Mandeln legte den Schluß nahe, daß das Schiff fast ein Jahr-

Unterwasserarchäologen arbeiten zwischen den Rohren, die gitterförmig über das Wrack von Kyrenia gelegt wurden (rechts). Der Taucher im Vordergrund benutzt einen Preßluftschlauch, um sedimentäre Ablagerungen zu entfernen. Die chemische Behandlung zur Konservierung der Schiffsbalken verursachte gelegentlich Verformungen des Holzes, die dann ausgebügelt wurden (unten).

hundert lang in Gebrauch gewesen sein könnte. Vermutlich um das Jahr 389 v. Chr. konstruiert, dürfte es rund 20 Jahre nach Alexanders Tod (323 v. Chr.) gesunken sein.

Dem aufgefundenen Geschirr nach zu urteilen, hatte die Besatzung aus vier Mann bestanden. War das Schiff in einem Sturm untergegangen, und waren die Seeleute ertrunken? Verrostete Speerspitzen unter dem Wrack ließen ein anderes Schicksal vermuten: Das Schiff könnte von Piraten ausgeraubt und versenkt und die Mannschaft in die Sklaverei verkauft worden sein.

Gewöhnlich bleibt von so alten Schiffen nur wenig übrig, aber eine Schicht aus feinem Sand hatte dieses eine geschützt, wodurch 60 Prozent des Rumpfes noch erhalten waren. Nachdem sie zur Festigung des weichen Holzes mit Polyäthylenglykol behandelt worden waren, konnten die geborgenen Fragmente wieder zusammengesetzt werden *(rechts)*.

Unter Anwendung der durch den Fund gewonnenen Erkenntnisse über antike Schiffbaumethoden wurde eine Rekonstruktion des Schiffes in Angriff genommen. 1986 legte die *Kyrenia II* die 500 Seemeilen von Zypern nach Athen zurück und überstand drei Stürme unbeschadet.

Der 14 Meter lange Schiffsrumpf, ein Triumph der Unterwasserarchäologie und ihrer modernen Restaurierungsmethoden, ist in Kyrenia ausgestellt. Fünf Jahre dauerte es, seine 5000 Teile zu bergen, zu behandeln und wieder zusammenzusetzen. Das 2300 Jahre alte Schiff war nach der in der Antike üblichen „Schalenbauweise" konstruiert worden, bei der man zuerst die Planken Kante an Kante zusammendübelte und die Spanten nachträglich einfügte.

Tatsache, daß jetzt Mai sei und daß makedonische Könige in diesem Monat von jeher jede Kampfhandlung unterlassen hätten. Mehr am Sieg interessiert als an der Einhaltung irgendwelcher Traditionen, antwortete Alexander knapp: „In dem Fall haben wir wieder April!" und führte selbst die Reiterattacke an.

Er war ein junger Mann, der nichts auf die lange Bank schob. Philipp hatte Asien erobern wollen, und Alexander beschloß, den väterlichen Plan auszuführen. Noch im Jahr seiner Thronbesteigung, 336 v. Chr., konnte er die griechischen Stadtstaaten dazu bewegen, sich unter seinem Oberkommando zu einem panhellenischen Feldzug gegen Persien zusammenzuschließen. Zunächst war er zwar genötigt, zur Sicherung seiner Nordgrenzen Thrakien und Illyrien zu unterwerfen und einen Aufstand in Theben niederzuschlagen, doch bereits 334 v. Chr. marschierte er in Kleinasien ein. Die Stärke seiner Armee wird von den antiken Historikern unterschiedlich angegeben; sie scheint 30 000 bis 40 000 Mann Fußvolk und 4000 bis 5000 Reiter umfaßt zu haben.

Am Feldzug nahmen auch Künstler, Techniker und Gelehrte teil. Alexander marschierte in eine neue Welt voller Wunder; alles Denkwürdige, das ihm auf seinem Weg begegnete, sollte gewissenhaft dokumentiert, analysiert und ausgewertet werden. Auch Alexanders eigene geistige Interessen durften während dieses großen militärischen Abenteuers nicht zu kurz kommen. Zum Troß gehörte eine mobile Bibliothek mit belletristischen, philosophischen und historischen Werken, und neue Veröffentlichungen wurden dem wissensdurstigen Monarchen in regelmäßigen, kurzen Abständen nachgesandt.

Binnen vier Jahren hatte Alexander das halbe Perserreich erobert, das zu der Zeit im Westen bis Phönikien und Ägypten reichte. Von Kleinasien bis an die Ufer des Nils unterwarf er, teils gewaltsam, teils mit mehr oder weniger friedlichen Mitteln, alle einheimischen Herrscher, die bis dahin dem persischen Großkönig Dareios III. tributpflichtig gewesen waren. Die Ägypter krönten ihn sogar zum Pharao; die feierliche Zeremonie wurde im November 332 v. Chr. in Memphis, der 2600 Jahre alten ehemaligen Residenzstadt, abgehalten. Während er mit ansehen mußte, wie Alexander immer größere Brocken seines Riesenreiches verschlang, machte Dareios ihm mehrere Friedensangebote, die indes ausnahmslos mit knappen Worten abgewiesen wurden.

„Künftig", erklärte Alexander in einem seiner Antwortschreiben an den persischen Monarchen, „sei jede mir geltende Botschaft an den König von Asien gerichtet; wende dich fürderhin an mich nicht als an einen Gleichgestellten, sondern unterbreite deine Wünsche dem Herrn all deiner Güter." Doch als Dareios durch die Hand eines ungetreuen Vasallen starb, verfolgte Alexander den Mörder seines Feindes mit dem unerbittlichen Zorn eines Racheengels durch die Einöden Turkestans und übergab ihn, als er ihn endlich gefaßt hatte, den Persern, damit sie ihn vor Gericht stellten und wegen Hochverrats hinrichteten.

Aber selbst der strahlende makedonische Held war gelegentlich zu Taten fähig, die sich nicht ganz mit seinem heroischen Status vertrugen. Plutarch und Arrian, deren Schilderungen der Ereignisse sich ansonsten keineswegs immer decken, berichten übereinstimmend, Alexander habe den Winter 330 v. Chr. im prächtigen Königspalast der alten Reichshauptstadt Persepolis verbracht. Dort veranstaltete er zur Feier des Frühlingsanfangs – und damit der Fortsetzung des Feldzugs – ein großes Gelage. Im Verlaufe des Festes meinte einer der Gäste – möglicherweise die athenische Geliebte von Alexanders General Ptolemaios –, es sei doch nur recht und billig, wenn die Feiernden den Palast in Brand setzten. Als die Perser 150 Jahre zuvor in Griechenland einmarschiert wären, hätten sie schließlich die Athener Akropolis zerstört; jetzt endlich könnten die Griechen es ihren Feinden mit gleicher Münze heimzahlen.

Ohne auf die Proteste eines seiner Ratgeber zu hören, schleuderte Alexander – jedenfalls nach dieser Version der Geschichte – selbst die erste Fackel und gestattete der athenischen Dame, die zweite zu werfen. Dann verließ die Gesellschaft das Gebäude und schaute fröhlich weiterzechend zu, wie die Flammen auf die prächtig bemalten und mit hohen Säulen geschmückten Wände des Palastes übergriffen. Andere Historiker erwähnen das Fest überhaupt nicht, bestätigen allerdings, daß die Verantwortung für den Brand letztlich wirklich bei Alexander gelegen habe – der, da er vor den Persern nicht als fremder Eroberer, sondern als ihr neuer rechtmäßiger König auftreten wollte, diesen vandalischen Akt im nachhinein bereut haben dürfte.

Während die Perser ihre zerstörte Hauptstadt beweinten, zog Alexander weiter. Von der etwa 650 Kilometer nordwestlich von Persepolis gelegenen alten Stadt Ekbatana aus marschierte er zum Kaspischen Meer und dann in Richtung Osten, entlang den Nordgrenzen des heutigen Iran und Afghanistan zum Hindukusch – dessen Pässe noch immer vom Winterschnee bedeckt waren – und in die nordöstliche persische Provinz Sogdiana. Nachdem er seine Macht in Persien gefestigt hatte, wandte er sich nach Süden und drang ins Industal vor, wo er Vorbereitungen dafür traf, das sagenumwobene Königreich zu erobern, das jenseits des Flusses lag: Indien.

Als Alexander 327 v. Chr. den Indus überquerte, mußte er alle Hindernisse überwinden, die ihm dieses extreme, außergewöhnliche Land in den Weg stellen konnte: Monsunregen, unerträgliche Hitze und nicht zuletzt das Heer des pandschabischen Königs Poros, der ihm mit 200 Kriegselefanten entgegentrat. Doch nichts davon vermochte ihn aufzuhalten; erst eine Meuterei seiner Truppen zwang ihn, nach Persien zurückzukehren, und selbst dann verließ er den Subkontinent nicht, ohne zuvor mehrere Städte zu gründen.

Auch wenn es ihm nicht gelungen war, sich ganz Indien untertan zu machen, hatte Alexander dennoch ein ausreichend großes Betätigungsfeld für seine unglaublichen Energien. Kein Feldherr hatte je ein so riesiges Gebiet erobert oder das Eroberte so klug und tatkräftig sich wirklich anzueignen gewußt wie er. Alexander gründete Städte, förderte den Handel und verbesserte die Verwaltung, er baute Straßen und Häfen. Außerdem sorgte er auf seine typisch pragmatische Weise dafür, daß die griechische Kultur im neuen Riesenreich Wurzeln schlagen konnte, indem er viele seiner Offiziere mit persischen Mädchen verheiratete. Nach Auffassung mancher Historiker verfolgte er durch diese Maßnahmen das Ziel, eine kosmopolitische west-östliche Mischkultur zu schaffen; andere heutige Forscher meinen dagegen, den Griechen sei es in Asien – wie neuzeitlichen Kolonialherren auch – weniger um einen Kulturaustausch gegangen als vielmehr darum, sich in der Fremde eine verkleinerte Kopie ihrer Heimat zu schaffen.

Das Spiel von Licht und Schatten betont die anmutigen Bogen dieser im 3. Jahrhundert v. Chr. entstandenen Zisterne unter der Bühne des Theaters auf der Insel Delos. Allerdings blieben im alten Griechenland die Bogen meistens unsichtbar, da die Architekten sie nicht zum Schmücken ihrer Bauwerke verwendeten, sondern nur als unterirdische oder sonstwie verborgene stützende Elemente.

Aber am Morgen des 10. Juni 323 v. Chr., wenige Wochen vor seinem dreiunddreißigsten Geburtstag, starb Alexander der Große in Babylon. Die Ursache seines Todes konnte nie endgültig geklärt werden. Manche sprachen von Gift, aber spätere medizinische Analysen der bekannten Fakten und Symptome schienen eher auf eine Infektion hinzudeuten – vielleicht als Folge eines Insektenstichs, des Genusses verseuchten Wassers oder einer unzureichend behandelten Wunde. Sein unerwarteter Tod erfüllte seine Vertrauten und loyalen Untertanen mit Trauer und Bestürzung, doch er hatte sich zu Lebzeiten auch viele Feinde geschaffen, die nun ihre Befriedigung über sein Ableben nicht verhehlten. „Alexander tot?" meinte ein athenischer Rhetor gehässig. „Unmöglich. Die ganze Welt würde nach seinem Kadaver stinken."

Dennoch strömte beinahe die ganze Welt zusammen – jedenfalls dürfte es denen, die Zeugen dieser Ereignisse wurden, so vorgekommen sein –, um den spektakulären Leichenwagen zu bestaunen, der den verewigten Eroberer heimführen sollte. Sein Leichnam – von Spezialisten einbalsamiert, die zuvor in Gebeten um Erlaubnis gefleht hatten, „den Körper eines Gottes berühren zu dürfen" – ruhte in einem goldenen Sarg unter einem goldbestickten Purpurtuch. Den Katafalk bekrönte ein goldener Miniaturtempel mit juwelenbesetztem Dach, ionischen Säulen, vier Statuetten der Siegesgöttin, Widderköpfen, verschlungenen Akanthusblättern und einem Kranz aus Ölbaumzweigen – alles kunstvoll von Goldschmiedemeistern aus dem kostbaren Metall gearbeitet, das jetzt in der blendenden Wüstensonne gleißte.

Am Gebälk des fahrenden Tempels befestigte große Glocken meldeten durch ihr Geläute der wartenden Menge das Herannahen des toten Herrschers. Und zur Erbauung der Zuschauer zeigten mehrere Bildtafeln Höhepunkte aus den Feldzügen des Heros: Alexander auf einem Prunkwagen, seine kampfbereite Kavallerie, Reihen indischer Kriegselefanten, eine Kriegsflotte. Selbst die Räder waren vergoldet und mit goldenen Löwen verziert, die Speere zwischen den Zähnen hielten. Gleichfalls vergoldet war das Zaumzeug der 64 Maultiere, die den prächtigen Wagen aus Asien zogen.

Nach dem Brauch seiner Vorfahren hätte Alexander in Aigai, der alten makedonischen Hauptstadt, bestattet werden sollen – in einem der Königsgräber, die in ferner Zukunft das Herz des Archäologen Manolis Andronikos mit Begeisterung erfüllen würden. Aber Alexanders treuer General Ptolemaios (der nach dem Tod seines Herrn Satrap von Ägypten wurde) leitete den Trauerzug statt dessen ins Nilreich um und ließ den Leichnam in Memphis beisetzen, wo er allerdings nur wenige Jahrzehnte lang ungestört ruhen durfte. Dann ließ ein Nachfolger des Ptolemaios die Mumie nach Alexandreia (dem heutigen ägyptischen Alexandria) bringen. Hier, in einer Stadt, die er selbst gegründet hatte, wurde Alexander begraben. Doch schon Ende des 3. Jahrhunderts v. Chr. bettete man den Leichnam abermals um und legte ihn diesmal in ein Gemeinschafts-Mausoleum.

Hier blieb der Leichnam Alexanders des Großen rund 300 Jahre lang. Die Grabkammer, die seinen goldenen Sarkophag enthielt, zog während dieser Zeit zahlreiche Pilger an. Als ein weiterer Nachfahre des Ptolemaios 89 v. Chr. den Goldsarg einschmelzen ließ, um den drohenden Staatsbankrott abzuwenden, wurde der – wie es heißt, noch immer vollkommen unversehrte – einbalsamierte Körper in einen bescheidene-

ren, lediglich mit buntem Glas verzierten Sarkophag gelegt. Das Grab blieb noch jahrhundertelang eine bedeutende Wallfahrtsstätte: Nicht nur die rechtmäßigen Erben Alexanders, sondern auch die Eroberer Ägyptens – Julius Cäsar, Marcus Antonius sowie Augustus, der erste Kaiser Roms – kamen, um dem Helden, der ein Vorbild für ihr eigenes Machtstreben war, ihren Respekt zu erweisen.

Der letzte historisch belegte Besucher war – im Jahre 215 n. Chr. – der römische Kaiser Caracalla. Kurze Zeit später brachen in Alexandreia schwere Unruhen aus, in deren Verlauf Alexanders Grab beschädigt und geplündert worden sein dürfte. Der Verfall des Denkmals war nun nicht weiter aufzuhalten, und bereits im 4. Jahrhundert wußte niemand mehr mit Sicherheit zu sagen, wo der Leichnam Alexanders lag. Diese Frage hat die Archäologen natürlich lange Zeit beschäftigt. Allein die ägyptische Altertümerverwaltung hat in diesem Zusammenhang über 140 Sondierungen durchgeführt, zuletzt im Jahre 1991. Bislang hat allerdings niemand etwas zutage gefördert, was als das gesuchte Grab hätte identifiziert werden können.

Ebenso ungeklärt ist die Frage, wie Alexander sich das weitere Schicksal seines riesigen Reiches nach seinem Tod vorstellte, da er weder einen Erben benannte noch, soweit bekannt, irgendein Testament hinterließ. Als er auf seinem Sterbebett gefragt wurde, wem er seine ausgedehnten Territorien vermachen wollte, soll Alexander eine direkte Antwort verweigert haben: „Dem Stärksten", flüsterte er. „Um meinen Leichnam werden große Kampfspiele stattfinden."

Zuletzt wurde das Reich nach langen, erbitterten Auseinandersetzungen (den Diadochenkämpfen) in drei größere, selbständige Staaten aufgeteilt, die von jeweils einem von Alexanders ehemaligen Waffenbrüdern regiert wurden: Ptolemaios herrschte über Ägypten und gründete eine Dynastie, die Ptolemäer, die mehr als 250 Jahre lang an der Macht blieben. Makedonien und Thessalien fielen einem anderen General, Antigonos, und seinen Nachkommen zu. Die griechischen Städte blieben, wenngleich nominell wieder selbständig, unter dem politischen Einfluß des mächtigen Nachbarn im Norden.

Auf der anderen Seite der Ägäis gelang es einem anderen von Alexanders Offizieren, Seleukos, den größten Teil der asiatischen Territorien zu einem einzigen Königreich zusammenzufassen; den Teil Indiens, den Alexander unter seine Gewalt gebracht hatte, eroberte der indische König Tschandragupta Maurja allerdings wieder zurück. Und während die Ptolemäer und Seleukiden um die Kontrolle ökonomisch und strategisch so wichtiger Gebiete wie des südlichen Syrien und der Küste Kleinasiens kämpften, gingen den Seleukiden im Osten weitere Territorien verloren, darunter Baktrien.

Löwen ziehen einen Wagen mit der geflügelten Siegesgöttin und der schon früh von den Griechen adoptierten kleinasiatischen Fruchtbarkeitsgöttin Kybele. Ein Priester steht rechts am Feueraltar, und der Sonnengott Helios blickt vom Himmel herab. Die stilistische Gestaltung der vergoldeten Silberplatte aus dem Tempel von Ai Khanum (Afghanistan) zeigt die bemerkenswerte Verschmelzung unterschiedlicher Kulturen, die in dem östlichsten aller griechischen Reiche stattfand.

Auf diesem Photo der bei Ai Khanum ausgegrabenen hellenistischen Siedlung verrät das gestufte Podium des größten der drei Stadttempel keinen ausgeprägten griechischen Einfluß (Vordergrund). Auch wenn ein skulptierter Fuß mit Sandale, den man in den Ruinen des Tempels fand, vermuten läßt, daß die dort verehrte Gottheit griechische Kleidung trug, sprechen verschiedene Gefäße und sonstige Kleinfunde dafür, daß wenigstens ein paar der dort durchgeführten Riten eher asiatischen Ursprungs waren.

In einem kleinen afghanischen Museum tauchte Anfang der sechziger Jahre ein überraschendes Exponat auf: ein antikes Säulenkapitell, geschmückt mit zwei Reihen skulptierter Akanthusblätter. Seinem Stil nach zu urteilen hätte das Objekt rund 5000 Kilometer weiter westlich, in der Umgebung von Korinth, entstanden sein können. Doch nach Aussage des Eigentümers des afghanischen Museums war das Kapitell an der Mündung des Koktscha in den Amudarja (oder Oxus, wie der Fluß in der Antike hieß) entdeckt worden, in einem entlegenen Tal rund 350 Kilometer nördlich von Kabul. An den beträchtlichen Ausmaßen des Objektes erkannten die Archäologen sofort, daß sie es mit einem wichtigen Fund zu tun hatten, sprach er doch für das Vorhandensein nicht lediglich irgendeiner griechischen Siedlung, sondern einer regelrechten hellenistischen Metropole.

Die Entdeckung von Ai Khanum, wie die antike Stadt nach ihrem Fundort genannt wurde, ermöglichte den Historikern eine Fülle neuer Erkenntnisse. Antike Chronisten hatten zwar von griechischen Siedlungen in der fernen Region Baktrien berichtet, aber abgesehen von Münzen waren bislang keinerlei greifbare Spuren dieser Kolonien zutage gefördert worden. Tatsächlich hatten einige moderne Fachgelehrte die Vorstellung, die hellenistische Kultur könnte so weit nach Osten vorgedrungen sein, als „gräko-baktrische Illusion" abgetan.

Ab 1964 unter der Leitung der französischen Archäologen Daniel Schlumberger und Paul Bernard durchgeführte, insgesamt 15jährige Ausgrabungen haben die Skeptiker widerlegt. Ai Khanum wurde entweder von Alexander selbst gegründet, als er die alte persische Grenzprovinz Baktrien eroberte, oder von Seleukos, der sie zu einer Regionalhauptstadt seines Reiches machte. Um 200 v. Chr. spaltete sich Baktrien allerdings ab und wurde zu einem unabhängigen hellenistischen Königreich, das Teile des heutigen Pakistan, Afghanistan, Usbekistan, Tadschikistan und Turkmenistan umfaßte. Ai Khanum gehörte weiterhin zu einem seiner wichtigsten Zentren, bis dann um 145 v. Chr. nomadische Invasoren aus dem Norden die Griechen vertrieben.

Die französische Ausgrabung der Stätte förderte einen prunkvollen königlichen Palast zutage. Die Anlage bedeckte eine Fläche von acht Hektar und umfaßte einen großen, kolonnadengesäumten Hof, öffentliche Empfangshallen und Privatgemächer, ein Labyrinth von Zimmern, in denen offenbar Regierungsbeamte wohnten, und ein Schatzhaus. Darin fand man in Griechisch abgefaßte Abrechnungen über den Eingang griechischer und indischer Münzen sowie Fragmente von Kristall, Lapislazuli und verschiedener Edelsteine, die alles darstellten, was von den einst dort aufbewahrten Kostbarkeiten übriggeblieben war. Die Archäologen entdeckten auch eine Bibliothek mit Resten von Abdrücken griechischer Papyri: Die Manuskripte selbst waren längst zu Staub zerfallen, aber die Tinte, mit der sie beschrieben gewesen waren, hatte auf die steinerne Unterlage der Dokumente abgefärbt. Die griechischen Buchstaben und Wörter waren blaß, aber doch so weit leserlich, daß sie als Teile einer Abhandlung über aristotelische Philosophie und als Fragmente eines Gedichts identifiziert werden konnten.

Ein von natürlichen und sagenhaften Meeresgeschöpfen umgebener Stern prangt in der Mitte dieses Mosaiks, das einstmals den Fußboden eines der Badezimmer des Palastes von Ai Khanum schmückte. Die Bäder der Oberschicht waren in dieser Stadt recht luxuriös und besaßen häufig getrennte Räume zum Ankleiden, zum Erhitzen des Wassers und zum Baden.

Auch außerhalb dieses Komplexes, in den Ruinen der Stadt selbst, fand man eindeutige Beweise dafür, daß die meisten ihrer Einwohner – wenn nicht alle – zumindest ihrer Kultur und ihrem Lebensstil nach Griechen gewesen waren. Das Ausgrabungsteam legte ein vornehmes Wohnviertel mit geräumigen Häusern frei, deren Badezimmer mit Mosaikfußböden geschmückt waren. Der Stil der Mosaiken war zweifelsfrei griechisch, wenngleich ihre Technik im Vergleich zu zeitgenössischen Arbeiten aus dem Mutterland entschieden altmodisch wirkte. Die Siedlung besaß auch öffentliche Einrichtungen, deren sich keine andere hellenistische Stadt hätte zu schämen brauchen: ein Theater mit mehreren tausend Sitzplätzen, ein Gymnasion mit den üblichen Inschriften zu Ehren von Hermes und Herakles als den Schutzgottheiten der dort durchgeführten athletischen Übungen sowie einen Friedhof mit monumentalen Grabstelen. Eine von ihnen war mit den letzten fünf der berühmten Maximen beschriftet, die – wie am Apollontempel im fernen Delphi zu lesen – das sittliche Ideal des Griechen verkündeten: „In der Kindheit", so lauten sie, „lerne gutes Benehmen; in der Jugend lerne, deine Leidenschaften zu zügeln; im mittleren Alter lerne, gerecht zu sein; im Alter lerne, ein weiser Ratgeber zu sein; stirb ohne Bedauern."

Plutarch hatte schon vor langer Zeit behauptet, Alexander habe im fernen Osten Kolonien zurückgelassen, deren Bewohner Homer lesen und die Tragödien des Sophokles und Euripides vortragen konnten. Jetzt schien es, als ob der antike Historiker, dessen Informationen nicht immer die zuverlässigsten sind, in diesem Fall die reine Wahrheit berichtet hätte. Tatsächlich bewiesen Form und Inhalt der erhaltenen Texte, daß die Einwohner von Ai Khanum trotz der riesigen Entfernung, die sie von ihrem Mutterland trennte, großen Wert darauf legten, daß ihre Kinder die griechische Sprache so gut beherrschten, als lebten sie nicht in Baktrien, sondern irgendwo am Mittelmeer.

Manche Forscher vermuten, daß die Wallanlage, die die Ufer der zwei Flüsse von Ai Khanum säumt, und die eindrucksvolle Stadtmauer den griechischen Kolonisten dazu gedient haben könnten, sich

Säulenbasen sind alles, was von der Südkolonnade des größten Hofes des Palastes von Ai Khanum am Ort geblieben ist. Links oben an der Mauer sind Trommeln der umgestürzten Säulen aufgereiht. Die rings um die Basen gegrabenen Löcher nahmen in antiker Zeit die Gerüste auf, die von den Bauarbeitern benutzt wurden, um die 116 neun Meter hohen, mit korinthischen Kapitellen bekrönten Säulen des Palasthofes zusammenzusetzen.

von der einheimischen Bevölkerung abzusondern. Viele tausend Kilometer westlich von Ai Khanum hatte eine ähnliche Barriere einst auch, wie man glaubt, die griechische Kolonie Massalia (Marseille) umgeben und denselben Zweck erfüllt. Andererseits gibt es auch Anzeichen dafür, daß die Kolonisten – trotz ihrer Vorliebe für alles Griechische – keineswegs immun gegen mehr oder weniger lokale Einflüsse waren. In einem zum Palastkomplex gehörenden Tempel stießen die Ausgräber beispielsweise auf eine getriebene Platte aus vergoldetem Silber, die neben griechischen auch deutliche orientalische Stilelemente aufweist.

Es ist allerdings unwahrscheinlich, daß viele der griechischen Einwohner von Ai Khanum oder anderer Kolonien in Baktrien oder Indien sich so vollkommen von ihrer eigenen Kultur abwandten, wie dies Menander tat, der von etwa 155 bis 130 v. Chr. über eine riesige hellenistische Enklave in Nordwestindien herrschte – das indogriechische Reich. Intensive Gespräche mit einem buddhistischen Mönch namens Nagasena hatten ihn von der Wahrheit dieser östlichen Religion überzeugt. Die während seiner Regierungszeit geprägten Münzen tragen das Bildnis der griechischen Göttin der Weisheit, Pallas Athene, aber eine davon ist auch mit dem Bild eines Rades versehen – worin manche das buddhistische Symbol des Rades der Lehre vermuten. Menander ist unter dem Namen „Milinda" in die altindische Literatur eingegangen. Wie Plutarch berichtet, wurde nach seinem Tod seine Asche unter die verschiedenen Städte des Reiches aufgeteilt und in eigens dafür errichteten Denkmälern (sogenannten Stupas) verwahrt – was dafür spricht, daß er von seinen buddhistischen Untertanen als ein Heiliger oder ein „Beschützer der Lehre" verehrt wurde.

Wenn der äußerste Rand der hellenistischen Welt jenseits des Hindukusch lag, in Ai Khanum und anderen zäh an ihrem Griechentum festhaltenden Enklaven, befand sich ihr Zentrum – nach Auffassung vieler Gelehrten – nicht in Griechenland selbst, sondern in Alexandreia, der Metropole an der ägyptischen Mittelmeerküste. Im Jahre 331 v. Chr. schritt Alexander selbst die schmale Landzunge zwischen dem Meer und dem Mareotis-See (heute Mariutsee) ab. In Begleitung seines Architekten Deinokrates steckte Alexander den Grundriß einer neuen Stadt ab, bestimmte, wo die Agora und die verschiedenen Tempel entstehen und wie die Straßen verlaufen sollten, damit die frische Meeresbrise ungehindert an den Häusern vorbeistreichen könnte. Wie der Chronist Aristander berichtete, war es die Absicht Alexanders, eine Metropole entstehen zu lassen, die „Menschen aus jeder Nation eine nährende Mutter" sein würde.

Das Aquarell (unten) des Architekten und Künstlers des 19. Jahrhunderts Richard Bohn zeigt die hellenistische Stadt Pergamon, wie sie im 2. Jahrhundert v. Chr. ausgesehen haben könnte; rechts vom Theater ist der weltberühmte Zeusaltar zu erkennen. Auf dem 1879 entstandenen Photo links posieren der deutsche Ingenieur und Archäologe Carl Humann (zweiter von links) und der Sponsor der Ausgrabung, Alexander Conze (Mitte), mit Bohn und anderen vor einer Hütte, auf der die Namen der Schiffe zu lesen sind, die Teile des Altars nach Deutschland transportierten: die „Loreley" und die „Comet". Das Aquarell ganz unten zeigt die Ausgrabungsstätte.

Am Konvergenzpunkt der abendländischen, asiatischen und afrikanischen Welt gelegen, konnte Alexandreia kaum etwas anderes als eine internationale Stadt werden. Ihre verschiedenen ethnischen Gruppen – einheimische Ägypter, Hellenen und eine große, fest etablierte jüdische Gemeinde – hatten vielleicht nur soviel Kontakt miteinander, wie es politisches Leben und Handel unbedingt erforderlich machten, dennoch aber verliehen sie der Stadt eine kosmopolitische Atmosphäre, die mehr als 2000 Jahre lang fortwirken sollte. Nach Alexanders Tod regierten die Ptolemäer die Stadt – und ganz Ägypten – als ihr Privateigentum; wie Despoten überall auf der Welt schöpften sie die Profite des Handels und der Landwirtschaft zu ihrer eigenen Bereicherung ab. Einen Teil dieses Reichtums verwendeten sie allerdings für die Verwirklichung eines ehrgeizigen kulturpolitischen Projekts.

Die erste Phase dieses Projekts war die Errichtung des Museions oder „Musenheiligtums" – einer Art antiker Akademie der Wissenschaften, in der die vom König ernannten Mitglieder, vor allen Störungen abgeschirmt, gemeinsam lebten und forschten. Obwohl hier die Septuaginta entstand, die durch 72 jüdische Gelehrte angefertigte griechische Übersetzung des Alten Testaments, blieb die geistige Ausrichtung des Museions entschieden hellenisch; die einheimische ägyptische Kultur wurde von den alexandrinischen Gelehrten offenbar bestenfalls als exotische Kuriosität angesehen.

Was dem Museion aber zu Weltruhm verhalf – und seinen Mitgliedern erst ihre Arbeit ermöglichte –, war die Große Bibliothek, die zwischen seinen Mauern entstand. Unter Ptolemaios I. angefangen und von seinen beiden Nachfolgern erweitert, enthielt sie fast die gesamte bis in ihre Zeit verfaßte – wissenschaftliche, religiöse und belletristische – Literatur. Das Zusammentragen einer so riesigen Sammlung, die zuletzt vermutlich 700 000 Buchrollen umfaßte, verschlang natürlich gewaltige Summen. Um den Aufbau der Bibliothek noch weiter zu fördern, erließ Ptolemaios III. ein Gesetz, nach dem jedes im Hafen von Alexandreia einlaufende Schiff verpflichtet war, alle an Bord befindlichen Manuskripte zwecks Abschrift abzuliefern. Die Originale blieben allerdings im Museion; die Eigentümer erhielten nur Kopien ihrer Bücher zurück.

Wenn es darum ging, besonders wichtige Werke zu beschaffen, gaben sich die Ptolemäer und ihre jeweiligen Chefbibliothekare nicht mit kleinlichen ethischen Erwägungen ab. Als Athen beispielsweise aufgefordert wurde, der Bibliothek die kostbaren offiziellen Texte der Tragödien von Aischylos, Sophokles und Euripides leihweise zu überlassen, verlangte die Stadt zur Sicherheit eine hohe Kautionssumme. Kaum hatte der gerade regierende Ptolemaios erfahren, daß diese literarischen

DIE ODYSSEE DES BERÜHMTEN PERGAMONALTARS

Wer den Hauptsaal des Berliner Pergamonmuseums betritt, sieht sich einem hellenistischen Kultbau von spektakulärer Größe und künstlerischer Vollendung gegenüber, der die Wirren des Zweiten Weltkriegs überstanden hat. Eine etwa 20 Meter breite, marmorne Freitreppe führt, von plastischen Darstellungen der Schlacht zwischen den olympischen Göttern und den Giganten flankiert, zu einer von einem hohen Podium getragenen ionischen Säulenhalle empor. Die kämpfenden Figuren sind so realistisch gearbeitet, daß sie zum Teil die Reliefwand „verlassen" und auf den Treppenstufen stehen oder liegen.

An dem Exponat, einer Rekonstruktion der Westseite des Zeusaltars von Pergamon, sind Teile des 120 Meter langen Figurenfrieses installiert, den Carl Humann gegen Ende des 19. Jahrhunderts in der Türkei ausgrub und in 97 großen Platten und 2000 kleineren Fragmenten nach Berlin bringen ließ. Nicht damit zufrieden, lediglich isolierte Stükke dieses – wie ein Altphilologe es nannte – „Höhepunktes der griechischen Plastik" auszustellen, beschloß die Museumsdirektion, die gesamte Westseite des Altars nachzubauen. Zwar wurden von vielen Seiten Einwände gegen den Plan erhoben, antike Originale mit modernen Elementen zu kombinieren, aber die Deutschen ließen sich nicht beirren und errichteten sogar ein spezielles Museum für die fertige Rekonstruktion.

Dann kamen der Zweite Weltkrieg, die Bombenangriffe der Alliierten und die Schlacht um Berlin. Die Museumsleitung hatte alle Originalteile vom Altar entfernen und in Sicherheit bringen lassen, aber die Sowjets nahmen sie als Kriegsbeute mit nach Leningrad. 1959 ließ Nikita Chruschtschow die Stücke als eine Geste sozialistischer Freundschaft wieder nach Ostberlin schaffen. Nachdem die Kriegsschäden am Altar behoben waren, wurde das Museum wieder geöffnet. Der rekonstruierte Pergamonaltar stellt nicht nur ein unerreichtes Meisterwerk der hellenistischen Plastik dar, sondern auch, wie ein Kurator bemerkte, „ein Denkmal der Museumswissenschaft".

Arbeiter reparieren den im Krieg beschädigten Altar (links). Die im Museum ausgestellte Rekonstruktion (unten) stellt nur ein Drittel des antiken Kultbaus dar.

Schätze eingetroffen waren, entschied er, die Athener könnten ruhig das Geld behalten, und verleibte die Originale der Museion-Sammlung ein. Doch alle Findigkeit und aller Reichtum der Ptolemäer konnten diesen Kulturschatz nicht für alle Zeiten beschützen: Während eines römischen Angriffs auf die Stadt im 1. Jahrhundert v. Chr. brach ein Brand aus und vernichtete die unersetzliche Sammlung.

Die Ptolemäer waren allerdings nicht die einzigen hellenistischen Könige, die nach kulturellen Lorbeeren strebten. Um 280 v. Chr. war im Nordwesten Kleinasiens das Pergamenische Reich – und mit ihm die Herrscherdynastie der Attaliden – gegründet worden. Dessen Hauptstadt Pergamon begann schon bald, mit Alexandreia um den Rang des wichtigsten Zentrums der Gelehrsamkeit zu wetteifern. Auch die Attaliden besaßen eine bedeutende Bibliothek und bemühten sich eifrig, sie durch Originale und Kopien aus allen Ecken der griechisch sprechenden Welt ständig zu erweitern.

Die Alexandriner waren nicht gerade erfreut über diese Konkurrenz und reagierten prompt: Sie verboten die Ausfuhr von Papyrus und hofften, die Emporkömmlinge aus dem Osten würden – vom Nachschub an Schreibmaterial abgeschnitten – binnen kurzem aus dem Rennen scheiden müssen. Die Einwohner von Pergamon ließen sich dadurch aber nicht entmutigen, sondern erfanden ein eigenes, schon bald sogar viel erfolgreicheres Medium für die Herstellung von Handschriften: das nach der Stadt, die es hervorbrachte, benannte Pergament.

Das an der Stelle des heutigen Bergama (Nordwest-Türkei) rund 30 Kilometer von der Ägäisküste entfernt gelegene Pergamon bot in seiner Blütezeit einen malerischen und glanzvollen Anblick. Die Stadt lag auf den Hängen eines steil aus der Ebene emporragenden, ungefähr 330 Meter hohen Bergkegels, der von der Akropolis bekrönt wurde. Die Attaliden hatten diese „Oberstadt" mit der typisch hellenistischen Vorliebe für üppige Ornamentik und monumentale Architektur entworfen. 1500 Jahre später fühlte sich ein Besucher aus Byzanz – der spätere Kaiser Theodor II. Laskaris – beim Anblick ihrer Ruinen schier überwältigt: „Sie ist ganz durchdrungen von der Erhabenheit des hellenischen Geistes", schrieb er. „Die Mauern ragen bis zum ehernen Himmel empor und sind von vollendeter Kunst. Sie könnten unmöglich von heutigen Händen erbaut oder von einem heutigen Geist ersonnen worden sein: Sie erfüllen den Betrachter mit großem Staunen!"

Aber das erstaunlichste Bauwerk der Akropolis bekam dieser königliche Tourist gar nicht zu sehen, denn das Erdbeben, dem die Stadt nicht lange zuvor zum Opfer gefallen war, hatte auch den Monumentalaltar des Zeus mit seinem gewaltigen, den Kampf zwischen Göttern und Giganten darstellenden Relieffries zerstört. In der

Antike galt er als eines der meistbestaunten „Wunder". Doch er schien für alle Zeiten verloren zu sein – bis er durch Zufall im 19. Jahrhundert von dem Deutschen Carl Humann wiederentdeckt wurde.

Humann hatte eine Zeitlang als Straßenbauingenieur für die türkische Regierung gearbeitet. Dabei fing er an, sich für die Ruinen von Pergamon zu interessieren. Im Jahre 1871 fiel ihm auf, daß eine byzantinische Mauer auf der Akropolis der zerstörten Stadt Fragmente eines viel älteren Frieses enthielt. Er löste diese aus dem Mauerwerk und schickte sie der Direktion der Berliner Museen, die indes nur geringes Interesse an der weiteren Ausgrabung der Stätte bekundete.

Die Sachlage änderte sich jedoch, als 1878 der neue Leiter der Berliner Antikensammlung, Alexander Conze, die mögliche Bedeutung von Humanns Funden erkannte. Ohne Zeit zu verlieren, beauftragte er Humann, die Suche nach dem berühmten Altar aufzunehmen. Ein Schutthügel machte einen vielversprechenden Eindruck auf Humann. Dieser stellte eine kleine Grabungsmannschaft zusammen, und schon drei Tage später hatte er den Pergamonaltar gefunden. Einige der Reliefs befanden sich in einem bemerkenswert guten Zustand, mit zahlreichen praktisch noch völlig intakten Figuren kämpfender Götter und Giganten. „Wir haben eine ganze Kunstepoche entdeckt", schrieb Humann an seine Berliner Sponsoren. „Das großartigste Werk, das uns aus der Antike erreicht hat, liegt hier vor unseren Augen."

Ein solches Meisterwerk aus Kleinasien fortzuschaffen erforderte allerdings Überzeugungskraft, Geld und List, denn die osmanische Regierung beharrte darauf, daß zwei Drittel aller Fundstücke im Land verbleiben sollten. Nach zähen Verhandlungen verzichteten die Türken auf ihre Forderung und erhielten von Deutschland als Gegenleistung 20 000 Mark; trotzdem ließ Humann zur Sicherheit einige der 97 Marmorplatten und 2000 Friesfragmente mit der Vorderseite nach unten in Kisten packen. So, überlegte er, würden die türkischen Zöllner im Falle einer Kontrolle nichts anderes sehen können als uninteressanten, ebenen Stein. In Berlin, wo der Pergamonaltar restauriert und neu aufgebaut wurde *(S. 146)*, feierte man Humann wie einen Nationalhelden.

Die Attalidenherrscher, die dieses weltberühmte Denkmal geschaffen hatten, blieben nur relativ kurze Zeit an der Macht. Schon im Jahre 133 v. Chr. vermachte der letzte König von Pergamon sein Reich Rom, dessen Führer begehrliche Blicke gen Osten zu richten begannen. Die alten Rivalen der Attaliden, die Ptolemäer, konnten sich noch ein Jahrhundert halten, ehe auch ihr Ende kam. Der letzte regierende Sproß der von Alexanders General gegründeten Dynastie war eine Frau – Kleopatra. Trotz all ihrer Bemühungen, ihr Reich vor dem Zugriff der Römer zu retten, wurde 30 v. Chr. auch Ägypten zu einer römischen Provinz. Und vier Jahre später folgte ganz Griechenland.

EIN WOHLVERDIENTER FUND

Vierzig Jahre sollten vergehen, bevor der griechische Archäologe Manolis Andronikos die Entdeckung machte, von der er einen Großteil seines Lebens geträumt hatte. Bereits als Student hatte er in Nordgriechenland an den Ruinen eines Palastes aus dem 3. Jahrhundert v. Chr. gearbeitet und dabei diese archäologisch sehr ergiebige Region kennengelernt. Im Zweiten Weltkrieg wurden dann aber die Arbeiten unterbrochen, und erst nach Jahren erhielt Andronikos den Auftrag zu weiteren Grabungen. 1952 legte er den ersten Schnitt durch den „Großen Tumulus", einen 12 Meter hohen und einen Durchmesser von über 100 Metern aufweisenden Erdhügel, in dem er ein bedeutendes Grab vermutete. Er zog einen sechs Meter tiefen Graben durch den Hügel, fand aber nichts von Interesse. Da ihm Mittel für das aufwendige Projekt fehlten, wandte er sich kleineren Tumuli zu.

Zehn Jahre später kehrte Andronikos zu der Stätte zurück. Er legte einen noch größeren Schnitt an, förderte aber nur Fragmente marmorner Grabsteine zutage. Konnte es sein, daß das geheimnisvolle Grab unter dem Tumulus lag? Doch es verstrichen abermals 13 Jahre, ehe er versuchen konnte, diese Frage zu beantworten. Zunächst wurde ein Teil des Hügels abgetragen – insgesamt 40 Tonnen Erdreich. 1977 war das Niveau des umliegenden Geländes erreicht, und Andronikos ließ fünf Schnitte anlegen, doch wieder ohne Ergebnis. Erst beim sechsten Versuch stießen die Arbeiter auf eine ungemörtelte Mauer. Nun folgte Fund auf Fund: die verbrannten Überreste eines Tieropfers, Keramik aus dem 4. Jahrhundert v. Chr., eine weitere Mauer, ein leeres Grab, dann Steinplatten, die ein unterirdisches Gewölbe abdeckten, und schließlich eine Säulenfassade mit einer marmornen Tür. Als er durch die Decke in das Bauwerk eindrang, fand er sich in einer Grabkammer wieder, deren Fußboden mit kostbaren Artefakten übersät war – darunter das oben abgebildete Elfenbeinköpfchen. Dessen Züge erinnerten so sehr an Beschreibungen Philipps II., daß Andronikos sich fragte, ob er das Grabmal des Königs entdeckt haben könnte. Die Identität der verbrannten Gebeine, die dort in einer goldenen Kassette aufgefunden wurden, wird wohl immer ein Geheimnis bleiben, aber die Kostbarkeit der Grabbeigaben beweist, daß der Tumulus die letzte Ruhestätte eines Monarchen war.

Ein vergoldeter Köcher lehnt an der Marmortür zwischen dem Vorraum und der Hauptkammer (links). Davor liegen zwei Beinschienen und alabasterne Salbentöpfe. Die Vorkammer, deren rote Wandbemalung nichts von ihrer Leuchtkraft eingebüßt hatte, enthielt einen Steinkasten mit den sorgfältig in golddurchwirkten Purpurstoff eingewickelten Gebeinen einer jungen Frau.

In der Ecke hinter dem Köcher fand Andronikos die Überreste von dessen Inhalt: 74 Pfeilspitzen sowie die dazugehörigen zerfallenen Holzschäfte. Die Pfeilspitzen waren von dreierlei Größe und eher für die Jagd als für den Krieg geeignet.

Ein Relief, das vermutlich die Eroberung einer Stadt darstellt, schmückt den Köcher. Es zeigt Soldaten mit gezückten Schwertern und flüchtende Mädchen. - Ungewöhnlich als Grabbeigabe für eine makedonische Bestattung, könnte das Artefakt, zu dem man Parallelen aus Südrußland kennt, bei einer Schlacht gegen die Skythen, ein Reitervolk aus den eurasischen Steppen, erbeutet worden sein.

Ein Kessel zum Erhitzen von Wasser, ein Dreifuß, um den Kessel aufs Feuer zu stellen, ein Eimer, kleinere Gefäße, mit denen das Wasser auf den Körper gegossen wurde, und ein Waschbecken lagen neben anderen bronzenen Toilettenartikeln in einer Ecke der Grabkammer. Ein Schwamm, den man hier gleichfalls fand, war nach mehr als 2000 Jahren noch immer geschmeidig.

Dieser mit dem Gesicht des bocksfüßigen Gottes Pan verzierte, bronzene Lampenhalter stand zwischen den Wassergefäßen. Wie ein Sieb durchlöchert, spendete er zugleich ausreichend Licht und bewahrte die Flamme davor, durch einen unbeabsichtigten Spritzer gelöscht zu werden. Die ringförmigen Griffe erlaubten es, die Leuchte herumzutragen.

Hinter dem an der Wand lehnenden großen, runden Bronzeobjekt (gegenüberliegende Seite) lagen Stückchen von Gold und Elfenbein und ein Haufen zerfallener organischer Substanz (links). Andronikos glaubte im ersten Augenblick, das Objekt sei ein Schild, aber als er dann die Rückseite anschaute, bemerkte er, daß es sich nur um einen Schildüberzug handelte. Die Rekonstruktion des schwer beschädigten – aus Holz und Leder gefertigten und mit Gold und Elfenbein verzierten – zeremonialen Prunkgegenstands (unten) nahm fast fünf Jahre in Anspruch. In der Mitte prangt eine Elfenbeinschnitzerei, die einen Mann und eine Frau zeigt.

Athene, die Schutzgottheit Makedoniens, ziert die Vorderseite eines Eisenhelms. Er gehört zu einer Prunkrüstung, die man dem Toten mit ins Grab gegeben hatte. Dieser makedonische Helm – der einzige, den man je gefunden hat – weist einen auffälligen Kamm sowie kunstvolle, erhabene Verzierungen auf dem Stirnschutz und den Wangenstücken auf.

Fast bis zur Unkenntlichkeit verrostete Schulterstücke und andere Teile eines Leder-Eisen-Panzers liegen in der Mitte der Grabkammer auf dem Boden – wohin sie gefallen sein dürften, als die Bank, auf der die Rüstung wohl gelegen hatte, zusammenbrach. Daneben befinden sich zwei Goldornamente in der Form von Löwenköpfen.

Nach der Restaurierung erstrahlt der Panzer wieder in alter Pracht. Aus vier Einzelteilen bestehend, wodurch er leichter angelegt werden konnte und dem Krieger relativ viel Bewegungsfreiheit ließ, war der Harnisch aus Gründen der Bequemlichkeit mit Leder und Stoff gefüttert. Lederriemen, die durch die Ringe an den Löwenkopfornamenten gezogen wurden, hielten ihn zusammen.

Anstelle der Urne, die er im schlichten Marmorkasten (rechts) in der Grabkammer vermutete, fand Andronikos die unten abgebildete, massiv goldene Larnax. Die 40 mal 33 mal 17,5 Zentimeter große Kassette trug einen getriebenen, sechzehnstrahligen Stern, das Emblem der makedonischen Könige, sowie Rosetten aus blauem Glas und andere Ornamente. Die Gebeine, auf die das Purpurtuch, in das sie gehüllt waren, abgefärbt hatte, lagen neben einem Kranz aus goldenen Eichenblättern (ganz unten).

An Zeus gemahnend, dem die Eiche heilig war, besteht dieser Goldblech-Kranz aus 68 Eicheln und 313 Eichenblättern. Mehrere Zweige schienen mit Feuer in Berührung gekommen zu sein, woraus Andronikos schloß, daß der Kranz den Leichnam auf dem Scheiterhaufen geschmückt hatte und nach der Verbrennung aus der Asche geholt worden war, so daß er zusammen mit den Knochen in die Larnax gelegt werden konnte.

EIN AUFSTIEG ZU GRÖSSE UND VOLLKOMMENHEIT

FRÜHZEIT
1050 – 750 v. Chr.

GEOMETRISCHER KRATER

ARCHAISCHE ZEIT
750 – 500 v. Chr.

ARCHAISCHER KUROS

Nach dem endgültigen Zusammenbruch der mykenischen Kultur, der letzten der hochentwickelten bronzezeitlichen Kulturen des ägäischen Raumes, begann in Griechenland und auf den umliegenden Inseln das sogenannte „Dunkle Zeitalter". Dieser Terminus bezeichnet allerdings eher unser mangelhaftes Wissen über diese um 1050 v. Chr. beginnende Epoche als einen etwaigen Rückfall in die Barbarei von seiten ihrer Menschen – auch wenn es stimmt, daß die Kenntnis der Schrift verlorenging. Tatsächlich sah gerade diese Periode des Übergangs in die Eisenzeit die allmähliche Herausbildung der politischen, ästhetischen und literarischen Elemente der klassischen griechischen Kultur. Stammesfürsten, sogenannte Könige, herrschten über kleine autarke Gemeinschaften, die schon die späteren Stadtstaaten ankündigten. Die bemalte Keramik nahm ein eigenes, charakteristisches Aussehen an: die Formen schlichter, aber straffer und kompakter, während die Malerei – wie am oben abgebildeten, im geometrischen Stil ausgeführten Gefäß erkennbar – eine neue Eleganz, Harmonie und Ausgewogenheit zeigte, alles Merkmale der späteren griechischen Kunst. Umherziehende Sänger schufen epische Lieder von Göttern und Helden, in denen sich dunkle Erinnerungen an die Welt der Mykener, Trojaner und anderer vorarchaischer Kulturen widerspiegelten und die dem entstehenden gemeingriechischen Mythos eine poetische Gestalt verliehen. Gegen Ende dieser Epoche übernahmen die Griechen das phönikische Alphabet und paßten es den Erfordernissen ihrer eigenen Sprache an, wodurch die lange Zeit nur mündlich überlieferten Epen – als deren älteste erhaltene wir Homers *Ilias* und *Odyssee* besitzen – schriftlich festgehalten werden konnten. Mit dieser Rückkehr zur Schriftlichkeit endete die griechische Prähistorie, und das traditionelle Datum der ersten überlieferten Olympischen Spiele, 776 v. Chr., markierte den Beginn einer immer ausgeprägteren kulturellen Vormachtstellung der Hellenen.

Im 8. Jahrhundert v. Chr. veranlaßten steigende Bevölkerungszahlen und ökonomischer Aufschwung immer mehr Griechen dazu, sich über den gesamten Mittelmeerraum auszubreiten. Die so entstehenden Kolonien waren keine bloßen Satelliten ihrer griechischen Mutterstädte, sondern autonome politische Gebilde. Der unabhängige Geist der Siedler und ihre Fähigkeit zur Kooperation brachten die politische Einheit der Polis hervor. Man schätzt, daß es in der ganzen griechischen Welt bis zu 700 solcher Stadtstaaten gab. Die fremden Kulturen, mit denen sie in Berührung kamen, beeinflußten die Griechen in vielfacher Hinsicht. Der strenge geometrische Stil der Vasenmalerei wich orientalisierenden Darstellungen von Tieren und geschwungenen, rein ornamentalen Formen, die wiederum durch im neuen, schwarzfigurigen Stil ausgeführte mythologische Szenen verdrängt wurden. Die Künstler schufen aus Stein, Ton, Holz und Bronze großformatige menschliche Gestalten. Der oben abgebildete Kuros, eine typische archaische Statue, verrät zwar ägyptische Einflüsse, zeigt aber zugleich Ansätze zu einer rein hellenischen Leichtigkeit, Ausgewogenheit und Lebendigkeit. Die ersten griechischen Tempel tauchten im 7. Jahrhundert v. Chr. auf; ihre Kennzeichen sind umlaufende Friese und die Verwendung der dorischen Säulenordnung. An die Stelle des wuchtigen epischen Hexameters traten neue, lyrische Formen, die eher persönliche Empfindungen als heroische Taten zum Gegenstand hatten. Der Handel förderte die Ausbreitung des – wohl in Lydien erfundenen – Münzgeldes. Auf dem Festland entwickelte Sparta ein politisches System, in dem eiserne Disziplin herrschte und das die Stadt zur größten und mächtigsten Polis dieser Epoche machte. Athen schlug den entgegengesetzten Weg ein: Durch Reformen, die Kodifizierung seiner Gesetze und die Beteiligung von immer mehr Bürgern an der Verwaltung des Gemeinwesens legte es das Fundament für die Demokratie.

KLASSISCHE ZEIT
500 – 323 v. Chr.

BRONZESTATUE DES ZEUS

Die griechische Klassik, eine explosionsartige Blüte von Kunst, Literatur, Philosophie und Politik, war zeitlich eingerahmt von schweren Konflikten mit zwei ausländischen Mächten: Persien und Makedonien. Der griechische Sieg über Persien erzeugte ein neues Gemeinschaftsgefühl unter den verschiedenen Stadtstaaten. Athen, dessen Flotte die Wende im Kampf gegen die „Barbaren" gebracht hatte, übernahm die Führung im Kreis der verbündeten Poleis. Die von diesen im Austausch für militärischen Schutz geleisteten Zahlungen verwendete die Stadt, um ihre kulturelle, ökonomische und politische Vormachtstellung im Mittelmeerraum noch weiter auszubauen. Die Einführung von Diäten ermöglichte es praktisch jedem athenischen Bürger, ungeachtet seines finanziellen Status politische Ämter zu bekleiden. Von der Staatskasse bezahlte Bildhauer, Architekten und Tragödiendichter schufen Werke, die noch heute als Triumphe des menschlichen Geistes bewundert werden. Der oben abgebildete, überlebensgroße bronzene Zeus beispielsweise veranschaulicht die in der Klassik erreichte Meisterschaft in der Behandlung des menschlichen Körpers. Griechische Philosophen, Historiker und Naturwissenschaftler setzten noch immer gültige Maßstäbe für rationale Analyse und exakte Forschung. 431 v. Chr. brach zwischen den alten Rivalen Athen und Sparta ein Krieg aus, der fast 30 Jahre lang wütete und mit der Niederlage Athens endete. Die jahrelangen Kämpfe hinterließen in vielen Stadtstaaten ein Machtvakuum, das zu immer neuen, erbitterten Auseinandersetzungen führte. Der kluge und ehrgeizige makedonische König Philipp II. nutzte das allgemeine Chaos aus und schaffte es schließlich, sich zum Herrscher über ganz Griechenland aufzuschwingen. Nach Philipps Ermordung 336 v. Chr. bestieg sein Sohn Alexander den Thron und führte dessen aggressive Expansionspolitik fort. Als Alexander der Große 323 v. Chr. starb, hinterließ er ein Imperium, das von der Adria bis nach Indien reichte.

HELLENISMUS
323 – 31 v. Chr.

SILBERMÜNZE MIT ALEXANDERKOPF

Nach fast 50jährigen Erbfolgekriegen waren drei Großmächte aus Alexanders Imperium entstanden: Makedonien, das ptolemäische Ägypten und das Reich der Seleukiden, das sich von der Türkei bis nach Afghanistan erstreckte. Erstaunlicherweise blieben in allen Städten und Siedlungen, die auf Alexanders Spuren zwischen dem makedonischen Pella im Westen und Ai Khanum im Osten gegründet worden waren, Sprache, Literatur, politische Institutionen, Kunst, Architektur und Philosophie vollständig oder zumindest überwiegend griechisch. Die Könige dieser Reiche betonten ihre Beziehung zu Griechenland und besonders zu Alexander, den die thrakische Silbermünze oben mit den Hörnern des ägyptisch-griechischen Gottes Zeus-Ammon zeigt. Dank der gemeinsamen Sprache und des durch Handel, Literatur und Reiseverkehr begünstigten, regen internationalen Gedankenaustauschs wurde die hellenistische Welt immer kosmopolitischer. Das allgemeine Bildungsniveau erreichte eine nie dagewesene Höhe, und es entstanden bedeutende Bibliotheken, darunter die Alexandrinische mit zuletzt vermutlich 700 000 Buchrollen. Aber die griechische herrschende Klasse verweigerte der einheimischen Bevölkerung den Zutritt zu ihrem Kreis, und die riesigen Königreiche wurden von inneren Unruhen erschüttert. Geschwächt und verarmt fiel Makedonien 168 v. Chr. an Rom. Die seleukidischen Provinzstatthalter erklärten ihre Unabhängigkeit und gründeten eigene Dynastien. Von allen Erben Alexanders behaupteten sich die Ptolemäer am längsten. Kleopatra VII., letztes regierendes Mitglied dieser Dynastie und zugleich das einzige, das die Sprache seiner Untertanen erlernte, beging nach dem römischen Sieg bei Actium Selbstmord. Die römische Vorherrschaft im Mittelmeerraum bedeutete allerdings nicht das Ende der griechischen Kultur, denn die Römer eigneten sie sich an und führten das hellenistische Erbe auch dann noch weiter, als die Griechen selbst es nicht mehr vermochten.

DANKSAGUNG

Für ihre Hilfe bei der Vorbereitung dieses Bandes danken die Herausgeber folgenden Personen und Institutionen:

Bernard Andreae, Istituto Archeologico Germanico, Rom; Nadir Avci, Kulturministerium, Ankara; John Bastias, Ekdotike Athenon S.A., Athen; Paul Bernard, École Normale Supérieure, Paris; Jacklyn Burns, The J. Paul Getty Museum, Malibu, Kalifornien; Jane Carter, Tulane University, New Orleans; Joseph C. Carter, University of Texas, Austin; Elipida Chairi, École Française d'Archéologie, Athen; Kalliopi Christofis, École Française d'Archéologie, Athen; Anastasia Chrysochoidou, Kulturministerium der Hellenischen Republik, Athen; John Coates, Bath, England; Brian Cook, London; Stella Drougou, Vergina-Ausgrabungen, Thessaloniki, Griechenland; Finmeccanica, Rom; Ellen Fladger, Union College, Schenectady, New York; Klaus Goldmann, Museum für Vor- und Frühgeschichte, Staatliche Museen Preußischer Kulturbesitz, Berlin; Michael H. Jameson, Stanford University, Stanford; Ian Jenkins, British Museum, London; David Jordon, Gennadius Library, Athen; Jan Jordon, Agora-Ausgrabungen, American School of Classical Studies, Athen; Klaus Junker, Deutsches Archäologisches Institut, Berlin; Ursula Kästner, Antikensammlung, Staatliche Museen Preußischer Kulturbesitz, Berlin; Volker Kästner, Antikensammlung, Staatliche Museen Preußischer Kulturbesitz, Berlin; Michael Katzev, Arlington, Vermont; Heidi Klein, Bildarchiv Preußischer Kulturbesitz, Berlin; Emre Kongar, Kulturministerium, Ankara; Donna Kurtz, Beazley Archive, Ashmolean Museum, Oxford; John Morrison, Cambridge; Chrysoula Paliadell, Vergina-Ausgrabungen, Thessaloniki, Griechenland; Alpay Pasinli, Archäologisches Museum, Istanbul; Jerry Podany, The J. Paul Getty Museum, Malibu, Kalifornien; C. Martin Robertson, Cambridge; Eva Rystedt, Medelhavsmuseet, Stockholm; Ori Z. Soltes, Klutznick Museum, Washington, D.C.; Anna Tuteur, A.C.T., Mailand; K. V. von Eickstedt, Deutsches Archäologisches Institut, Athen; Hafed Walda, Ashmole Archive, King's College, University of London, London; Elizabeth Wayward, British School in Athens, London; Chris Williams, University of Texas, Austin; Penny Wilson, British Archaeological School, Athen.

QUELLENNACHWEIS

Die Nachweise sind bei Abbildungen von links nach rechts durch Semikolon, von oben nach unten durch Gedankenstrich getrennt.

Einband: Photo Michael Holford, Loughton/British Museum, London. Hintergrund Robert L. Vann. Vorsatzblätter: Illustration Paul Breeden. 6: Photo Eberhard Thiem, Lotos Film, Kaufbeuren/British Museum, London. 8, 9: Deutsches Archäologisches Institut, Athen. 10: Antikensammlung, Staatliche Museen Preußischer Kulturbesitz, Berlin. 11: École des Beaux Arts, Paris. 12: T. Okamura/Musei Vaticani, Rom. 13: Vittoriano Rastelli, Rom – Musei Vaticani, Rom. 14, 15: Bibliothèque Nationale, Paris. 19-21: ©British Museum, London. 22: C. Larrieu, Musée du Louvre, Paris. 25: ©Peter Clayton, Hemel Hempstead, Hertfordshire, England. 27: Hintergrund ©British Museum, London/Zeichnung von Susan Bird nach der Rekonstruktion von Geoffrey Waywell. ©British Museum, London – Photo Michael Holford, Loughton/British Museum, London; ©British Museum, London. 28, 29: École Française d'Archéologie, Athen. 31: École Française d'Archéologie, Athen; Sonia Halliday Photographs, Weston Turville, Buckinghamshire, England. 33: Schaffer Library, Union College, Schenectady, New York. 34, 35: Gilman Paper Company Collection; ©William J. Stillman, „General View of the Summit", *Poetic Localities*, Aperture, New York 1988. 36, 37: Bibliothèque Nationale, Paris. 38, 39: Sammlung J. Paul Getty Museum, Malibu, Kalifornien, Albuminabzug von Frank Mason Good, Ausschnitt, „Athens – Sculptured Heads, &c., found in the Acropolis", 1869-1871; ©William J. Stillman, „Western Facade of the Propylaea", *Poetic Localities*, Aperture, New York 1988. 40, 41: Sammlung J. Paul Getty Museum, Malibu, Kalifornien, Albuminabzug von D. Constantin, „Athens – Acropolis from the southwest with Odeion of Herodes Atticus", 1865. 42: Archäologisches Museum Eretria/Archaeological Receipts Fund TAPA service, Athen. 44: British School at Athens, Athen. 46, 47: Kerameikos Museum/Archaeological Receipts Fund TAPA service, Athen; Staatliche Antikensammlung, München, Foto Studio Koppermann; A. Bracchetti/Musei Vaticani, Rom; The Saint Louis Art Museum. 48, 49: Archäologisches Museum, Nikosia, Zypern. 51: Archiv der schwedischen Zypern-Expedition, Medelhavsmuseet, Stockholm – Medelhavsmuseet, Stockholm/Photo Margareta Sjöblom. 53: British School at Athens, Athen. 54: ©Werner Forman Archive, London. 56: Metapont-Ausgrabungen, University of Texas in Austin. 57: Chris Williams, Institute of Classical Archaeology, Austin, Texas. 59: Halieis-Ausgrabungen, University of Pennsylvania und Whittlesey Foundation. 61: Aus *Flinders Petrie: A Life in Archaeology* von M. S. Drower, Gollancz, 1985, ©Margaret Drower. 63: Sammlung J. Paul Getty Museum, Malibu, Kalifornien, unbekannter Künstler, Kuros, 530-520 v. Chr., thasischer(?) Marmor; Sammlung J. Paul Getty Museum, Malibu, Kalifornien, unbekannter Künstler, gefälschter Kuros, fragmentarisch (3) (Detail, Handabdruck des Fälschers auf dem Rumpf), 20. Jahrhundert, thasischer Marmor – Sammlung J. Paul Getty Museum, Malibu, Kalifornien, unbekannter Künstler, gefälschter Kuros, fragmentarisch (3) (Detail, Rumpf,

Ultraviolett), 20. Jahrhundert, thasischer Marmor; Sammlung J. Paul Getty Museum, Malibu, Kalifornien, unbekannter Künstler, Kuros (Detail, Rumpf, Ultraviolett), 530-520 v. Chr., thasischer(?) Marmor – Sammlung J. Paul Getty Museum, Malibu, Kalifornien, unbekannter Künstler, Kuros (Detail, Vergrößerung der verkrusteten Oberfläche), 530-520 v. Chr., thasischer(?) Marmor. 64, 65: Mimmo Jodice, Neapel – Photo Claus Hansmann, München. 66, 67: Antikensammlung, Staatliche Museen Preußischer Kulturbesitz, Berlin, Photo Ingrid Geske-Heiden. 69: Photo Claus Hansmann/The Metropolitan Museum of Art, New York. 70, 71: Antikensammlung, Staatliche Museen Preußischer Kulturbesitz, Berlin; Ekdotike Athenon S.A., Athen/Archäologisches Nationalmuseum, Athen. 72: Hubert Josse, Paris/mit frdl. Gen. Musée Municipal Antoine-Vivenel, Comiègne; Badisches Landesmuseum, Karlsruhe. 74, 75: Abdruck mit frdl. Gen. Master and Fellows of Corpus Christi College, Cambridge; Martin von Wagner/Museum der Universität Würzburg, Antikenabteilung. 76, 77: H. L. Pierce Fund, mit frdl. Gen. Museum of Fine Arts, Boston; ©British Museum, London. 78, 79: Antikensammlung, Staatliche Museen Preußischer Kulturbesitz, Berlin, Photo Johannes Laurentius; Ashmolean Museum, Oxford. 80: Antikensammlung, Staatliche Museen Preußischer Kulturbesitz, Berlin, Photo Johannes Laurentius. 81: ©Erich Lessing, Archiv für Kultur und schöne Künste, Wien/Antikensammlung, Kunsthistorisches Museum, Wien. 82: Archäologisches Nationalmuseum/Archaeological Receipts Fund TAPA service, Athen. 86-88: American School of Classical Studies, Athen: Agora-Ausgrabungen. 89: ©British Museum, London. 90-93: American School of Classical Studies, Athen: Agora-Ausgrabungen. 94: Illustration John Drummond, Time-Life Books, nach der Zeichnung von John Coates in *The Trireme Project,* hrsg. von Timothy Shaw, Oxbow Monograph 31, 1993; Nan Shaw, Gloucester. 95: The Trireme Trust/Photo Paul Lipkeme. 96: Robert L. Vann. 97: Mit frdl. Gen. Archäologisches Museum, Istanbul, Photo Turahan Birgili – ©Sonia Halliday Photographs, Weston Turville, Buckinghamshire, England. 99: École des Beaux Arts, Paris. 100, 101: ©David Levenson, Surrey; Timm Rautert/Visum Archiv, Hamburg. 102, 103: ©David Levenson, Surrey. 104-106: American School of Classical Studies, Athen: Agora-Ausgrabungen. 108, 109: Photo Heaton/Schapowalow, Hamburg. 111-119: Hintergrund Larry Scherer. 111: Eric Brissaud/Gamma, Paris. 112, 113: Archäologisches Nationalmuseum/Archaeological Receipts Fund TAPA service, Athen. 114, 115: Nimatallah/Ricciarini, Mailand/Archäologisches Nationalmuseum, Athen; Archäologisches Nationalmuseum /Archaeological Receipts Fund TAPA service, Athen. 116: Fulvio Rizzo, Reggio Calabria; Soprintendenza Archeologica della Toscana, Florenz. 117: Eric Brissaud/Gamma, Paris – Soprintendenza Archeologica della Toscana, Florenz. 118: Liberto Perugi, Florenz/Museo Archeologico, Reggio Calabria. 119: Nimatallah/Ricciarini, Mailand/Museo Archeologico, Reggio Calabria (2). 120: Studio Kostas Kontos, Athen/Archäologisches Museum, Thessaloniki. 122: Ekdotike Athenon S.A., Athen/Archäologisches Museum, Thessaloniki. 125: Griechisches Ministerium für Kultur und Wissenschaft, Athen; Illustration John Drummond, Time-Life Books, nach einer Zeichnung in *Vergina: The Royal Tombs* von Manolis Andronikos, Ekdotike Athenon S.A., 1984. 126, 127: Agentur Wladimir Witanow, Sofia, Bulgarien. 129: Ekdotike Athenon S.A., Athen. 130: Deutsches Archäologisches Institut, Athen/mit frdl. Gen. Dr. K. V. von Eickstedt; Deutsches Archäologisches Institut, Athen. 132: Karte John Drummond, Time-Life Books; Silvio Fiore/Explorer, Paris. 134, 135: Michael L. Katzev, Arlington, Vermont, außer unten links, Susan Womer Katzev, Arlington, Vermont. 138, 139: Robert L. Vann. 140-143: Paul Bernard. 144, 145: Antikensammlung, Staatliche Museen Preußischer Kulturbesitz, Berlin – Archiv für Kunst und Geschichte/Pergamonmuseum, Berlin – École des Beaux Arts, Paris. 146, 147: Antikensammlung, Staatliche Museen Preußischer Kulturbesitz, Berlin. 149: Archäologisches Museum, Thessaloniki/Archaeological Receipts Fund TAPA service, Athen. 150: Ekdotike Athenon S.A., Athen/ Archäologisches Museum, Thessaloniki. 151: Ekdotike Athenon S.A., Athen/Archäologisches Museum, Thessaloniki – Archäologisches Museum, Thessaloniki/Archaeological Receipts Fund TAPA service, Athen. 152, 153: Ekdotike Athenon S.A., Athen/Archäologisches Museum, Thessaloniki (oben 2) – Archäologisches Museum, Thessaloniki/Archaeological Receipts Fund TAPA service, Athen (unten 2). 154: Ekdotike Athenon S.A., Athen/ Archäologisches Museum, Thessaloniki. 155: Archäologisches Museum, Thessaloniki/Archaeological Receipts Fund TAPA service, Athen. 156, 157: Archäologisches Museum, Thessaloniki/Archaeological Receipts Fund TAPA service, Athen (2), außer oben und unten links Ekdotike Athenon S.A., Athen/Archäologisches Museum, Thessaloniki. 158, 159: Illustration Paul Breeden.

BIBLIOGRAPHIE

BÜCHER

Der Alexanderroman. Griechisch und deutsch. Herausgegeben von Helmut van Thiel. Darmstadt: Wissenschaftliche Buchgesellschaft, 1983

Anderson, Patrick: *The Smile of Apollo: A Literary Companion to Greek Travel.* London: Chatto & Windus, 1964

Andronikos, Manolis:
Delphi. (Kunst- und Museumsführer Griechenland). Wien: Schroll, 1979
Nationalmuseum (in Athen). (Kunst- und Museumsführer Griechenland). Wien: Schroll, 1979
„The Royal Tombs at Vergina: A Brief Account of the Excavations."

In *The Search for Alexander.* Herausgegeben von Betty Childs. Boston: Little, Brown, 1980
Vergina: The Royal Tombs and the Ancient City. Athen: Ekdotike Athenon S.A., 1984
Archibald, Zofia: *Discovering the World of the Ancient Greeks.* New York: Facts On File, 1991
Austin, M. M.: *The Hellenistic World from Alexander to the Roman Conquest.* Cambridge: Cambridge University Press, 1981
Bacon, Edward (Hrsg.): *The Great Archaeologists.* Indianapolis: Bobbs-Merrill, 1976
Bérard, Claude, und andere: *A City of Images.* Princeton: Princeton University Press, 1989
Bernard, Bruce: *Photodiscovery: Masterworks of Photography, 1840-1940.* New York: Harry N. Abrams, 1980
Bieber, Margarete: *Alexander the Great in Greek and Roman Art.* Chicago: Argonaut, 1964
Biers, William R.: *The Archaeology of Greece: An Introduction.* Ithaca: Cornell University Press, 1987
Boardman, John:
Griechische Kunst. Stuttgart: Hatje, 1988
Kolonien und Handel der Griechen. Vom späten 9. bis zum 6. Jahrhundert v. Chr. München: C. H. Beck, 1981
The Parthenon and Its Sculptures. Austin: University of Texas Press, 1985
Boardman, John; Griffin, Jasper, und Murray, Oswyn (Hrsg.):
The Oxford History of the Classical World. Oxford: Oxford University Press, 1986
The Oxford History of Greece and the Hellenistic World. Oxford: Oxford University Press, 1991
Branigan, K. (Hrsg.): *Großer Bildatlas der Archäologie. Europa – Asien – Afrika – Amerika.* Luzern: Reich, 1987
Bray, Warwick, und Trump, David: *Lexikon der Archäologie.* (2 Bde.) Reinbek: Rowohlt, 1975
Brinton, Crane; Christopher, John B., und Wolff, Robert Lee: *A History of Civilization* (Bd. 1). New York: Prentice-Hall, 1955
Brommer, Frank: *Die Parthenon-Skulpturen.* Mainz: Philipp von Zabern, 1979
Browning, Robert (Hrsg.): *The Greek World: Classical, Byzantine and Modern.* London: Thames and Hudson, 1985
Camp, John M.: *Die Agora von Athen. Ausgrabungen im Herzen des klassischen Athen.* Mainz: Philipp von Zabern, 1989
Canfora, Luciano: *Die verschwundene Bibliothek.* Berlin: Rotbuch, 1988
Casson, Lionel: *The Greek Conquerors.* Alexandria, Va.: Stonehenge Press, 1981
Ceram, C. W. (Hrsg.): *Hands on the Past: Pioneer Archaeologists Tell Their Own Story.* New York: Schokken, 1973
Charbonneaux, Jean; Martin, Roland, und Villard, François: Das hellenistische Griechenland (330 – 50 v. Chr.). München: C. H. Beck, 1988
Christopoulos, George A. (Hrsg.): *The Archaic Period.* University Park: Pennsylvania State University Press, 1975
Clayton, Peter A., und Price, Martin J.: *The Seven Wonders of the Ancient World.* New York: Dorset Press, 1989
Collier's Encyclopedia. New York: Macmillan Educational, 1982
Cook, B. F.: *The Elgin Marbles.* London: British Museum Press, 1991
Cotterell, Arthur (Hrsg.): *The Encyclopedia of Ancient Civilizations.* London: Penguin Books, 1980
Daniel, Glyn, und Rehork, Joachim: *Enzyklopädie der Archäologie.* Augsburg: Weltbild, 1990
de la Croix, Horst, und Tansey, Richard G.: *Gardner's Art through the Ages.* New York: Harcourt Brace Jovanovich, 1986
Desborough, V. R. d'A.: *The Greek Dark Ages.* London: Ernest Benn, 1972
A Dictionary of Ancient Greek Civilization. London: Methuen, 1970
Dinsmoor, William Bell: *The Architecture of Ancient Greece: An Account of Its Historic Development.* New York: W. W. Norton, 1975
Douskou, Iris: *Athen: Die Stadt und ihre Museen.* Wien: Schroll, 1979
Drower, Margaret S.: *Flinders Petrie: A Life in Archaeology.* London: Victor Gollancz, 1985
Encyclopedia of World Art. New York: McGraw-Hill, 1966
Etienne, Roland und Françoise: *The Search for Ancient Greece.* New York: Harry N. Abrams, 1992
Finley, M. I. (Hrsg.): *Atlas of Classical Archaeology.* London: Chatto & Windus, 1977
Fol, A.; Nikolov B., und Hoddinott, R. F.: *The New Thracian Treasure from Rogozen, Bulgaria.* London: British Museum Publications, 1986
Fox, Robin Lane: *Alexander der Große.* München: Heyne 1977
Garland, Robert: *The Greek Way of Life: From Conception to Old Age.* Ithaca: Cornell University Press, 1990
Grant, Michael (Hrsg.): *Greece and Rome: The Birth of Western Civilization.* New York: Bonanza Books, 1986
Grant, Michael:
The Classical Greeks. New York: Charles Scribner's Sons, 1989
The Founders of the Western World. New York: Charles Scribner's Sons, 1991
The Rise of the Greeks. New York: Charles Scribner's Sons, 1987
The Visible Past: Greek and Roman History from Archaeology, 1960–1990. New York: Charles Scribner's Sons, 1990
Green, Peter:
Alexander of Macedon, 356–323 B.C. Berkeley: University of California Press, 1991
Alexander the Great. New York: Praeger, 1970
Alexander to Actium. Berkeley: University of California Press, 1990
Classical Bearings: Interpreting Ancient History and Culture. London: Thames and Hudson, 1989
The Parthenon. New York: Newsweek Books, 1973
„The Royal Tombs at Vergina: A Historical Analysis." In *Philip II, Alexander the Great and the Macedonian Heritage.* Herausgegeben von W. Lindsay Adams und Eugene N. Borza. Washington, D.C.: University Press of America, 1982
Großreiche der Antike. (Spektrum der Weltgeschichte). Amsterdam: Time-Life Bücher, 1988
Gulick, Charles Burton: *The Life of the Ancient Greeks.* New York: Cooper Square Publishers, 1973
Hamblin, Dora Jane: *Türkei – Land der lebenden Legenden.* Bergisch Gladbach: Lübbe, 1988
Hambourg, Maria Morris, und andere: *The Waking Dream: Photo-*

graphy's First Century. New York: Metropolitan Museum of Art, 1993
Hampe, Roland, und Simon, Erika: *Tausend Jahre Frühgriechische Kunst. 1600 – 600 v. Chr.* München: Hirmer, 1980
Harris, H. A.: *Greek Athletes and Athletics.* Bloomington: Indiana University Press, 1966
Holloway, R. Ross: *The Archaeology of Ancient Sicily.* London: Routledge, 1991
Homer:
Ilias. Übersetzt von Johann Heinrich Voss. Stuttgart: Reclam 1970
Odyssee. Übersetzt von Johann Heinrich Voss. Stuttgart: Reclam 1965
Hopper, R. J.:
The Acropolis. London: Weidenfeld and Nicolson, 1971
Handel und Industrie im klassischen Griechenland. München, C. H. Beck, 1986
Houser, Caroline: *Greek Monumental Bronze Sculpture.* London: Thames and Hudson, 1983
Jacquemin, Anne: „En Feuilletant le *Journal de la Grande Fouille.*" In *La Redécouverte de Delphes.* Paris: École Française d'Athènes, 1992
Jones, J. Ellis: „Laurion: Agrileza, 1977–83: Excavations at a Silver-Mine Site." In *Archaeological Reports for 1984–85.* Athen: Council of the Society for the Promotion of Hellenic Studies and the Managing Committee of the British School at Athens, 1985
Kagan, Donald: *Botsford and Robinson's Hellenic History.* New York: Macmillan, 1969
Karageorghis, Vassos:
Cyprus: From the Stone Age to the Romans. London: Thames and Hudson, 1982
Salamis in Cyprus: Homeric, Hellenistic and Roman. London: Thames and Hudson, 1969
Karl, Friedrich, und Dörner, Eleonore: *Von Pergamon zum Nemrud Dag.* Mainz: Philipp von Zabern, 1989
Der Kleine Pauly. Lexikon der Antike in fünf Bänden. München: Deutscher Taschenbuch Verlag, 1979
Kounas, Dionysios A. (Hrsg.): *Studies on the Ancient Silver Mines at Laurion.* Lawrence, Kansas: Coronado Press, 1972
Kunze, Max: *The Pergamon Altar.* Mainz: Philipp von Zabern, 1991
Lacey, W. K.: *Die Familie im antiken Griechenland.* Mainz: Zabern, 1983
Lawrence, A. W.: *Greek Architecture.* London: Penguin Books, 1983
Levi, Peter: *Weltatlas der alten Kulturen. Griechenland.* München: Christian, 1980
Lexikon alte Kulturen. (3 Bde.) Mannheim, Leipzig, Wien, Zürich: Meyers Lexikonverlag, 1990–1993
Ling, Roger: *The Greek World.* New York: Peter Bedrick Books, 1988
Lissarrague, François: *The Aesthetics of the Greek Banquet: Images of Wine and Ritual.* Princeton: Princeton University Press, 1987
Die Macht des Geistes. (Spektrum der Weltgeschichte). Von der Redaktion der Time-Life Bücher. Amsterdam: Time-Life Bücher, 1988
MacKendrick, Paul: *The Greek Stones Speak.* New York: W. W. Norton, 1981
Mattusch, Carol C.: *Greek Bronze Statuary: From the Beginnings through the Fifth Century B.C.* Ithaca: Cornell University Press, 1988
Miller, Helen Hill: *Sicily and the Western Colonies of Greece.* New York: Charles Scribner's Sons, 1965
Morrison, J. S., und Coates, J. F.: *The Athenian Trireme: The History and Reconstruction of an Ancient Greek Warship.* Cambridge: Cambridge University Press, 1986
Mussche, H. F.: *Thorikos: A Guide to the Excavations.* Brüssel: Comité des Fouilles Belges en Grèce, 1974
Mysteriöses Verschwinden. (Bibliothek erstaunlicher Fakten und Phänomene). Von der Redaktion der Time-Life Bücher. Amsterdam: Time-Life Bücher, 1991
Neils, Jenifer: „Goddess and Polis." Katalog. Hanover, N.H.: Hood Museum of Art, Dartmouth College, 1992
The New Encyclopædia Britannica (Bd. 19). Chicago: Encyclopædia Britannica, 1984
Nichols, Roger, und McLeish, Kenneth (Übers. und Hrsg.): *Through Greek Eyes: Greek Civilization in the Words of Greek Writers.* Cambridge: Cambridge University Press, 1991
Osborne, Robin: *Classical Landscape with Figures: The Ancient Greek City and Its Countryside.* London: *George Philip, 1987*
Paris, Rome, Athènes: Le Voyage En Grèce des Architectes Français Aux XIX et XX Siècles. Houston: The Museum of Fine Arts, 1983
Past Worlds: The Times Atlas of Archaeology. Maplewood, N.J.: Hammond, 1988
Pedley, John Griffiths:
Greek Art and Archaeology. New York: Harry N. Abrams, 1993
Paestum: Greeks and Romans in Southern Italy. London: Thames and Hudson, 1990
Petrie, W. M. Flinders. *Ten Years' Digging in Egypt, 1881–1891.* Piccadilly: Religious Tract Society, 1893
Plutarch: *Große Griechen und Römer.* (3 Bde.) München: Deutscher Taschenbuch Verlag, 1979–1980
Pollitt, J. J.: *The Art of Ancient Greece: Sources and Documents.* Cambridge: Cambridge University Press, 1990
Pomeroy, Sarah B.: *Frauenleben im klassischen Altertum.* Stuttgart: Kröner, 1985
Pope, Maurice: *The Ancient Greeks: How They Lived and Worked.* Chester Springs, Pa.: Dufour Editions, 1976
Renault, Mary: *... ein Weltreich zu erobern. Der Roman Alexanders des Großen.* Wien: Zsolnay, 1974
Robinson, C. E.: *Everyday Life in Ancient Greece.* Oxford: Clarendon Press, 1933
Rolley, Claude: *Griechische Bronzen.* München: Hirmer, 1984
Shaw, Timothy (Hrsg.): *The Trireme Project: Operational Experience 1987–90/Lessons Learnt.* Oxford: Oxbow Books, 1993
Snodgrass, Anthony M.: *An Archaeology of Greece: The Present State and Future Scope of a Discipline.* Berkeley: University of California Press, 1987
Stoneman, Richard:
Across the Hellespont: A Literary Guide to Turkey. London: Hutchinson, 1987
Land of Lost Gods: The Search for Classical Greece. Norman: University of Oklahoma Press, 1987
Tatton-Brown, Veronica (Hrsg.): *Cyprus BC: 7000 Years of History.* London: British Museum Publications, 1979
Themelis, Petros G.: *Delphi. Die archäologischen Stätten und das*

Museum. (Kunst- und Museumsführer Griechenland). Wien: Schroll, 1980
Throckmorton, Peter (Hrsg.): *The Sea Remembers: Shipwrecks and Archaeology.* New York: Weidenfeld & Nicolson, 1987
Tomlinson, Richard: *The Athens of Alma Tadema.* Wolfeboro Falls, N.H.: Alan Sutton, 1991
Toynbee, Arnold J.: *Twelve Men of Action in Graeco-Roman History.* Boston: Beacon Press, 1952
Travlos, John: *Bildlexikon zur Topographie des antiken Athen.* Tübingen: Wasmuth, 1971
Trippett, Frank, und die Redaktion der Time-Life Bücher: *Die ersten Reitervölker.* (Die Frühzeit des Menschen). Amsterdam: Time-Life Bücher, 1974
Tsigakou, Fani-Maria:
Das wiederentdeckte Griechenland. In Reiseberichten und Gemälden der Romantik. Bindlach: Gondrom, 1987
Through Romantic Eyes. Alexandria, Va.: Art Services International, 1991
Twain, Mark: *Die Arglosen im Ausland.* In Gesammelte Werke, Band III. München: Carl Hanser, 1985
Underwater Archaeology: A Nascent Discipline. Paris: UNESCO, 1972
Die versunkene Welt der Ägäis. (Untergegangene Kulturen). Von der Redaktion der Time-Life Bücher. Amsterdam: Time-Life Bücher, 1993
Vickers, Michael: *Greek Vases.* Oxford: Ashmolean Museum, 1982
Walker, Barbara G.: *Das geheime Wissen der Frauen. Ein Lexikon der unterdrückten Fakten.* Frankfurt: Zweitausendeins, 1993
Warry, John: *Warfare in the Classical World.* London: Salamander Books, 1980
Waywell, G. B.: *The Free-Standing Sculptures of the Mausoleum at Halicarnassus in the British Museum.* London: British Museum Publications, 1978
Westwood, Jennifer (Hrsg.): *The Atlas of Mysterious Places.* New York: Weidenfeld & Nicolson, 1987
Wheeler, Margaret: *History Was Buried: A Source Book of Archaeology.* New York: Hart, 1967
Williams, Dyfri: *Greek Vases.* Cambridge: Harvard University Press, 1985
Winckelmann, Johann Joachim: *Gedanken über die Nachahmung der griechischen Werke in der Malerei und Bildhauerkunst.* Herausgegeben von Ludwig Uhlig. Stuttgart: Reclam, 1969
Woodford, Susan: *The Parthenon.* Cambridge: Cambridge University Press, 1986
The World of Athens: An Introduction to Classical Athenian Culture. Cambridge: Cambridge University Press, 1984
Wycherley, R. E.: *The Stones of Athens.* Princeton: Princeton University Press, 1978
Zimmern, Alice: *The Home Life of the Ancient Greeks.* New York: Cooper Square, 1966

ZEITSCHRIFTEN

„The Acropolis: Fighting Pollution." *Newsweek,* 12. April 1982
„Acropolis: Threat of Destruction." *Time,* 31. Januar 1977
Alsop, Joseph: „Warriors from a Watery Grave." *National Geographic,* Juni 1983
Andronikos, Manolis: „Is This the Tomb of Philip of Macedon?" *National Geographic,* Juli 1978
Bass, George F.: „Classical Archaeology: The Great Tradition Looks Ahead." *Archaeology,* Januar/Februar 1989
Bernard, Paul: „An Ancient Greek City in Central Asia." *Scientific American,* Januar 1982
Bianchi, Robert S.: „Hunting Alexander's Tomb." *Archaeology,* Juli/August 1993
Bordewich, Fergus M.: „What Are They Doing to the Parthenon?" *Traveler,* Dezember 1988
Felbermeyer, Johannes: „Sperlonga: The Ship of Odysseus." *Archaeology,* April 1971
Fleischman, John: „In Classical Athens, a Market Trading in the Currency of Ideas." *Smithsonian,* Juli 1993
Green, Peter: „Greek Gifts?" *History Today,* Juni 1990
Hamblin, Dora Jane: „Italy's Marvelous Marble Jigsaw Puzzle with 20,000 Pieces." *Smithsonian,* Februar 1973
Harrington, Spencer P. M.: „Shoring Up the Temple of Athena." *Archaeology,* Januar/Februar 1992
Henneberg, Maciej und Renata, und Carter, Joseph Coleman: „Health among the Ancient Greeks, Metaponto, Southern Italy, 600 to 250 BC." *Research & Exploration,* Herbst 1992
Jackson, Donald Dale: „Lord Elgin's Greek Tragedy." *Smithsonian,* Dezember 1992
Jenkins, Ian: „James Stephanoff and the British Museum." *Apollo,* März 1985
Katzev, Michael:
„Resurrecting the Oldest Known Greek Ship." *National Geographic,* Juni 1970
„Voyage of Kyrenia II." *INA Newsletter,* März 1989
Katzev, Michael und Susan:
„Kyrenia II." *INA Newsletter,* November 1986
„Last Port for the Oldest Ship." *National Geographic,* November 1974
Linn, Alan: „Once Again Athens' Acropolis Finds Itself in Terrible Trouble." *Smithsonian,* März 1982
Meisler, Stanley: „After the Wall: A National Treasure Is Rediscovered." *Smithsonian,* Oktober 1991
Murray, William: „Letter from Sperlonga." *New Yorker,* 30. März 1987
Pearce, Ann: „Heroic Bronzes of Fifth Century B.C. Regain Old Splendor." *Smithsonian,* November 1981
Pierce, Kenneth M.: „Saving the Crumbling Parthenon." *Time,* 3. Oktober 1983
Popham, Mervyn; Touloupa, E., und Sackett, L. H.: „The Hero of Lefkandi." *Antiquity,* November 1982
Rensberger, Boyce: „Evidence of Ill Health Erodes Legend of Ancient Colony's Well-Being." *Washington Post,* 16. November 1992
Scarre, Chris: „A Tomb to Wonder at." *Archaeology,* September/Oktober 1993
Schoder, Raymond V.: „Ancient Cumae." *Scientific American,* Dezember 1963
„Silver Lining." *Discover,* März 1993
Snodgrass, Anthony M., und Bintliff, John L.: „Surveying Ancient Cities." *Scientific American,* März 1991
Szegedy-Maszak, Andrew: „Picturing the Past." *Archaeology,* Juli/August 1989
Toufexis, Anastasia: „The Glory That

Was Greece." *Time,* 17. August 1987

ANDERE PUBLIKATIONEN

Buitron-Oliver, Diana: „The Greek Miracle: Classical Sculpture from the Dawn of Democracy – The Fifth Century B.C." Katalog. Washington, D.C.: National Gallery of Art, 1992

„The Greek Miracle." Broschüre. Washington, D.C.: National Gallery of Art, 1992

„The Human Figure in Early Greek Art." Katalog. Washington, D.C.: National Gallery of Art, 1988

Karageorghis, Vassos, und andere: „Cypriote Antiquities in the Medelhavsmuseet, Stockholm." Stockholm: Medelhavsmuseet, 1977

„Kyrenia II: An Ancient Ship Sails Again." Broschüre. Piräus: Hellenisches Institut für die Bewahrung der nautischen Tradition, 1987

Ober, Josiah, und Hedrick, Charles W. (Hrsg.): *The Birth of Democracy: An Exhibition Celebrating the 2500th Anniversary of Democracy.* Katalog. Athen: American School of Classical Studies at Athens, 1993

Oehser, Paul H.; Lea, John S., und Powars, Nancy Link: „The Submerged Sanctuary of Apollo at Halieis in the Argolid of Greece." Forschungsbericht. Bd. 14. Washington, D.C.: National Geographic Society, 1973

„The Pantanello Necropolis, 1982–1989." Forschungsbericht. Austin: University of Texas, 1990

„The Search for Alexander." Katalog. Boston: New York Graphic Society, 1980

Szegedy-Maszak, Andrew: „A Modern Look at Ancient Greek Civilization." Video. Dubuque, Iowa: The Teaching Company, 1992

Vickers, Michael: „Greek Symposia." London: Joint Association of Classical Teachers, 1976

REGISTER

Kursiv gedruckte Seitenzahlen verweisen auf eine Abbildung zu dem betreffenden Stichwort.

A

Abu Simbel: 59
Actium, Schlacht von: 159
Ägäische Inseln: 47, 53; unter venezianischer Kontrolle, 11
Agesandros: 12
Ägina, Grabungen auf: 22-23
Ägypten: frühe Handelsbeziehungen mit Griechenland, 44, 48; griechische Söldner und Kaufleute in, 58-59, 60; im Hellenismus, 127, 136, 140, 144-145, 159; römische Eroberung von, 148
Ägyptische Altertümerverwaltung: 140
Ai Khanum: 144, 159; Grabungen, *140-141, 142, 143;* Silberplatte aus, *140*
Aigai: 126, 139; Ausgrabung von, 131. *Siehe auch* Vergina
Aigosthena: Festung in, *129*
Aischylos: 145
Ajia Irini: Terrakottafiguren aus, 50-*51*
Akademie: archäologische Suche nach, 109-110
Akragas: 55
Akropolis (Athen): 10, 15, 19, 20, 83, *104;* Photographien aus dem 19. Jahrhundert, *33-41*; Restaurierung, 99, *100-103,* 104; Wiederaufbau durch Perikles, 93-94, 96-97; Zerstörung durch die Perser, 91, 137
Akropolis-Museum: 100
Al Nikrash: 59
Alexander der Große: 121, 123, 124, 125, 128, 130, 131, 141; Aufteilung des Reiches, 140; Darstellungen von, *132*-133, *159*; Gründung von Alexandreia, 144–145; und Hellenismus, 126-127, 137-138, 142, 159; Kriegszüge, *Karte* 132, 133-137; Tod und Bestattung, 138-139; und Zerstörung von Persepolis, 137
Alexandreia: 139; Bibliothek von, 145, 159; als Zentrum der hellenistischen Welt, 145
Alexandria: 59. *Siehe auch* Alexandreia
Amasis: 59
Amazonen: 24, 29
Amphore: *77*
Androklos: Grab des, 26, 28
Andronikos, Manolis: Ausgrabung eines makedonischen Königsgrabes, 121-124, *125,* 126, 139, 149, *150-154, 156,* 157; Ausgrabung von Aigai, 131
Angers: griechische Artefakte, 67
Antigonos: 140
Antikythera: Bronzeplastiken aus dem Meer bei, 112, *113*
Apelles: 133
Aphrodite von Melos (Venus von Milo): Entdeckung, 23; Restaurierung, *22*
Archäologische Methoden: Begehung, 57; geologische Methoden, 56-57; Luftbilder, 58, 67; paläomedizinische Untersuchung von Skeletten, 56-57; Protonenmagnetometer, 57-58; Unterwasserarchäologie, 134-135
Architektur: ägyptische Einflüsse, 58, 60-61; Bogen, Verwendung des, *138*; dorische Ordnung, 60, 158; ionische Ordnung, 61; Klassizismus, 17-18; korinthische Ordnung, 141, *143;* Tempelformen, 60-61, 158
Ardaillon, Édouard: 84
Argeaden: 127
Aristander: 144
Aristobulos: 132
Aristophanes: 60
Aristoteles: 133, 142
Arrian: 132, 137
Artemisia: 25, 27
Artemision, Kap: Plastiken aus dem Meer beim, 112, *114-115*
Arundel, Earl von: 15
Askra: archäologische Begehung, 64-65
Athenadoros: 12
Athen: 7, 14, 15, 19, 33, 48, 64, 67, 127, 130, 145; im 18. und 19. Jahrhundert, 17, 18; Agora, 88, 92, *104, 105,* 107; Anfänge und Frühzeit, 45, 47, 85-88; archäologische Institute in, 30; Ausgrabung der Agora, 78, *86, 87,* 105-107; Geschworenengerichte, 90-91, 92; Goldenes Zeitalter von, 83; Handel, 79, 87, 129; Herausbildung des Stadtstaates, 52; Niedergang, 109, 110; Panathenäen, 66; Philosophie, 109-110; Plünderung

durch die Perser, 91; politische Reformen, 86-87, 89, 106, 158; als Seemacht, 90-91, 92, 159; Stadtbefestigungen, 92; tägliches Leben in, *69-81;* Vormachtstellung von, 90, 159; Wiederaufbau von, 92;
Attaliden: 147
Attika: 52, 85, 90, 129; Dürre und Seuchen in, 86
(Attisch)-Delischer Seebund: 92, 109
Aufklärung: und Verhältnis zwischen christlichem Abendland und islamischem Orient, 16
Augustus: 140

B

Babylon: 138
Baktrien: 140-142
Balanos, Nikolaos: 99-105
Bassai: Grabungen in, 23; Tempel in, 20, 22, 95
Berezan: 68
Bergama: 147. *Siehe auch* Pergamon
Bernard, Paul: 141
Bintliff, John L.: 64-65
Bodrum: 25, 26
Bohn, Richard: *144;* Aquarell von, *144-145*
Brandenburg: goldenes Artefakt aus, *66-67*
Bruce, Thomas: *Siehe* Elgin, Lord
Bukephalos: 133
Byron, Lord: 21-22
Byzantiner: 10-11

C

Camp, John: 86, 87, 107
Canova, Antonio: 20
Caracalla: 140
Carrey, Jacques: 15-16; Zeichnungen von, *14-15,* 16
Carter, Joseph C.: 57
Cäsar, Julius: 140
Chaironeia, Schlacht von: 130
Chalkis: 43, 54
Chruschtschow, Nikita: 146
Ciriaco de' Pizzicolli: *Siehe* Cyriacus von Ancona
Coates, John: 95
Cockerell, Charles: 20, 22-23
Conze, Alexander: *144,* 148
Cook, Brian F.: 100
Copia: 57-58
Cumae: *Siehe* Kyme
Cyriacus von Ancona: 14, 18

D

Dalton, Richard: 24
Dareios I.: 89
Dareios III.: 136
Deinokrates: 144
Delos: 92; Zisterne, *138-139*
Delphi: 142; Ausgrabungen, *28, 29,* 30, *31,* 32; Festspiele, 66; Schlangensäule, *96, 97*
Demosthenes: 83, 110, 124, 129-130
Diodor (Diodorus Siculus): 52, 55, 132
Dionysien: 89
Dipylon: 92
Dodwell, Edward: 20
Dorier: 45, 61

E

Ekbatana: 137
Elateia: 130
Elgin, Lord: *19,* 100; und Parthenon-Plastiken, 19-20, 21-22
Epameinondas: 129
Epeiros: 127
Ephesos: 61; Grabungen in, 26-28
Erechtheion: 20, *36-37,* 99, 100; Bau des, 95, 97, 109
Eretria: 90
Euböa: 54; Grabungen, 9, 43-44, 47-48, 50; Terrakotta-Kentaur aus, *42*
Eubulos: 74
Euripides: 76, 142, 145
Eurydike: 126
Exekias: 47

F

Famagusta: 48
Florenz: 14; Restaurierung von Bronzeplastiken in, 116

G

Gallier: 67
Gärten des Midas: 128
Gela: 32, 55
Getty-Kuros: 62, *63*
Gortyn: Rechtskodifikation von, 65
Grab 79 (Salamis): 48-49
Grabbeigaben: euböisch, 44; kretisch, 52; makedonisch, *120,* 122, 124, *149-157*; zyprisch, *48, 49,* 50
Griechische Archäologische Gesellschaft: 30, 92, 105, 131
Griechischer Archäologischer Dienst: 43-44
Griechischer Unabhängigkeitskrieg: 37
Griechisches Kulturministerium: 102
Großes Haus (Karphi): 50-52
Grotte der Sibylle: *54,* 55

H

Halieis: versunkene Ruinen von, *59*
Halikarnassos: 24, 26
Harrison, Thomas: 19
Haydon, Benjamin Robert: 20-21
Heilige Schar (thebanische Elitetruppe): Löwendenkmal zu Ehren der, *130*
Henneberg, Maciej und Renate: 57
Hephaisteion: *104, 105*
Herakles: 64, 121, 127, 142
Herculaneum: 17
Herodot: 26, 52, 58, 59, 60, 68, 74, 80, 83
Heroon: 47, 122
Heros von Lefkandi, Grab des: 47-48, 50
Hesiod: 18, 64
Heuzey, Léon: 122
Hindukusch: 137, 144
Hipparchos: 89
Hippias: 89
Hippokrates: 10
Homer: 18, 28, 43, 50, 64, 123, 124, 158
Homolle, Théophile: 32
Horaz: 9
Humann, Carl: *144,* 146, 148
Hunt, Philip: 20
Hypereides: 72

I

Iktinos: 95
Ilias: 28, 49, 50, 123, 124, 158
Illyrien: 136
Indien: 127, 137; hellenistische Enklaven in, 144
Inschriften: im 18. Jahrhundert erstellte Abschriften von, 16; und Athener Agora, 106; Gedenkinschriften in Delphi, 32
Isthmia: 66
Italien: griechische Siedlungen in, 54-56, 67

J

Jeppesen, Kristian: 25
Johanniter: 24, 26
Justinus: 67

K

Kalbträger: *34*
Kallikrates: 95
Kap Sunion: 95; Tempel auf, *108-109*
Karien: 24
Karphi: Grabungen in, 50-52, *53*
Kastri: 28, 31
Katzev, Michael und Susan: 134
Keats, John: 20-21
Keramik: Darstellungen des täglichen Lebens auf bemalten Vasen, *69-81;* und Datierung von Fundstätten, 46-47, 86; und Entdeckung von Phidias' Werkstatt, 7-*8;* geometrisch, *46,* 64, 86, *158;* korinthisch, 60; orientalisierend, *46,* 158; rotfi-

gurig, *47;* und Schätzung von Bevölkerungszahlen, 45; schwarzfigurig, *46,* 47, 158
Kleinasien: griechische Siedlungen in, 53, 90; Handel mit, 48; und Hellenismus, 126-127, 140
Kleisthenes: 89, 91, 93, 107
Klenze, Leo von: 99
Kleopatra (Schwester Alexanders): 128, 131
Kleopatra VII. (die Große): 148, 159
Komitee für die Erhaltung der Akropolis-Denkmäler: 100
Konstantinopel: 8, 10, 14, 15, 19, 94, 97
Korfu: 61
Korinth: 52, 61, 141
Korres, Manolis: *100;* Restaurierung des Parthenons, 100, *102-103*
Krater: *79*
Kraus, Martin: 15
Kreta: 11, 44; Grabungen auf, 50-52, 65
Kreuzzüge: Plünderung von Konstantinopel, 10
Krieger A: *116, 118, 119*
Krieger B: *116, 117, 119*
Kritios, Knabenstatue des: *34*
Kroisos (Krösus): 26, 80
Kroton: 55, 56
Kunst: ägyptische Einflüsse, 58, 60, 158; Begeisterung für griechische Plastik, 9, 15, 18-19, 23-24, 111; Bildhauerwerkzeuge, *9;* Fälschungen, 62, *63;* Kentaur aus Terrakotta, *42;* Kopien und Nachahmungen, 9, 17; Koren, 61-62, 91-92; Kuros, *29,* 61, 62, *63, 158;* Metopen, 62-64, *65,* 96; Mosaik, *142;* Pergamonaltar, *146-147;* Plastik, *6,* 7-8, *11, 12, 13,* 24-25, *27,* 29, *31,* 32, *34, 51, 61, 82,* 91-92, 95, 98-99, *111-119;* Restaurierung von Kunstwerken, *12-13,* 111, 113, 115, 116, *117;* wechselnde Stile der Vasenmalerei, *46-47;* Wandgemälde, 108, *122*
Kykladische Kultur: 44
Kylix: *75*
Kyme (Cumae): 54-55
Kyrene: 53
Kyrenia, Schiffswrack von: Bergung und Rekonstruktion, *134-135*

L

Lange Mauern: 92, 95
Laokoon: *12, 13*
Lapithen: 23
Laureion: Silberbergwerke in, 83-84, 90
Leake, William Martin: 18
Lefkandi: 43; Skelett aus Grab bei, *44,* 47
Lemnos: 99
Lerici, Carlo: 56, 57
Lesbos: 133
Leuktra, Schlacht bei: 129
Linear A: 44-45
Linear B: 45, 49
Lucius Aemilius Paulus: 9
Ludwig von Bayern, Kronprinz: 23
Ludwig XIV.: 10
Lusieri, Giovanni Battista: 19
Lydien: 26, 66, 90, 158
Lysippos: 133

M

Magna Graecia: 55
Magnesisches Tor: 26
Makedonien: 67, 90, 110, 140, 159; Armee, 128-129; Aufstieg zur Großmacht, 121, 127-130, 159; Helm und Rüstung, 123, 124, *153-155;* Königsgräber, 121-124, *125,* 126, 139, *149-157*
Marathon: 113; persische Niederlage bei, 90, 94
Marathonknabe: *112*
Marcus Antonius: 140
Mariottini, Stefano: 116
Massalia: 67, 144
Mausoleum: Ausgrabung, 24-*25;* Rekonstruktionen, 26, *27*
Mausolos: 24, 25, 26, 27
Megaron: 50
Melos: Entdeckung der Aphrodite von (Venus von Milo), 23
Memphis: 136, 139
Menander (Dichter): 78
Menander (König): 144
Mesopotamien: 125
Metapont: Skelettfunde, *56, 57*
Micheli, Mario: *117*
Milet: 67, 90
Milinda (Menander): 144
Minoer: 44-45
Mittelmeer: Bergung des Schiffswracks von Kyrenia, *134–135;* griechischer Einfluß im Mittelmeerraum, 47; Statuenfunde, *111-119*
Molosser: 127, 131
Morea: 18. *Siehe auch* Peloponnes
Moriello, Vittorio: 12, *13*
Morrison, John: 95
Muhammad II.: 14
Münzen und Münzwesen: athenisch, 128; Entwicklung, 66, 158; hellenisch, 141; indisch, 141; makedonisch, 127, 128; thrakisch, *159*
Mykene: 45, 126
Mykener: 45, 49, 158
Mytilene: 133

N

Nagasena: 144
Napoleon: 18
Naukratis: archäologische Suche nach, 59-60
Nearchos: 132
Nemea: Festspiele, 66
Newton, Charles: 25, 26
Nointel, Marquis de: 15-16
Nubier: 58

O

Odyssee: 49, 158
Olbia (Olbiopolis): Ausgrabung von, 67-68
Olympia-Konvention: 29
Olympia: 61, 66; Grabungen in, 7-8, *10,* 29-30
Olympias: 128, 132, 133
Olympische Spiele: 7, 10, 66, 76, 158
Orlandos, Anastasios: 104
Osmanen: 15-16, 18; und Eroberung Griechenlands, 14-15
Ostraka: *93*

P

Paccard, Alexis: Aquarell von, *99*
Paestum. *Siehe* Poseidonia
Panathenäen: 66, 77, 88, 89, 96, 106
Panathenäenstraße: *88,* 89, 106
Parthenon: 17, *34-35,* 64, 96, *99, 100-101;* Explosion von Munitionslager, 16; als Kirche, 99; und Lord Elgin, 19-20; als Moschee, 14, 99, 102; Restaurierung, 100-105; Skulpturen, *6,* 20-21, *89,* 96; Vermessung, 98; Westgiebel (Zeichnung), *14-15*
Patroklos: 49
Pausanias (Mörder Philipps II.): 131
Pausanias (Schriftsteller): 10, 16, 26, 94, 96, 98-99, 108
Peisistratos: 87-88, 106
Pella: 159
Peloponnes: 55; unter fränkischer Herrschaft, 10-11
Peloponnesischer Krieg: 90, 108, 159
Penelope: Sessel der, 49
Penrose, Francis Cranmer: 98
Pergamon: 132, *144-145*
Pergamonaltar, *146-147,* 148
Perikles: 69, 99, 108; Wiederaufbau Athens, 93, 95
Persephone: 122
Persepolis: Zerstörung von, 137
Perserkriege: 90-91, 159
Perserreich: 131; Alexanders Eroberungen, 136-137

Petrie, Sir Flinders: 59-60, 61
Petty, William: 15
Phidias: 93; Ausgrabung der Werkstatt des, 7-8, 9, 29; Plastiken von, *6,* 7-8, *11,* 16, 93-94, 96, 97, 99
Philipp II.: 30, 110, 127-129, 133, 159; Tod, 131-132; vermutliches Grab, 121-*125,* 126, *149-157*
Philipp III. Arrhidaios: 125, 126
Phönikien: 48, 53, 136
Phönikier: 64, 158
Pindar: 18
Piräus: 23, 33, 95
Pithekusa (heute Ischia): Gräber auf, 54
Plataiai (Platää): persische Niederlage bei, 91, 97
Platon: 70, 80, 109-110, 133
Plinius der Ältere: 24, 26
Plutarch: 97, 124, 127, 132, 137, 142
Polydoros: 12
Polygnotos: 108
Polyzalos: 32
Pompeji: 17
Poros: 137
Poseidonia (Paestum): 55, 62, 64
Praxiteles: 29, 98
Propyläen: *38-39, 40-41,* 94, 98, 99, 100, 108
Psammetich I.: 58
Psammetich II.: 58
Ptolemäer: 127, 140, 145, 148, 159
Ptolemaios I.: 132, 137, 139, 145
Ptolemaios III.: 145
Pylos: 45
Pythia: *80*
Pythische Spiele: 32

R

Rainey, Froelich G.: 57, 58
Ramses II.: 59
Recht: Geschworenenwahl, *90*-91, *92;* Kodifikation, 65, 67, 158; Prozessierlust, 110
Redcliffe, Viscount Stratford de: 25
Reggio: 116, 117, 118
Religion: Christentum und Verbot heidnischer Kulte, 10; Feste und Festspiele, 66; Heldenverehrung, 47-48; Judentum, 145; Kult, 50, *81;* kymeische (cumäische) Sibylle, 55; Menschenopfer, 49-50; Orakel von Delphi, 30, *80;* orientalische Einflüsse, 141, 144; Pergamonaltar, *146-147*
Renaissance: und Interesse an altem Griechenland, 11-14
Revett, Nicholas: 17, 18
Rhegion: 54
Rhodos: 11
Rhonetal: griechische Besiedlung, 67
Riace Marina: Statuen aus dem Meer bei, *116, 117, 118, 119*
Rockefeller, John D., Jr.: 105
Römer: Eroberung Griechenlands, 9, 111, 148, 159; römisches Ostreich und Griechenland, 10; und Zerstörung der Alexandrinischen Bibliothek, 147

S

Salamis (griechische Insel): persische Niederlage bei, 91, 92
Salamis (Zypern): Gräber bei, *48, 49,* 50
Sardis: 66
Schliemann, Heinrich: 28, 99
Schlumberger, Daniel: 141
Schrift: griechische Übernahme des phönikischen Alphabets, 64, 158; Linear A, 45; Linear B, 45, 49
Schwarzes Meer: griechische Siedlungen am, 67
Seleukiden: 127, 140, 159
Seleukos: 140, 141
Sieben Weltwunder: 8, 24, 26, *27*
Simon (Schuster): Werkstatt des, *106,* 108-109
Sizilien: 55
Skythen: 67, 68, 151; griechische Artefakte für, *66-67*
Snodgrass, Anthony M.: 64-65
Society of Dilettanti: 16-17, 20
Sogdiana (Sogdien): 137
Sokrates: 106, 108, 109
Solon: 60, 86-87, 89, 106
Sophokles: 142, 145
Sparta: 52, 90, 91, 109, 129, 158, 159
Spon, Jacques: 16
Stillman, William J.: 33, 34
Stoa des Attalos: *104,* 105
Stoa Poikile (Bunte Säulenhalle): 107-108
Stockholm: Fund griechischer Artefakte, 67
Stoen: 107-108
Stoiker: 108
Strabo: 8, 26, 52, 55, 57
Straße von Messina: Statuenfund, 111
Stuart, James: 17, 18
Sybaris: 55-56; Suche nach Ruinen von, 56-58
Symposion: *74-75*
Syrakusai: 55

T

Taras (Tarent): 53
Theben: 129, 130, 136
Themistokles: 91, 92
Theodor II. Laskaris: 147
Thera: 53
Theseion: 105
Thessalien: 140
Tholos: *105*-106
Thrakien: 67, 91, 128, 136; Silberartefakte aus, *126-127*
Thukydides: 91
Tiberius: 12, 13
Tiryns: 45
Triere: moderner Nachbau, *94, 95*
Troja: 28, 126
Tschandragupta Maurja: 140
Tumba: Grabungen, 43-44
Turkestan: 136
Turm der Winde: 17
Turner, J. M. W.: 19
Twain, Mark: 33

U

UNESCO: und Restaurierung des Parthenons, 100

V

Venedig: 14, 99; Territorien in der Ägäis, 11, 14
Venus von Milo: *Siehe* Aphrodite von Melos
Vergina: Königsgräber bei, 122-124, *125,* 126, *149-157. Siehe auch* Aigai
Vitruv: 25, 26, 98

W

Wagenlenker von Delphi: *31,* 32
Waywell, Geoffrey: 26
Welsh, Frank: 95
Winckelmann, Johann Joachim: 17-18
Wood, John Turtle: 26-29, 30

X

Xeneion: 20, 22-23
Xenophon: 83, 108
Xerxes: 91

Z

Zancani-Montuoro, Paola: 62
Zanotti-Bianco, U.: 62
Zenon: 108
Zypern: 9, 44, 134; Ausgrabung der Gräber von Salamis, *48, 49,* 50; Grabung bei Ajia Irini, 50-*51*

Rom
ADRIATISCHES MEER
METOPE
Poseidonia
Taras
Golf von Tarent
Sybaris
KORFU
IONISCHES MEER
Riace
Rhegion
SIZILIEN
Straße von Messina
Akragas
Gela
BRONZE VON RIACE
N
MITTELMEER
0
100
200 Kilometer